VINCENZO DE LUCA

NONOSTANTE IL PD

Fra partito fluido, PNRR al palo, Sud tradito e passioni tristi

PIEMME

Pubblicato per

PIEMME

da Mondadori Libri S.p.A.

ISBN 978-88-566-9257-0

I Edizione ottobre 2023

Anno 2023-2024-2025 - Edizione 2 3 4 5 6 7 8 9 10

Al piccolo Vincenzo

Introduzione

Abbiamo alle spalle, nell'anno trascorso, vicende politiche straordinarie. C'è stata una vittoria "storica" del centrodestra, segnata da un riequilibrio di forze al suo interno, così marcato da cambiare natura allo stesso governo. Vi è stata una sconfitta pesante del centrosinistra, scomparso in quanto tale. Sono emersi nuovi protagonisti, e si è conclusa un'intera stagione politica del Partito democratico.

È indispensabile comprendere le ragioni che sono alla base di questo sconvolgimento politico. Ed è necessario farlo con un rigoroso spirito di verità, analizzando errori e limiti soggettivi, posizioni autoconsolatorie, soprattutto per il Pd, che è il vero sconfitto. Non si vede un esaurirsi a breve della stagione politica del governo Meloni. E non si vede neanche all'orizzonte un'alternativa credibile.

È necessario, allora, che la valutazione sugli errori del passato e sulle debolezze politiche presenti sia legata strettamente alla comprensione senza veli della realtà del Paese. Ho voluto richiamare i problemi strutturali, i nodi irrisolti nell'economia, nelle istituzioni, nel sistema politico, che fanno dell'Italia un Paese in lento declino, o, se si preferisce, in bilico. Non è acquisita ancora, in Italia, una valutazione prevalente sulle tendenze che la investono. Io credo che non si possano ignorare gli elementi di vitalità e di dinamismo presenti nella nostra società. Ma, francamente, vedo prevalere la tendenza al declino; a un aumento del divario rispetto ai Paesi avanzati; a una crisi demografica drammatica; a una fatica crescente nel riprendere un cammino di crescita spinta.

Ho voluto segnalare i nodi socio-economici, finanziari e territoriali che impediscono una prospettiva di sviluppo. Ho voluto motivare perché le due soluzioni cui si guarda, il PNRR e l'autonomia differenziata, sono del tutto illusorie. Ho voluto, in particolare, fare un'operazione-verità, rispetto al rapporto fra Nord e Sud, segnalando la montagna di luoghi comuni che circolano, ma non hanno fondamento nella realtà, e la condizione di un "Sud tradito" da tutti. C'è il pericolo di un "Controrisorgimento".

Ho voluto richiamare l'esperienza di governo della Campania, sia per proporla come alternativa di efficienza e di concretezza rispetto all'autonomia differenziata; sia per farla conoscere al mondo dell'informazione, perennemente distratto e abituato a parlare della Campania per "sentito dire" o per slogan; sia per confermare che vi è anche un altro Sud, capace di accettare la sfida dell'efficienza nei confronti di chiunque; sia, infine, per ricordare che la mancata soluzione del divario occupazionale, infrastrutturale e di servizi fra Sud e Nord è una delle cause delle difficoltà dell'Italia intera.

Infine, ho voluto riflettere sulle condizioni necessarie per il rilancio di un'alternativa progressista, di fronte a nodi strutturali così profondi.

Non c'è da illudersi. C'è da fare una lunga marcia. Non bastano le bandiere al vento: per la crisi della partecipazione che investe le giovani generazioni, segnate da una perdita di speranza; per la difficoltà di mettere in piedi un programma politico e di governo non minoritario; e per la durezza del compito di costruire un sistema di alleanze che renda credibile una coalizione di governo.

Basterebbe, forse, cominciare da due o tre grandi battaglie: il Sud, da trasformare tutto intero in una Zona economica speciale (senza gestione centralizzata); un Piano per il lavoro per centinaia di migliaia di giovani; una linea di burocrazia zero; la difesa tenace della sanità pubblica; la proposta di un percorso federativo con i Cinquestelle, a partire da un chiarimento politico-programmatico di fondo.

Ci vorrà il tempo che ci vorrà. Ma il presupposto per avviare e concludere questa lunga marcia è il ruolo e l'iniziativa del Pd, chiamato a liberarsi di quel groviglio di ipocrisia, opportunismi, vacuità programmatica e correntismo tribale e suicida che ne hanno segnato la vita. Al Pd parlo con il linguaggio mio, non con le parole figlie del parassitismo, delle cooptazioni e delle miserie personali, non essendo io debitore di nulla a nessuno; anzi, avendo fatto quello che ho fatto, non grazie al partito (quale che ne fosse il nome), ma nonostante il partito, da sempre.

Il futuro del Pd non è garantito. Oggi, il suo declino – in assenza di una svolta sostanziale, che non si vede – è fra gli scenari da non escludere. Sarebbe opportuno fare in modo che questa prospettiva, oggi possibile, non diventi inevitabile.

1
La fine dell'unità nazionale

I nuovi protagonisti

Le vicende politiche dell'estate 2022 hanno rappresentato una sintesi straordinaria dei caratteri di fondo del sistema politico del nostro Paese. Era difficile immaginare, non tanto una evoluzione così rapida degli equilibri partitici e istituzionali, quanto il sommarsi di trasformismi, incoerenze, irresponsabilità nazionale, perdite di memoria, masochismo, svolte di opinione, nuovi protagonismi. Guardiamo alcune di quelle vicende, in relazione alle principali forze politiche.

Straordinaria l'operazione di recupero dei Cinquestelle messa in atto da Giuseppe Conte, posto di fronte a una scelta di vita o di morte. La prospettiva di precipitare sotto il 10 per cento di consensi, e dunque verso il suicidio politico, ha spinto Conte a una scelta priva di ogni coerenza, evidentemente strumentale e assolutamente rischiosa: ricostruire nel giro di poche settimane una rinnovata identità, liberandosi dell'immagine di compromissione politica e subalternità a Draghi e al Pd.

I temi scelti sono stati pochi e netti: di nuovo il reddito di cittadinanza, rilanciato ossessivamente; bonus edilizio; linea neopacifista rispetto alla guerra in Ucraina. E poi, come piccolo grimaldello, ma ricco di ideologismo ambientalista, il "no" strumentalissimo al termovalorizzatore di Roma. Era immaginabile che l'Italia dimenticasse i tre anni di governo dei Cinquestelle e le loro conseguenti responsabilità, nel giro di poche settimane? Sicuramente no. Ma si è avuta la conferma che in Italia le logiche della politica vivono di spinte a breve, di permeabilità alla demagogia, di indifferenza ai progetti di lungo periodo. E così, la scommessa, l'azzardo di Conte ha avuto efficacia. E incredibilmente – anche questo non era scontato – l'immagine pubblica ancora forte di Conte ha retto, anche di fronte al suo presentarsi con una nuova versione radicale populista, e con una rinnovata verginità politica.

Si può criticare duramente l'operazione politica. Si può sottolineare l'indifferenza agli interessi di fondo del Paese rispetto agli interessi di partito. Ma non si può non riconoscere la capacità e rapidità di movimento, l'efficacia tattica, il coraggio del rischio e della battaglia, il saper sfruttare l'opacità e la drammatica debolezza del Pd, presentatosi privo di ogni forza di attrazione ed espansione, e senza un'identità percepibile.

Di fronte a cittadini disgustati, colpiti dalla crisi e da una inflazione pesante, le "coerenze", la "dignità" della politica sono chiacchiere al vento, che non condizionano sostanzialmente gli orientamenti di voto dei cittadini, soprattutto di quelli delle fasce deboli. E così, si è regalato il governo dell'Italia al centrodestra (corresponsabili Pd e "terzo polo"), pur di salvarsi.

L'aggravante è che con un sistema elettorale frutto di furbizie, di populismo e di ritardi clamorosi, condizionato da primato di coalizioni e restringimento della rappresentanza, tanto demagogico quanto insensato, si è determinata una maggioranza parlamentare pienamente legittima, ma assolutamente squilibrata rispetto agli orientamenti di voto espressi dal corpo elettorale.

Ugualmente straordinaria, per quanto più prevedibile, è stata l'operazione politica messa in atto da Fratelli d'Italia e da Giorgia Meloni, cui è stato generalmente riconosciuto il merito di una vittoria politica per tanti versi impensabile. C'è da rilevare, in primo luogo, un elemento legato all'orientamento politico di fondo, non emerso con la necessaria chiarezza, nelle posizioni assunte nel corso di tutti gli anni di vita di Fratelli d'Italia: l'aver mantenuto come scelta ferma – unico partito nel panorama politico nazionale – il rifiuto della rinuncia all'identità in nome della "responsabilità nazionale". Non aver mai accettato la logica del "superiore interesse del Paese" ha fatto di quel partito l'unico soggetto estraneo alla logica compromissoria e sostanzialmente trasformistica di tutti gli altri partiti.

Ora, intendiamoci. In parte, questa scelta era dovuta al retaggio storico e al residuo di ambiguità politico-ideale di Fratelli d'Italia, che determinava una sostanziale indisponibilità a condividere posizioni di governo con il partito meloniano, da parte di altre forze politiche, a cominciare dal Pd. Altra causa era la propensione al "governismo", fortemente presente nelle forze che hanno concluso accordi di governo in dispregio di ogni coerenza politica, nascondendosi dietro il velo dell'interesse nazionale, ma, sostanzialmente, per la paura di dare la parola di nuovo agli elettori, in caso di stallo politico-istituzionale.

Il Conte-1 e il Conte-2 sono state operazioni di clamoroso trasformismo, che hanno contribuito a distruggere il concetto di dignità della politica, e hanno, alla lunga, offuscato, fino ad annullarla, l'identità dei partiti protagonisti di quelle operazioni.

Per la Meloni è stato facile – e perfino divertente – svelare la sostanza di opportunismo e di cialtroneria presente dietro la realtà degli accordi di governo, ridottisi via via a pura spartizione di potere, senza efficacia operativa. La crescita di credibilità della Meloni è stato anche un regalo ricevuto dalle altre forze politiche.

La scelta meloniana di opposizione al governo Draghi è stata la conseguenza e l'esaltazione di un orientamento che veniva da lontano: egemonizzare l'opposizione, evitare il pantano del trasversalismo, avere il coraggio di evocare il pronunciamento degli elettori sempre, e di difendere l'"identità a fronte della responsabilità". In un momento nel quale le barriere "antifasciste" erano sostanzialmente cadute nella stragrande maggioranza dei cittadini, la scelta dell'irresponsabilità nazionale, equilibrata dalla richiesta di voto popolare, ha pagato.

Poi, ovviamente, ha pagato anche il "mestiere". Non c'è argomento demagogico o populista che non sia stato utilizzato, in modo talora cinico. Non credo che tutte le scelte politiche e le posizioni programmatiche assunte siano state frutto di analisi sociale lucida. In politica, il più delle volte, ci si muove per istinto, per residuo e condizionamento ideologico. Ma sta di fatto che non vi è interesse corporativo che non sia stato rappresentato e tutelato da Fratelli d'Italia, quasi sempre senza la preoccupazione di avanzare "proposte di governo" collocate dentro un equilibrio di bilancio sostenibile. Ma la propaganda è l'anima dell'opposizione. E in un Paese come l'Italia, spesso, garantisce un futuro e un consenso sicuro, magari a breve. Dove si vive e si governa alla giornata, la cosa funziona.

Quanti hanno esagerato nel riconoscimento e nella valorizzazione della "coerenza" della Meloni hanno poi opportunisticamente dimenticato che la coalizione da lei messa in piedi vedeva "coerentemente" affratellati partiti che fino al giorno prima avevano avuto collocazione politica e posizioni opposte, chi al governo con Draghi, chi a contestarlo quotidianamente. Ma quando si è in battaglia non si può andare per il sottile.

La Meloni ha capitalizzato politicamente la sua coerente opposizione; e il prezzo dell'incoerenza, del governismo, dell'"inquinamento" con il Pd ha lasciato che lo pagassero Lega e Forza Italia. Non si può non ammirare l'irridente e silenzioso cinismo con cui l'operazione è stata condotta e l'omicidio politico degli alleati così consumato. È un episodio di storia politica dell'Italia, che rimarrà a futura memoria.

Ovviamente, anche per la Meloni, come per Conte, rimane sospeso un interrogativo di fondo: e gli interessi dell'Italia? E la dignità della politica? E il dovere di educare i cittadini alla democrazia, lavorando per diffondere quello spirito critico che aiuta a formarsi le opinioni e a fare scelte consapevoli? Questi doveri sono del tutto estranei alla volontà di chi cinicamente pratica la doppia verità (una dall'opposizione, una dal governo). L'importante è raccogliere voti a breve, anche a prezzo del degrado della vita pubblica.

E così, è stato un crescendo mai interrotto di difesa a oltranza di ogni interesse particolare, di ogni categoria, anche minoritaria, da proteggere, magari anche solo a livello di slogan.

Terreno di caccia politica sono stati di volta in volta i tassisti, i balneari, le partite IVA, i lavoratori autonomi, ecc. Sostanziale indifferenza ai grandi servizi di civiltà (sanità pubblica, scuola pubblica, trasporto locale, giustizia…). E poi, uso sapientemente demagogico di risposte banali o semplicistiche a problemi veri: la grande questione dei migranti, affrontata con la proposta "risolutiva" del "blocco navale" davanti alle coste dei Paesi di partenza dei barconi; agitazione piena e costante del tema della sicurezza, a fronte dell'assoluta assenza di sensibilità e proposte su questo tema da parte della sinistra; esaurimento sostanziale di ogni attenzione alla questione del Mezzogiorno.

L'attenzione agli interessi delle micro-corporazioni ha portato, negli anni dell'epidemia di Covid, ad atteggiamenti di totale irresponsabilità. Per mesi si è sostenuta una linea di contrapposizione anche aspra alle scelte del governo e del ministero della Salute, sulla base di posizioni ideologiche, antiscientifiche. Si sono usati argomenti di finta tutela di diritti democratici, ma di concreto fiancheggiamento dei "no vax", e di tutte le posizioni di attacco mediatico e di terrorismo comunicativo. E quel che è peggio, si sono coperte, nei fatti, iniziative di aggressione e contestazioni violente sviluppatesi per mesi e mesi.

Eppure, c'erano tanti punti sui quali l'iniziativa del governo contro il Covid meritava critiche, anche dure. Governo e ministero della Salute avevano il compito di garantire una informazione chiara e univoca ai cittadini; di assicurare il controllo del territorio nelle "zone rosse" o durante le chiusure; di gestire in maniera corretta la campagna di vaccinazione; di avviare la produzione, magari su licenza, di vaccini in Italia; di evitare, in relazione ad AstraZeneca, il caos informativo (seconda dose, eterologa o no; sopra i 60 anni, i 50, i 70...): vi sono stati grandi limiti nell'azione del governo centrale, ma la polemica non era su questo.

L'obiettivo era quello di strizzare l'occhio ai "no vax" e alle categorie economiche e commerciali danneggiate dalle misure anti-Covid, anche a costo di ostacolare la campagna vaccinale e di prevenzione. Memorabile rimane il corteo di protesta in via del Corso a Roma, guidato dalla Meloni, con tanto di tricolori giganti e migliaia di persone senza mascherine, in piena pandemia... E poi, assolutamente flebile e impercettibile è stata la dissociazione e condanna dell'assalto squadristico alla sede della CGIL.

Sembrano memorie di secoli fa. Sono immagini e vicende di ieri soltanto.

Ma dalla vicenda del Covid in poi l'iniziativa politica di Fratelli d'Italia e della Meloni ha subìto un'accelerazione straordinaria e una mutazione crescente. Si è tenuto fermo, come collante ideologico, il bagaglio di posizioni tradizionali sui diritti civili, con elementi di ambiguità o di conservatorismo ottuso (l'aborto, i diritti degli omosessuali, l'eutanasia, Dio-Patria-famiglia...). Ma si è attenuato via via il connotato populista e antieuropeista. In qualche caso, con il capovolgimento e il rinnegamento di posizioni sostenute e agitate per anni, a cominciare dall'individuazione dell'Europa come il luogo privilegiato dell'oppressione delle nazioni, a vantaggio dei grandi gruppi di potere della finanza transnazionale. Non è il caso di sottolineare gli elementi di trasformismo presenti in questi cambiamenti. È più significativo rilevare l'intelligenza politica di chi è passata dalla solidarietà ai neofascisti di Vox, a posizioni che guardano a un partito conservatore, a un fronte sociale moderato, a un sistema di alleanze con partiti europei di centro. C'è da augurarsi che la metamorfosi politica riesca, ora che la Meloni è al governo.

Sarebbe comunque un dato di modernizzazione del nostro sistema e di consolidamento democratico.

Attestano questo cambiamento le misure di bilancio assunte, con la passata legge finanziaria, che si sono mantenute in larga misura rispettose degli equilibri di bilancio del Paese e dei vincoli comunitari.

Va in questa direzione la posizione atlantista assunta in maniera fortissima. Non vi sono stati tentennamenti nel sostegno all'armamento dell'Ucraina. Si ha addirittura la sensazione che si sia ecceduto in un atteggiamento oltranzista, per superare ogni residuo sospetto presente in USA e in Europa sulla lealtà occidentale.

Per essere franchi, l'oltranzismo filo-NATO e a supporto delle armi all'Ucraina senza limiti; la posizione di "ossequio" all'America, di rinuncia a una seppur minima autonomia critica era forse un modo per oscurare un passato in cui la destra italiana aveva assunto toni e posizioni "golliste" in ambito occidentale. È stato, in sostanza, uno sforzo di legittimazione interna, europea e atlantica, posto in essere dalla Meloni, a conferma di un'intelligenza politica e di una capacità di movimento rilevanti.

Ovviamente, per la stessa velocità del cambiamento politico, Fratelli d'Italia e la sua leader si lasciano dietro ambiguità e contraddizioni irrisolte. Al di là delle parole apprezzabili, rimangono presenti nei territori comportamenti concreti, azioni e prese di posizione, che vengono fuori in maniera incontrollata, a conferma di un residuo di ideologismo reazionario non consumato.

La lunga marcia verso la creazione di un moderno partito di destra europea non si è ancora compiuta pienamente. Si può proporre per la seconda carica dello Stato un esponente di Fratelli d'Italia, che rivendica il diritto di dire «quello che c. ci pare e piace», senza ricordare per un attimo che il nuovo ruolo assunto lo obbliga a rappresentare tutti gli italiani e ad accantonare i suoi connotati partitici? E può la Meloni "moderata" non dire una parola su questi comportamenti; e può non dire una parola sull'aggressione squadrista a uno studente di Firenze? Può non censurare un ministro dell'Istruzione che minaccia una preside colpevole di aver inviato agli studenti una lettera che richiama, con molta sobrietà, i valori della Costituzione, e il dovere di non essere indifferenti di fronte alla violenza?

Così come sono ben presenti altre vicende, ancora più sconcertanti. Il ministro Lollobrigida lancia l'allarme sul pericolo di "sostituzione etnica" da parte dei migranti. Il presidente del Senato, totalmente estraneo al ruolo e ai doveri di seconda carica dello Stato, fa di peggio: prima, a proposito di via Rasella, sostiene che si trattò di un attentato contro un gruppo di orchestrali pensionati, offendendo i morti delle Fosse Ardeatine; poi, afferma asinescamente che nella Costituzione italiana non si parla di antifascismo. E la Meloni tace. Poi la stessa premier, nella lettera del 25 aprile, si presenta con le "aperture" misurate, le ambiguità permanenti rispetto all'antifascismo, con l'incapacità di rispondere a una domanda precisa riguardo alla Resistenza e alla storia del nostro Paese, senza ricorrere ai "però", ai paragoni con altre vicende che nulla c'entrano con l'Italia, lasciando per aria sempre qualcosa di irrisolto, di non limpidamente acquisito.

A completamento di questa descrizione della "nuova ideologia" della Meloni, non si può non richiamare il forte cambiamento nel linguaggio e nella comunicazione da lei introdotto nel panorama politico e nel dibattito pubblico, con la rottura irridente di tanti tabù del politicamente corretto e del salottismo radical chic.

Il rischio del parlare semplice è quello della banalità. Ma è un rischio da correre se ti consente di collegarti con le persone normali, e almeno di farti ascoltare. Da questo punto di vista occorre riconoscere una qualità indubbia alla Meloni. Pesa in lei l'esperienza; pesa il mestiere (è una giovane politica anziana); pesa il provenire da famiglia non facoltosa; e pesano la capacità di ironia, ogni tanto, e il rifiuto, in generale, del politichese. La sua è una lingua normale, come quella parlata dal 90 per cento dei cristiani normali di ogni orientamento politico.

È una lingua a volte arrogante, ma in generale gradevole nella forma. E comunque ascoltabile, diversamente da quella della sinistra "pipì", da quella della piccola casta delle donne "soprammobile". Insomma, è riposante ascoltare una donna che non si sente obbligata a rivolgersi "a tutte e a tutti"; che afferma la sacrosanta verità, che l'impegno per la promozione delle donne è legato alle politiche concrete, non alle scemenze verbali. Anche il linguaggio della Meloni ha contribuito a farla percepire come leader innovativo e attrattivo (per tanti e tante...). In effetti «la prima cosa da capire sui reazionari è che non sono conservatori. Sono, a modo loro, radicali quanto i rivoluzionari[1]».

Ovviamente, sul medio-lungo periodo, al di là dell'indubbio successo elettorale e personale, di un apparente accreditamento internazionale, saranno decisivi i risultati concreti delle azioni di governo. Sarà significativo il dato delle elezioni europee. E peserà l'iniziativa delle opposizioni.

A metà 2023, sono maturate prime occasioni di verifica politica ed economica. È stato sbandierato in modo fortemente propagandistico e autoconsolatorio il dato di una crescita tendenziale di PIL dell'Italia superiore a quello di Francia e Germania: cosa da apprezzare certamente, ma non come sintomo di una crescita strutturale del Paese. Infatti, i dati ISTAT sulla produzione industriale segnalano in giugno che per il quarto mese l'industria arretra, e che anno su anno, aprile 2023 su aprile 2022, la flessione industriale è del -7,2% complessivamente (-11% sui beni intermedi e -8,3% sui beni durevoli). Oltre alla ricaduta della stasi tedesca sul nostro sistema, c'è un dato di fondo: si va esaurendo la lunga stagione nella quale la nostra industria ha fornito meccanica di precisione a Paesi in via di sviluppo o in crescita accelerata, essendo un fornitore privilegiato. E oltre a ciò, comincia a pesare la riduzione di comparti industriali fondamentali: quello dell'automotive e quello della siderurgia, sui quali si paga una sostanziale assenza di visione e di politica industriale.

Ma anche sul piano politico si registrano novità significative. C'è sicuramente a favore della Meloni il dato delle

1 M. LILLA, *Il naufragio della ragione*, Marsilio Nodi, 2019, p. 11.

elezioni amministrative di maggio, con un risultato fortissimo del centrodestra. Ma cominciano a emergere problemi finora coperti dalle politiche di bilancio responsabili adottate dal governo. In particolare nel rapporto con l'Europa, al di là di relazioni positive sul piano diplomatico o dei rapporti di vertice intessuti in questi mesi, si affacciano sulla scena i nodi irrisolti: la posizione rispetto al MES, che rimane ambigua e giocata in termini di "contrattazione" rispetto ad altre partite comunitarie, la posizione rispetto ai balneari e ad altre riforme attese dall'Europa, rispetto alle quali il tempo delle doppiezze comincia a scadere. Così come si presenta ormai stretto il margine di manovra fra Paesi e partiti sovranisti, e forze popolari e conservatrici presenti sullo scenario europeo. E francamente imbarazzante è la posizione del governo sulla gestione del PNRR, come vedremo più avanti.

La parabola del Pd

In principio è stato il Conte-2. Quello è stato il momento nel quale il Pd ha perso la sua verginità politica, una sua identità netta e percepibile, ed è apparso come una forza timorosa del voto popolare, senza nerbo, senza un programma, soltanto interessata a giochi di potere e a una prospettiva di governo.

Il Pd si è presentato come partito dallo stomaco forte, senza problemi di dignità, capace di ingoiare, in un colpo solo, tutte le offese e le provocazioni subite dai Cinquestelle: un partito irritante, nel suo tentativo di nascondere dietro i valori di "responsabilità", di stabilità, di interesse nazionale, i suoi più volgari interessi, la sua fatica e disabitudine a reggere un ruolo di opposizione vera, anche a costo dello scioglimento delle Camere.

È in quella vicenda politica che si è consumata la prospettiva di un rilancio del Pd diretto da Nicola Zingaretti (marzo 2019 - marzo 2021), su una linea di chiarezza programmatica e di autonomia. Siamo nei mesi nei quali matura la progressiva rottura tra Lega e Cinquestelle.

Dopo le elezioni europee del 28 maggio 2019, gli equilibri politici subiscono un vero e proprio scossone: la Lega balza oltre il 34 per cento; i Cinquestelle precipitano al 17 per cento pur avendo la presidenza del Consiglio. Il Pd recupera al 22,7 rispetto al 18,7 delle politiche del marzo 2018. Comincia allora la campagna di logoramento del governo da parte di Salvini, per provocare elezioni anticipate e capitalizzare l'onda di consenso maturata nel Paese. È il "Papeete". È la perdita di ogni freno inibitore. È una sorta di delirio di onnipotenza.

I Cinquestelle sono terrorizzati dalla prospettiva di elezioni anticipate. È un susseguirsi di offerte alla Lega di ministeri, di nuovi ruoli, di posizioni di potere. Salvini è abbagliato dalla prospettiva di un boom elettorale. E sceglie di attestarsi su questa linea: abbiamo fatto molto (decreti sicurezza, quota 100, magari al prezzo del reddito di cittadinanza subito), ma la collaborazione con i Cinquestelle rappresenta un freno enorme rispetto a obiettivi strategici: grandi infrastrutture, alta velocità, reti energetiche, ambientalismo non ideologico...

Dunque, l'alleanza di governo è diventata un peso insostenibile. Si è obbligati, su ogni problema sostanziale, a una mediazione e a trattative snervanti e dilatorie, a un annacquamento di posizioni. Nel giro di due mesi cambia tutto, con una manovra scopertamente strumentale e limpidamente trasformistica di Salvini, volta a conseguire lo scioglimento delle Camere.

Di fronte alla crisi di governo aperta, i Cinquestelle pongono in essere una contromanovra altrettanto trasformistica: aprono al Pd, accantonando anni di insulti, di attacchi al "partito della casta" e della "politica sporca". E il Pd, a sua volta, accetta l'invito al ballo, dimenticando gli insulti subiti, il bagaglio di demagogia, di infantilismo politico e di dilettantismo, le volgarità con cui i Cinquestelle si erano presentati sulla scena politica nazionale.

Nell'estate del 2019 il Pd si è trovato di fronte a un bivio, a una scelta, che obbligava a una risposta destinata a condizionare il suo destino futuro.

Il come affrontare quella fase avrebbe richiesto un dibattito, una riflessione di fondo nel Pd, che non c'è stata. La sensazione dominante nel "gruppo dirigente" era quella di non dover perdere un'occasione per rientrare nell'area del governo, nei luoghi di potere. Si è proceduto verso un'alleanza con i Cinquestelle senza tentare un'operazione-verità nei rapporti reciproci. La posizione era di pesante subalternità, derivante non solo dai rapporti di forza parlamentari, ma anche dalla mancanza di identità programmatica del Pd e dalla debolezza estrema del suo gruppo dirigente.

Bisognava chiamare i Cinquestelle a chiarire la loro posizione su questioni essenziali: l'atteggiamento verso le grandi opere e le infrastrutture strategiche a cominciare da TAV e TAP; la posizione sulle questioni sanitarie e sulle vaccinazioni; le posizioni sulla giustizia, con la necessità di superare atteggiamenti di barbarie giustizialista e di non rispetto della dignità della persona; la riforma a fondo del Codice degli appalti; la riforma della legge elettorale, da far precedere alla riduzione del numero di parlamentari; un rilancio forte delle politiche per il Sud; il riequilibrio finanziario del sistema sanitario pubblico; una riforma seria del reddito di cittadinanza. In realtà, su molti di questi temi, il Pd non aveva una sua linea; su altri si muoveva tra opportunismo e passività. Di fatto, si è dato vita a un governo, in assenza di una base programmatica condivisa su temi essenziali.

E così, si è diffusa nel Paese una domanda, che non trovava risposta: ma il Pd è il partito di chi? Quali sono le due tre proposte di fondo, che rendono percepibile la sua identità? Quali aree sociali o territori intende rappresentare? Era diventato davvero difficile spiegare ai cittadini per quale ragione votare o aderire al Pd.

Ma il distacco dalla società italiana si è accentuato ancora di più per la crescente difficoltà della leadership di Zingaretti e del tentativo di ricostruzione del partito e di una nuova identità. Mi è capitato di sollecitare, senza alcun risultato, l'assunzione di temi politicamente decisivi. Già ai tempi di Renzi avevamo organizzato l'Assemblea generale del Mezzogiorno, un convegno di due giorni, con il quale tentavamo di rilanciare un profilo meridionalista del Pd, a partire da un aggiornamento di analisi economico-sociale.

Proponevamo un obiettivo centrale, una misura choc: un "Piano per il lavoro per il Sud", l'immissione di 300.000 giovani nella Pubblica amministrazione.

Era indispensabile coprire i vuoti nelle piante organiche di enti locali, articolazioni statali, uffici pubblici ridotti all'impossibilità di garantire anche solo l'ordinaria amministrazione. Uffici tecnici quasi azzerati; età media dei dipendenti altissima; impossibilità di realizzare programmi di digitalizzazione. Abbiamo dimostrato con i numeri che l'opinione corrente, secondo cui al Sud vi è un eccesso insostenibile di dipendenti pubblici rispetto alla media nazionale, e delle regioni del Centro-nord, è del tutto falsa.

Non c'è stato verso di far assumere al Pd l'obiettivo di un Piano per il lavoro: una sordità sconcertante per un partito progressista. Qualcuno si è nascosto dietro l'alibi ideologico, secondo cui il lavoro lo creano le imprese, dimenticando due cose fondamentali: la prima è che lo Stato è anche un grande datore di lavoro; la seconda, che senza una Pubblica amministrazione efficiente, fatica a decollare l'intera economia, e anche il comparto dell'imprenditoria privata. Altri – i più – hanno semplicemente ignorato il problema. E così per altri temi importanti per parlare a settori decisivi della società, per costruire un consenso maggioritario nel Paese e, in ultima analisi, per modernizzare l'Italia.

Avremmo dovuto essere il partito della "burocrazia zero", della liberazione delle energie positive dal peso opprimente della palude burocratica; del groviglio legislativo e regolamentare: anni e anni perduti per un'autorizzazione ambientale, per chiudere una conferenza di servizi, per superare i mille ricorsi amministrativi gravanti su ogni gara per opere pubbliche. Avremmo dovuto rappresentare e mobilitare i ceti urbani moderni, le giovani professionalità, per rendere attuabili i progetti in tempi compatibili con quelli dell'economia e della competizione di mercato.

Occorreva prendere in mano il tema della giustizia, diventata negli anni una delle grandi criticità nella vita pubblica del nostro Paese, nel rapporto con i cittadini, con il mondo produttivo, con gli enti locali. Sono esplose vicende sconcertanti, portate alla luce dal caso Palamara. Ma di fronte a questo vero e proprio terremoto, il livello di opportunismo, di latitanza, di inconcludenza del Pd è stato sconcertante.

È andato crescendo, negli anni, un rapporto malato e scorretto tra settori delle Procure e informazione, che ha portato a processi mediatici preventivi, alla distruzione di persone e famiglie; è rimasta in piedi una configurazione del reato di abuso in atto d'ufficio che è un'offesa alla civiltà del diritto, e un'arma di pesante dissuasione operativa nei confronti di amministratori pubblici impegnati a concludere lavori, assumendosi responsabilità, senza che il Pd si spostasse di una virgola dalla sua posizione di totale opportunismo.

L'atteggiamento del Pd sul tema della Giustizia rivela da anni un'involuzione culturale e un distacco da valori fondamentali. Si è assistito a un crescente scivolamento verso un moralismo totalmente ipocrita e vile, indifferente al valore fondamentale della persona, della sua dignità e libertà, che è un *prius* rispetto a qualunque azione giudiziaria. La democrazia è il valore della persona come fine. La qualità del processo penale esprime la qualità della democrazia; e il permanere, nella sostanza, di un rito inquisitorio certifica l'esistenza di uno squilibrio dei poteri, di uno squilibrio anche nell'ambito della magistratura fra funzioni inquirenti e giudicanti. L'obbligatorietà dell'azione penale porta ormai a forme di piena discrezionalità rispetto ai provvedimenti da affrontare.

La crisi della giustizia è diventata uno dei connotati di una post-democrazia pienamente dispiegata. E il Pd è completamente assente! E colpisce il fatto che un partito che si dice attento ai diritti civili non dia cenno di vita rispetto a decine di suicidi in carcere, errori giudiziari a volte clamorosi, e senza individuazione di responsabilità alcuna.

Forme di moralismo ipocrita e di giustizialismo volgare e subalterno, rispetto a forme di demagogia espresse soprattutto dai Cinquestelle, hanno caratterizzato il Pd e lo hanno reso estraneo a quanti, nella società italiana e nella stessa magistratura, pagano le degenerazioni e la crisi del sistema giudiziario, ancora oggi segnato da logiche correntizie devastanti.

A questi caratteri di assoluta mancanza di una forte e chiara identità programmatica si è sommata nel Pd una vita interna, una qualità e selezione dei gruppi dirigenti, una immagine di personalismo e di degenerazioni elettoralistiche, in qualche caso tribali, che nei territori gli hanno tolto credibilità, sporcandone l'immagine. Accanto alla presenza di militanti generosi nei circoli e nelle istituzioni, sono andate crescendo forme di correntismo volgare.

Tanti dirigenti nazionali sono stati impegnati, più che a costruire un'organizzazione seria, rispettosa dei meriti e della militanza, a collocare e tutelare nei territori i propri portaborse. Si sono visti giovani investiti di responsabilità dirigenziali, che nei territori, per anni, non hanno fatto nulla, non hanno promosso iniziative, prodotto risultati; che si sono ritrovati nel Parlamento nazionale per esclusivi meriti correntizi; per aver passato anni, più che a lavorare, a coltivare pubbliche relazioni e a fare i maggiordomi.

Un'intera generazione di giovani è cresciuta già vecchia e già ideologicamente corrotta, educata alla mancanza di autonomia e di onestà intellettuale.

Clamoroso e sconcertante, in questo quadro, è stato l'episodio delle dimissioni di Zingaretti da segretario. A marzo del 2021, all'improvviso, lascia le sue funzioni, addebitandone la responsabilità alla presenza, condizionante e soffocante, di correnti e capicorrente. È stato, quello di Zingaretti, un gesto grave, nella misura in cui ha abbandonato, senza fare i nomi dei capibastone, dei notabili, interessati solo al proprio destino, e senza aver aperto una battaglia politica esplicita, ma lasciando tutti presenti e operanti i gruppi di potere interni.

La segreteria Letta

Opaca, e tutta autoreferenziale, è stata poi la scelta di Enrico Letta come successore di Zingaretti, a conferma di un partito ormai geneticamente segnato da logiche privatistiche e di accaparramento di spazi. Come è potuto accadere che arrivasse un dirigente estraneo da anni alla vita politica italiana, esterno per anni al partito? È stato un passaggio politico esoterico e oscuro, non nobilitato dalla rispettabilità e dal valore della persona scelta.

Fra Zingaretti e Letta si registrano altre vicende significative, relative alla presenza di esponenti Pd nel governo. Con quale procedura e rispetto a quale interesse di partito sono stati scelti i rappresentanti del Pd nel governo nazionale? Oltre le logiche di mercato correntizio, non si percepisce altro. Clamorosa la vicenda del governo Draghi: tutti i ministri sono del Nord, nessun esponente meridionale; nessuna donna ministro. In sostanza, e in maniera clamorosa, vengono tutelati solo interessi personali, senza nessuna logica politica. Uno scandalo, cui si è tentato di porre rimedio da parte di Letta con il cambio dei capigruppo, in maniera francamente poco rispettosa anche nelle forme.

Con la segreteria di Letta permane e si accentua la vaghezza programmatica, e si diffondono ancora più le degenerazioni ipercorrentizie nella vita interna. Il profilo politico che viene scelto per il Pd è, di fatto, essenzialmente quello legato ai temi dei diritti civili, e così viene percepito dai cittadini, con elementi di radicalismo e con forzature che non tengono conto della complessità delle questioni, delle diverse sensibilità e priorità. E si registrano veri e propri scivoloni politici. Penso a una delle ipotesi emerse a proposito della legge sulla omotransfobia: quella di rendere obbligatoria in tutte le scuole una giornata di discussione su quella tematica. Penso anche alla reazione sconcertante, di fronte a dubbi e rilievi critici sollevati dal cardinale Parolin, segretario di Stato vaticano, e una delle personalità più eminenti ed equilibrate del mondo cattolico. Si è assistito, a fronte di un cardinale che esprimeva valutazioni secondo il suo diritto e dovere, a risposte poco rispettose e scorrette, a richiami del tutto fuori luogo alla laicità dello Stato, da nessuno contestata, all'autonomia delle istituzioni democratiche rispetto alla Chiesa. Quasi che su temi dai forti contenuti etici, un uomo di Chiesa non avesse diritto a esprimersi!

Il governo Draghi e la sua caduta

Intanto, con la costituzione del governo Draghi, mentre al Paese si offre un premier autorevole e di prestigio internazionale, il Pd perde un'altra quota di credibilità, scegliendo di collaborare nello stesso esecutivo con la Lega e Forza Italia, e dunque accentuando, agli occhi del suo elettorato, una sua immagine di trasformismo, di incoerenza politica, di "governismo".

Le giustificazioni date (il senso di responsabilità nazionale, ancora una volta; la lotta contro il Covid; la gestione e gli obblighi legati al PNRR; e, questa volta, anche l'accoglimento della sollecitazione proveniente dal presidente Mattarella) non sono riuscite a essere convincenti per nessuno. Il Pd è apparso soltanto timoroso di dare la parola al corpo elettorale, ipocrita e poco rispettabile. L'inconcludenza e l'evanescenza dentro il governo hanno fatto il resto.

E così, mentre i Cinquestelle si presentavano in maniera ossessiva come i difensori del Sud, con il reddito di cittadinanza, e i tutori della povera gente di fronte alla pesante crisi sociale e all'esplosione dell'inflazione, che colpiva redditi e consumi; mentre parlavano al mondo dell'impresa con il superbonus edilizio, al di là di ogni attenzione ai problemi di bilancio; mentre si avviava l'operazione politica del "terzo polo", rivolta a ceti professionali, a un elettorato di centro, il Pd rimaneva del tutto privo di una sua identità percepibile e privo, quindi, di ogni capacità di attrazione, e incapace di suscitare entusiasmo, passione politica, o anche solo interesse. E dal punto di vista del lavoro interno di partito e delle alleanze politiche? I risultati erano perfino peggiori. Tutto spingeva verso una crescente separazione del Pd dalla gente in carne e ossa, verso una nicchia di assoluta autoreferenzialità, a cominciare dal linguaggio.

Viene avviata, con la segreteria Letta, un'operazione di "apertura" alla società, di tentato coinvolgimento di giovani e di forze intellettuali e professionali su diverse tematiche. Questa campagna viene denominata "Le Agorà democratiche". Voleva essere un tentativo di promuovere dibattito, partecipazione, proposte. Dopo qualche momento e qualche iniziativa partecipata, il tutto si è tradotto in una "piazza telematica" sempre meno affollata e alla fine abbandonata. È stata un'altra delle iniziative di finta modernità, sostanzialmente autoreferenziali e sterili: non si è riusciti a suscitare nessun entusiasmo e nessuna passione. D'altra parte, si è mai sentito qualcuno, in Italia, utilizzare l'espressione "agorà democratica"? L'agorà è stato uno dei segnali di lontananza dalla gente normale, perfino sul piano linguistico e comunicativo.

A questa espressione fa da corrispettivo il famoso "campo largo", raffinata espressione politica, già molto in voga ai tempi di Zingaretti, ma che per il popolo, per i cristiani normali, rinvia all'idea del campo di pallone, del campo di volo, del campo di grano (per gli spiriti poetici) o del campo di patate (per i proletari). Alla mancanza di contenuti programmatici, di semplici proposte, di iniziative di governo, si è aggiunto progressivamente l'uso di un linguaggio gergale, incomprensibile, mitico-allegorico, e in ultima analisi, sconosciuto ai più; incapace di suscitare "adesione sentimentale", sintonia comunicativa.

È stato un fiorire di "postura", "agorà", "campo largo", "resilienti", "confidenti", con cui sono stati sommersi i cittadini e abbagliati lavoratori e pensionati. E sempre, poi, chiamandosi per nome (Nicola, Enrico, Stefano, Dario,

Pasquale, e oggi Elly), come se si fosse tutti parenti stretti, per ribadire che, anche scambiandosi coltellate correntizie, alla fine ci si voleva tanto bene. «Sapete quante belle cose si possono fare senza offendere le regole della buona creanza: fino sbudellarsi[2].»

Era la dimostrazione che si era diventati moderni, in grado ormai di competere con i Foffo, i Lillo, i Geppy, dell'alta borghesia o della nobiltà dei salotti romani.

E intanto, la vicenda politica si sviluppava su due piani distinti: da un lato, l'attività del governo tecnico e di Draghi; dall'altro, l'ambito dei partiti, entro cui andavano maturando nuovi rapporti di forza, nuove scelte, mentre il Pd rimaneva immobile, incapace di cogliere segnali di movimento nella società, inchiodato all'immagine di "più coerente sostenitore di Draghi", così come dopo il Conte-2 ci si era impiccati sulla linea "o Conte, o morte". L'"agenda Draghi" era diventata l'unica connotazione politica del Pd, con un atteggiamento acritico, ripetitivo, subalterno, quasi irritante; con l'assunzione, sul tema decisivo della guerra in Ucraina, di una posizione perfino oltranzista, molto oltre la linea e il linguaggio di altri leader europei.

E così, Fratelli d'Italia e la Meloni allargavano il loro consenso nel centrodestra; Renzi giocava la sua partita; e soprattutto Conte, in maniera tanto spregiudicata quanto efficace, lavorava a costruire in tempi accelerati una nuova immagine dei Cinquestelle. Parti essenziali di questo tentativo erano la continua sottolineatura di distanza e autonomia dal Pd e anche un riposizionamento sulla guerra in Ucraina, con la messa in discussione della linea dell'invio di armi, nell'assenza di ogni altra iniziativa politico-diplomatica.

2 A. MANZONI, *I promessi sposi*, La Nuova Italia, 1971, cap. XXXVIII.

E alla fine, quasi senza rendersene conto, si è arrivati a una crisi di governo in piena estate, e a elezioni anticipate, con un Pd totalmente disarmato, senza alleati, senza capacità di attrazione, e vittima di una legge elettorale preesistente, che doveva essere cambiata in base agli impegni assunti, ma che è rimasta intatta, come una ghigliottina minacciosa su forze in crisi (Forza Italia, Lega) e su quelle isolate.

È stato inutile recriminare sull'irresponsabilità delle forze fuggite dal "campo largo". Intanto, è stata ancora una volta suicida la linea scelta dalla segreteria del Pd: non ci si allea con i Cinquestelle, dopo che hanno fatto cadere Draghi! Non era una linea politica, soprattutto di fronte a un centrodestra che era stato diviso fino a un mese prima, ma che, per costruire la sua vittoria, e con quella legge elettorale, ha accantonato ogni remora, ogni distinguo sulle collocazioni precedenti alla crisi, e si è presentato come coalizione credibile e vincente.

La scelta del Pd ha tolto ogni credibilità alla coalizione di centrosinistra. Si sarebbe dovuto tenere incatenato all'alleanza, fino all'ultimo minuto, Giuseppe Conte. Non è sicuro che si sarebbe costruita l'alleanza. Non avevano interesse i Cinquestelle a presentarsi insieme al Pd: avrebbero avuto meno capacità di attrazione del voto vetero-grillino, o comunque, di protesta sociale. Ma bisognava tentare. È stato grave non farlo.

È stato complicato e sconcertante il rapporto con Calenda. Bisognava spiegare agli italiani, più che ai dirigenti del "terzo polo", che non aveva senso porre veti ai Cinquestelle a causa delle distanze programmatiche, se per dare vita a un governo di centrosinistra bisognava poi comunque trovare mediazioni e compromessi dopo il voto; che il governo del Paese valeva bene una mediazione su problemi non decisivi. Alla fine, anche il "terzo polo" ha deciso di "distinguersi", per aprirsi uno spazio politico vitale per la propria esistenza e prospettiva.

È stata una campagna elettorale drammatica, priva di slanci e convinzione. Siamo riusciti a far assumere dal Pd la proposta di 300.000 posti di lavoro per il Sud. Ma era tardi. A due settimane dal voto si era fuori tempo massimo. E così, nel giro di due mesi, si sono modificati fortemente gli orientamenti di voto dei cittadini. Ancora a luglio, il Pd nei sondaggi era dato al 23-24%; Fratelli d'Italia sul 25%. A campagna elettorale avviata, a fronte di una prospettiva di vittoria elettorale del centrosinistra inesistente, si registrava per ogni giorno che passava un arretramento del Pd. Ci si augurava, a un certo punto, che la campagna finisse presto!

È finita come è finita. È finita come non poteva non finire. Con una legge elettorale che ha amplificato la rappresentanza parlamentare del centrodestra; e con un livello di astenuti drammaticamente elevato. A conferma del fatto che, in mezza Italia, non solo la passione, ma anche la speranza si era spenta. L'annuncio di dimissioni dato da Letta dopo il voto, è stato, comunque, un atto di dignità politica e personale. Ed è stato l'unico, nell'ambito del gruppo dirigente.

Si è conclusa così, per il Pd, la parabola politica di un decennio e si è aperta una stagione di novità politiche straordinarie per il nostro Paese, che può durare un quinquennio, e che richiede un aggiornamento di analisi sulla società italiana e una riflessione rigorosa sul centrosinistra, sul Partito democratico, sugli esiti delle primarie.

Le primarie del Pd

Il dopo voto, per il Pd, è stato uno psicodramma, con alcuni elementi di farsa. A conferma di un gruppo dirigente del tutto inadeguato, si sono registrati aspetti di assoluta irresponsabilità. A fronte di un governo di centrodestra che si andava formando, anche fra tensioni e lacerazioni, anziché avviare un percorso congressuale rapido, si è proceduto a una dilatazione sconfortante dei tempi; a discussioni lunari sul tesseramento, sulle procedure, su una data certa per l'elezione del nuovo segretario.

Occorreva, evidentemente, prendere tempo per trovare aggiustamenti correntizi, inventarsi qualche candidato, logorare qualcun altro. Quello che ha tolto credibilità all'operazione di ricambio è in questo fenomeno sconcertante: in qualunque partito serio, di fronte a un disastro politico elettorale, si individuano le responsabilità. Chi ha guidato il partito? Chi lo ha rappresentato nel governo? Chi ha scelto la linea politica? Chi ha definito il programma e i contenuti della campagna elettorale? A queste domande nessuno ha avuto la decenza di dare risposte.

Il primo essenziale elemento di rinnovamento doveva essere il superamento della segreteria e degli esponenti di governo. Ma incredibilmente, sono rimasti protagonisti in campo tutti i responsabili politici della disfatta. E gli stessi organi di informazione non hanno sottolineato quanto fosse ridicolo, e quanto togliesse credibilità agli annunci di rinnovamento, il fatto che tutti i responsabili, tranne Letta, restassero pienamente in campo, a condizionare, orientare e guidare il lungo percorso verso le primarie; a muoversi come se fossero stati turisti svedesi capitati lì per caso.

Nessuno dei protagonisti, che abbia anche solo accennato a una autocritica, a una assunzione di responsabilità! Una cosa assolutamente indecente. In queste condizioni, anche solo parlare di rinnovamento era ridicolo. Negli ultimi 4-5 anni non ho sentito nessun esponente del Pd rilevare limiti e debolezze nella linea politica, nel programma del partito. Mi sono ritrovato da solo a sottolineare i problemi.

Di fronte allo spostamento di milioni di elettori (Cinquestelle e Lega), il Pd non riusciva a intercettare neanche un voto. La capacità di attrazione del partito era pari a zero: non solo debolezza e incapacità di entusiasmare da parte dei vertici, ma il permanere di vuoti di proposta drammatici. Sicurezza, giustizia, Sud, lavoro, sburocratizzazione... neanche mezza proposta seria. Assoluta distanza da ceti professionali, mondo del lavoro autonomo. Partite IVA, ruolo delle Soprintendenze, pareri ambientali, riforma dell'abuso in atto d'ufficio: solo balbettii o silenzi.

Squilibrio nella sanità pubblica, svuotamento degli enti locali, invecchiamento della Pubblica amministrazione, mezze parole incerte sul reddito di cittadinanza: per anni mi è capitato di rilevare questi limiti e vuoti programmatici. Per anni non ho trovato un dirigente di rilievo che sottolineasse queste criticità.

E ancora, per anni le nostre rappresentanze di governo sono state un corpo separato rispetto ai territori, ai problemi degli amministratori, completamente estranee alla lotta per la conquista del consenso elettorale, e pienamente impegnate solo a curare la costruzione delle correnti e la gestione dei propri clienti – salvo rarissimi momenti, e con fatica.

Un quadro desolante, che vedeva il più delle volte, fra i chiamati a ricoprire ruoli nazionali di vertice, autentiche nullità, aventi il solo merito di appartenenza a qualche sottocorrente, e dopo che avevano perso nei propri territori di appartenenza tutti i voti che si potevano perdere. Una palude politica, di fronte alla quale nessuno ha avuto mai da ridire, per ignoranza dei fatti, per opportunismo, per complicità di corrente o di consorteria. Era il frutto di quello che da sempre chiamo la "selezione in negativo" dei dirigenti nel Pd (più si perde, più si avanza...), e che non può che produrre gruppi dirigenti di anime morte.

Almeno dopo il disastro elettorale, almeno in occasione

delle primarie, il minimo di decenza politica voleva che si chiamassero a rispondere i responsabili, in qualche caso più che decennali, di questo stato di cose. E invece, tutti i silenti per anni sono venuti alla ribalta, chiedendo un rinnovamento che avrebbe dovuto cominciare dal loro stesso accantonamento.

A mia consolazione, devo dire che nelle settimane delle primarie mi sono trovato, dopo anni di solitudine, in un'affollata "compagnia di rinnovatori", di fautori di rivoluzioni, evidentemente coltivate solo nel loro intimo, nel silenzio più rigoroso. Ma c'è di più, sono emerse sulla scena nuove figure, nuove tipologie di politici: si sono visti dorotei con la bandana; cardinali laici; profeti del giorno dopo. Si sono rivisti individui, che per settimane erano saliti in montagna in clandestinità, per poi scendere a valle, con i pantaloni alla zuava, come appare nella sfilata della Liberazione a Milano qualche capo partigiano...

Si è detto, dopo le primarie, che finalmente si apriva la stagione della rivoluzione interna: morte alle correnti; mai più notabili, più lotta, più identità di sinistra ecc. Un programma interessante, forse solo bisognoso di qualche puntualizzazione e di qualche verifica di coerenza.

Sono sempre stato convinto che le distinzioni nel partito, legate alle mozioni, siano fragili e precarie. La vera distinzione è fra persone autonome e servi; tra chi ha onestà intellettuale e chi ne è privo; fra chi fa militanza e chi vive di rendita; fra chi costruisce i propri percorsi con la fatica e con i risultati, e chi invece vive di cooptazioni; fra chi ha coerenza e dignità, e chi è pronto a vendersi al primo padrone. È sulla base di questi parametri che si misura il rinnovamento, e lo si distingue dalle finzioni e dalla demagogia delle parole.

E così è per il rinnovamento generazionale. Un partito progressista deve guardare sempre al cambiamento e promuoverlo. Vanno rimossi quelli che lo ostacolano, sulla base di convenienze personali, di privilegi notabiliari e di casta. Ma un grande partito vive anche di equilibrio, oltre che di idee e sensibilità, di generazioni. Al di fuori di queste regole e di questi orientamenti, la "rottamazione" diventa umanamente volgare e politicamente idiota.

Il problema è: quale partito, per quali obiettivi. Il Partito democratico è nato con l'obiettivo di una doppia sfida. La prima è quella programmatica e identitaria; operare una sintesi efficace tra le grandi tradizioni politiche del Paese. Ovviamente, una sintesi tra cattolicesimo democratico, sinistra storica e filone laico e liberaldemocratico non è possibile con una semplice giustapposizione delle diverse culture. Questo è stato l'errore di impostazione che ha reso difficile il progetto. Occorre che tutte le tradizioni facciano i conti con la modernità, con le lezioni della storia, con le novità sconvolgenti, che sul piano sociale, produttivo e scientifico segnano il mondo contemporaneo. Ma una sintesi tra Stato e mercato, pubblico e privato, libertà e uguaglianza rimane un'operazione politica e culturale irrinunciabile per la costruzione di uno Stato sociale, nelle condizioni storiche mutate.

Strettamente connesso a questa sfida è poi l'obiettivo politico di aggregare un fronte sociale maggioritario, che consenta di puntare al governo del Paese e alla sua modernizzazione. È un compito difficile. Si è tentati, a volte, di accentuare i caratteri di radicalismo identitario, per recuperare consenso a breve. Ma questo è un modo per ridursi alla testimonianza, al minoritarismo inconcludente.

Non è facile allargare l'area del proprio bacino elettorale, senza perdere la propria base tradizionale; non è facile essere portatori convinti e intransigenti dei valori di solidarietà, e rappresentare, contemporaneamente, il bisogno di sicurezza cresciuto nelle aree urbane, senza cadere in logiche di cinismo e disumanità. Ma è appunto questa la missione e la ragion d'essere del Pd: trovare e praticare questa sintesi politica, programmatica, e di valori. Solo una forza politica del genere può governare, unire e rilanciare un Paese come l'Italia, con le sue lacerazioni, i suoi divari, la sua palude burocratica, la sua crisi demografica, il suo lento declino.

2
I problemi strutturali. Un Paese che non cresce

Dopo la grande crisi del 2008-2009

Un'analisi realistica dell'Italia deve muovere da alcuni dati di fondo, e da una data spartiacque, quella della grande crisi del 2008-2009. Partiamo dall'analisi contenuta nelle considerazioni finali dell'allora governatore della Banca d'Italia Mario Draghi, nel 2010. «Nel biennio 2008-2009 il PIL è sceso in Italia di 6 punti e mezzo, quasi la metà di tutta la crescita che si era avuta nei dieci anni precedenti. Il reddito reale delle famiglie si è ridotto del 3,4 per cento, i loro consumi del 2,5 per cento. Le esportazioni sono cadute del 22 per cento. L'incertezza dilagante e il deteriorarsi delle prospettive della domanda hanno indotto le imprese a ridurre gli investimenti, scesi del 16 per cento.

L'incidenza della Cassa integrazione guadagni sulle ore lavorate nell'industria è salita al 12 per cento alla fine del 2009. L'occupazione è diminuita dell'1,4 per cento.» Quanto alle imprese, «stanno soffrendo soprattutto le imprese più piccole, spesso dipendenti da rapporti di subfornitura», mentre invece «tra le imprese industriali con 50 e più addetti, che hanno investito in ricerca e sviluppo nel triennio precedente la crisi, l'aumento previsto del fatturato è di oltre il 6 per cento». Quanto alla spesa primaria corrente, si osserva che «negli ultimi dieci anni la spesa è cresciuta in media del 4,6 per cento l'anno, aumentando di quasi 6 punti in rapporto al PIL».

Viene rilevato qualche punto di forza della struttura finanziaria del Paese: «La ricchezza accumulata dalle famiglie è pari, al netto dei debiti, a quasi due volte il PIL nella sola componente finanziaria, a circa 5 volte e mezzo includendo le proprietà immobiliari, livelli fra i più alti nell'area dell'euro. Sempre in rapporto al PIL, i debiti delle famiglie sono fra i più bassi dell'area, quelli delle imprese sono inferiori alla media. Il debito netto verso l'estero dell'intera economia può essere stimato al 15 per cento del PIL, fra i valori più bassi dell'area, escludendo la Germania che ha una forte posizione creditoria. Il rapporto tra debito pubblico e PIL era diminuito di 18 punti percentuali tra il 1994 e il 2007. In questo biennio di recessione è aumentato di 12 punti, al 115,8 per cento».

Quanto ai dati sulla produttività e l'occupazione, Draghi osserva che «Nei dieci anni precedenti la crisi, la produttività di un'ora lavorata è salita del 3 per cento, del 14 nell'area dell'euro. Negli stessi anni l'economia italiana è cresciuta del 15 per cento contro il 25 per cento dei Paesi dell'area. Il tasso di occupazione degli italiani resta basso, 57 per cento nel 2009, sette punti in meno che nell'area; il divario è più ampio per i giovani, e raggiunge 12 punti per le donne».

Questa situazione sottolinea l'urgenza di riforme strutturali; rende necessario rilanciare la crescita, ma obbliga al rigore: «Ciascun ente dovrà mantenere il proprio bilancio in pareggio, al netto degli investimenti, come previsto dall'articolo 119 della Costituzione».

Infine, le considerazioni relative a evasione fiscale e tassazione: «L'evasione fiscale è un freno alla crescita, perché richiede tasse più elevate per chi le paga; riduce le risorse per le politiche sociali, ostacola gli interventi a favore dei cittadini con redditi modesti. Il cuneo fiscale è di circa 5 punti superiore alla media degli altri Paesi dell'area dell'euro, il prelievo sui redditi da lavoro più bassi e quello sulle imprese, includendo l'IRAP, sono più elevati di 6 punti. Secondo stime dell'ISTAT, il valore aggiunto sommerso ammonta al 16 per cento del PIL [...]. Si può valutare che tra il 2005 e il 2008 il 30 per cento della base imponibile dell'IVA sia stato evaso. In termini di gettito sono oltre 30 miliardi l'anno».

E così i giovani «non possono da soli far fronte agli oneri di una popolazione che invecchia. Solo 36 italiani su 100 di età compresa tra 55 e 64 sono occupati, contro 46 nella media europea e 56 in Germania». E in tutto questo, si assiste a un divario crescente tra Nord e Sud del Paese.

Sono questi i dati di fondo dell'economia e del sistema Italia che descrive Draghi, e che permangono sostanzialmente immutati nel decennio successivo. È il quadro di un Paese con un forte risparmio privato, con aree limitate di notevole dinamismo, ma nel complesso segnato da una tendenza al declino, tra palude burocratica, aree di parassitismo, persistenti forme di dualismo territoriale, e segnato da un divario crescente rispetto ai Paesi avanzati d'Europa.

In effetti l'attenzione al destino del Sud rimane quasi inesistente. Le riforme strutturali necessarie sono di là da venire. Dobbiamo oggi registrare che la percentuale del PIL dell'Italia nell'Unione europea è passata in un ventennio dal 18 al 14 per cento, mentre la crescita del PIL rispetto all'anno pre-Covid è stata del 3 per cento nella media europea, e di meno del 2 per cento in Italia.

L'Italia vista da vicino

Possiamo arricchire il quadro analitico seguendo le riflessioni di Luca Ricolfi[3], le meno politicamente corrette, ma per tanti versi le più aderenti alla realtà.

[3] L. RICOLFI, *La società signorile di massa*, La Nave di Teseo, 2019.

Si propone una ricostruzione dell'Italia, fatta anche da un punto di vista sociologico, attenta agli elementi di cultura, di senso comune, di caratteristiche civiche e civili del nostro popolo. Un'indagine per tanti versi dissacrante, ma fatta con spirito di verità.

Nell'immagine dell'Italia che emerge dal dibattito pubblico vi è un dualismo di fondo. C'è chi enfatizza i dati più negativi e problematici (la crescita delle disuguaglianze, la percentuale elevata di disoccupati, la scarsa tutela dei diritti, i 13 milioni di pensionati sotto i mille euro al mese, i giovani privi di prospettive). Ma se si cambia punto di vista, viene rilevato che c'è tanta gente che, pur non lavorando, si consente villeggiature nei fine settimana; ci sono ristoranti pieni e famiglie che hanno due case di proprietà e un televisore per stanza; i centri benessere, le palestre e i centri massaggi sono pieni.

Il dualismo contraddittorio della "narrazione" è dovuto al fatto che i protagonisti del dibattito pubblico (politici, operatori dell'informazione, intellettuali) tendono a sottolineare e dilatare gli elementi della realtà che servono a prendere voti o ad aumentare gli ascolti.

E così, prende corpo "una gigantesca macchina retorica" che impedisce di cogliere il quadro d'insieme del Paese. Ricolfi propone una chiave di lettura unitaria e integrata della società italiana, espressa dall'idea di una "società signorile di massa", che tiene insieme i diversi punti di vista, cogliendone l'intreccio funzionale. «Per società signorile di massa intendo una società opulenta in cui l'economia non cresce più, e i cittadini che accedono al surplus senza lavorare sono più numerosi dei cittadini che lavorano.»

Vi è in Italia una «componente parassitaria [...] fatta di rendite, privilegi, mercati protetti, sprechi, ipertrofia dell'apparato pubblico», che diventa sempre più insostenibile. Dopo la grande crisi del 2008 l'Italia entra in una condizione di sostanziale stagnazione e diventa l'unico Paese europeo a crescita zero.

La sintesi di questo modello di società è data dal fatto che quelli che non lavorano superano il numero di quelli che lavorano (52,2% contro il 39,9%); e che i consumi opulenti sono diventati di massa, e la produzione di ricchezza ristagna.

La crisi della scuola

Tra le cause che hanno concorso al formarsi della società signorile di massa, a infiacchire le diverse generazioni, vi è – sempre secondo Ricolfi – «la progressiva distruzione della scuola e dell'università come luoghi di formazione che richiedono un duro impegno, e in cambio promettono un incremento sostanziale delle conoscenze e delle abilità, certificato da un titolo di studio credibile».

La crescita di una scuola senza qualità viene legata alla riforma della scuola professionale del 1962, alla possibilità di accedere a ogni tipo di scuola e alla successiva liberalizzazione degli accessi all'università nel 1969.

Si comprende che siamo di fronte a un problema di grande complessità, a un tema che rinvia a sistemi di valori e motivazioni ideali. È difficile scegliere fra una scuola universale e aperta, con meno vincoli e orientamenti predefiniti, e una scuola più selettiva ed elitaria, e magari con una formazione più rigorosa. Non credo sia accettabile, oggi, una situazione come quella di decenni fa, quando frequentare una scuola professionale era simbolo di marginalità e inferiorità sociale, di esplicito classismo.

Abbiamo visto, fra l'altro, che il numero chiuso a medicina non dà più qualità, ma crea solo distorsioni sconcertanti. Quello che è vero è la perdita, anche e soprattutto nelle scuole, del "principio di autorità". Siamo ormai alla diffusione incontrollata di atteggiamenti di irrisione, e perfino di aggressione continua ai docenti. La scuola non trasmette senso del dovere, del rispetto, delle gerarchie.

I programmi sono alleggeriti al massimo, e in qualche caso rifiutati, come se fosse la cosa più normale. L'irresponsabilità dei genitori fa il resto, rispetto alla mancata azione educativa. È su questo punto che sicuramente occorrerebbe intervenire, ripristinando regole rigorose. E per il resto, si può aprire a tutti ma operando una selezione precoce, legata al merito e allo spirito di sacrificio, soprattutto nelle università. È possibile e necessario promuovere una formazione mirata, legata alla domanda delle aziende, lavorando per dare ai giovani motivazione sociale, retribuzioni adeguate e certezza lavorativa.

Occorre promuovere campagne educative efficaci e di lungo periodo, sapendo che tutto, intorno alla scuola, si muove in direzione di una grave perdita di regole, di una generale emergenza educativa, legata ai social, alla qualità dei programmi televisivi, sempre più segnati da volgarità insopportabili, e che diffondono modelli devastanti di comportamenti sociali.

Davvero questa è una delle sfide più difficili, e insieme più importanti da vincere, per il rinnovamento dell'Italia. Alla dequalificazione e alla riduzione degli standard della scuola pubblica viene legato anche un fenomeno sociale nuovo: la disoccupazione volontaria, che poggia anche sull'accresciuto benessere raggiunto dalle famiglie.

Non c'è solo il rifiuto di lavori obiettivamente scadenti e irricevibili, ma è diffuso anche, diversamente che in altri Paesi occidentali, a cominciare dagli USA, la tendenza a rifiutare il lavoro parziale, provvisorio, come esperienza di vita e primo reddito per la propria indipendenza, in attesa di un lavoro più confacente ai propri titoli o alle proprie aspirazioni.

Ovviamente, il fenomeno della disoccupazione volontaria è legato anche a un profondo mutamento di valori e di stili di vita diffuso sempre più in tutti i Paesi dell'Occidente. Cresce l'aspirazione a un lavoro che consenta una dimensione di vita meno alienante, meno stressante e più ricca di relazioni umane e di gratificazione.

È significativo, ad esempio, il rifiuto del lavoro dei trasportatori, degli autisti di Tir, anche a fronte di retribuzioni importanti, nel periodo Covid. Cresce il rifiuto fra i giovani del lavoro nel commercio, nel turismo, nella ristorazione quando si è obbligati a turni di notte o festivi.

La parola d'ordine è "voglio vivere", e la si può sostenere, se si può contare su forme di sostegno familiare. Ma non c'è dubbio che il tema del lavoro si porrà sempre più come uno dei temi più complicati, anche dal punto di vista dei tempi e dei carichi di lavoro. Comincia a diventare attuale il problema della riduzione dell'orario di lavoro. Ma è evidente che, senza creazione di ricchezza e di risorse, e senza normative di livello almeno europeo, il problema rischia di essere di impossibile soluzione.

Povertà reale, reddito sommerso, consumi

C'è un tema che merita un approfondimento rigoroso, fatto con spirito di verità e senza ideologismi: quello della povertà reale nel nostro Paese, al di là delle statistiche. Sicuramente negli anni del Covid la povertà delle famiglie è cresciuta. Si è cominciato a intaccare il risparmio anche per le esigenze di vita ordinarie. Il numero dei poveri relativi si è dilatato; e una parte dei consumi non essenziali è stata eliminata. Ma rimangono delle incertezze, dei dubbi, sulla realtà vera della povertà in Italia.

I numeri, generalmente proposti, di poveri assoluti e relativi sono tali da non corrispondere alla dimensione dei consumi non essenziali nella società italiana. A volte si è di fronte, nelle statistiche, ad aree così vaste di povertà, che sarebbero incompatibili con la stessa tenuta sociale, e non potrebbero non promuovere fenomeni di vera e propria rivolta.

In sostanza, rimane il dubbio che vi sia anche, spesso non rilevata, una quantità notevole di redditi più o meno nascosti che entrano nelle famiglie. Ricolfi valuta che circa il 95% non viva in condizione di povertà.

I dati di consumo signorile in alcuni campi, è significativo.

Per case di proprietà, automobili e vacanze (sia quelle lunghe, che quelle brevi, con piccole ma frequenti interruzioni della continuità lavorativa) vi sono numeri importanti. Grande espansione ha avuto il food. Prima del Covid si contavano 13 milioni di persone (un italiano su quattro), che abitualmente pranzavano fuori. Vi è stata un'ovvia contrazione negli anni 2020-2022, ma vi è ormai una piena ripresa della tendenza. Si registrano picchi di crescita nei servizi e consumi legati al fitness, alla cura personale, a richiesta di collaboratori per l'alleggerimento dei lavori domestici. La connessione a internet coinvolge 55 milioni di italiani, che usano le nuove tecnologie massimamente come strumento di evasione.

È questo il quadro realistico della situazione del Paese. Le oscillazioni degli ultimi anni, i nuovi equilibri prodotti dalla fiammata inflazionistica degli ultimi tempi, le modifiche dei redditi e dei consumi non hanno cambiato i dati di fondo.

Questa condizione di vita, diffusa ormai da lunghi anni, ha prodotto un senso comune, dei disvalori, delle abitudini tutte particolari. Sempre di più non è una collocazione sociale stabile, predeterminata da gerarchie consolidate, a determinare la "coscienza di sé", l'identità delle persone.

Parte di questa società tendente al ristagno è il fenomeno dei *neet*, che in Italia ha un peso eccezionalmente elevato: «Anche escludendo i *neet* che sono alla ricerca di un lavoro, e considerando solo gli inattivi puri (ossia chi non solo non fa un lavoro, ma nemmeno lo cerca), il livello italiano (18,8%) resta molto alto, quasi il doppio di quello del Belgio e della Francia (i due Paesi con più *neet* dopo l'Italia), e oltre il doppio del livello medio di tutti i Paesi occidentali (7,9%)».

Il dato d'insieme dell'Italia ci dice che viviamo da decenni al di sopra delle nostre possibilità, che da un ventennio il livello di produttività del Paese non cresce in maniera sufficiente, e che quindi diventa insostenibile una realtà che veda il permanere contemporaneamente di non lavoro, consumi elevati e stagnazione.

Questa descrizione del Paese può accentuare o attenuare qualche suo elemento; si può registrare un aumento nella divaricazione di reddito fra i diversi ceti sociali; un aumento temporaneo del risparmio negli anni del Covid, una crescita di alcune aree sociali e territoriali. Ma la sostanza rimane. È tutto davanti a noi il problema enorme di un Paese avviato verso un lento declino, che ha aumentato la sua distanza dai Paesi più avanzati, e ancora non fa i conti con la necessità di affrontare con determinazione, e con politiche di lungo periodo i problemi strutturali che ne bloccano la crescita.

3
La risposta al declino. L'illusione del PNRR e dell'autonomia differenziata

Domandiamoci allora quali forze politiche e quali programmi sono all'altezza della sfida, e quali risposte abbiamo trovato sul campo, da parte dei partiti e del governo. A quel che sembra, le due risposte principali proposte per rispondere al declino sono il PNRR e l'"autonomia differenziata". Possiamo verificare che entrambe le risposte sono inadeguate rispetto alla vastità e profondità dei problemi dell'Italia. Riprendiamo ancora, più nel merito, i principali nodi strutturali del sistema Italia, a cominciare dal declino economico, dalla palude burocratico-amministrativo-giudiziaria, dalla stratificazione paralizzante di livelli istituzionali e centri di potere.

Il PNRR e i nodi economici

I dati essenziali nella condizione aggiornata del nostro Paese sono contenuti tutti nella premessa del documento PNRR. Nel 2020 il PIL si è ridotto dell'8,9% a fronte di un calo nell'Unione europea del 6,2. La crisi si è abbattuta su un'Italia già fragile dal punto di vista economico, sociale e ambientale. Tra il 1999 e il 2019 il PIL è cresciuto in totale del 7,9%. Nello stesso periodo in Germania, Francia e Spagna, l'aumento è stato rispettivamente del 30,2, del 32,4 e del 43,6%. Tra il 2005 e il 2019 il numero delle persone sotto la soglia di povertà assoluta è salito dal 3,3% al 7,7% della popolazione, prima di aumentare ulteriormente nel 2020 fino al 9,4%. A essere particolarmente colpiti sono stati donne e giovani. L'Italia è il Paese dell'Unione europea che ha, come abbiamo visto, il tasso più alto di ragazzi tra i 15 e i 29 anni non impegnati nello studio, nel lavoro e nella formazione. Il tasso di partecipazione delle donne al lavoro è solo del 53,8%, molto al di sotto del 67,3% della media europea. Questi problemi sono ancora più accentuati nel Mezzogiorno, dove il processo di convergenza con le aree più ricche del Paese è ormai fermo.

Sempre nella premessa del PNRR, l'Italia risulta particolarmente vulnerabile ai cambiamenti climatici e in particolare all'aumento di calore e della siccità. Le zone costiere, i delta dei fiumi e le pianure alluvionali rischiano di subire gli effetti legati all'incremento del livello del mare e delle precipitazioni intense. Secondo le stime dell'Istituto Superiore per la Protezione e Ricerca ambientale (ISPRA), nel 2017 il 12,6% della popolazione viveva in aree classificate a elevata pericolosità di frana o soggette ad alluvioni, con un complessivo peggioramento rispetto al 2015. Dopo una forte discesa tra il 2008 e il 2014, le emissioni pro capite di gas clima-alteranti, espresse in tonnellate di Co_2 equivalente, sono rimaste sostanzialmente inalterate fino al 2019.

Dietro le difficoltà dell'economia italiana a tenere il passo con gli altri Paesi avanzati europei, e a correggere i suoi squilibri territoriali, c'è l'andamento della produttività, più lento in Italia che nel resto dell'Europa. Dal 1999 al 2019, il PIL per ora lavorata è cresciuto del 4,2 per cento mentre in Francia e Germania è aumentato rispettivamente del 21,2 e del 21,3. La produttività totale dei fattori, un indicatore che misura il grado di efficienza complessivo di un'economia, è diminuita del 6,2 per cento tra il 2001 e il 2019, a fronte di un generale aumento a livello europeo.

Tra le cause del deludente andamento della produttività c'è l'incapacità di cogliere le molte opportunità legate alla rivoluzione digitale. Questo ritardo è dovuto sia alla mancanza di infrastrutture adeguate, sia alla struttura del tessuto produttivo, caratterizzato da una prevalenza di piccole e medie imprese, che sono state spesso lente nell'adottare nuove tecnologie e muoversi verso produzioni a più alto valore aggiunto.

La scarsa familiarità con le tecnologie digitali caratterizza anche il settore pubblico. Prima dello scoppio della pandemia, il 98,8% dei dipendenti dell'amministrazione pubblica in Italia non aveva mai utilizzato il lavoro agile. Anche durante la pandemia, a fronte di un potenziale di tale modalità di lavoro nei servizi pubblici pari a circa il 53 per cento, l'utilizzo effettivo è stato del 30%, con livelli più bassi di circa 10 punti percentuali nel Mezzogiorno.

Questi ritardi sono in parte legati al calo degli investimenti pubblici e privati che ha rallentato i necessari processi di modernizzazione della Pubblica amministrazione, delle infrastrutture e delle filiere produttive.

Nel ventennio 1999-2019 gli investimenti totali in Italia sono cresciuti del 66%, a fronte del 118% della zona Euro. I due dati che fotografano il lento declino del Paese e la sua difficoltà strutturale sono questi: l'Italia ha perso in vent'anni da 22 a 24 punti percentuali di PIL rispetto a Francia e Germania; e in più a un tasso di forza lavoro attiva enormemente più basso dei Paesi avanzati. Nel 2020 il tasso di occupazione medio dell'Italia è del 58,1%, quello della Francia è il 65,2, quello della Germania è il 76,2.

In queste condizioni diventa difficile, sempre di più, trovare le risorse per pagare i grandi servizi di civiltà (Sanità, Scuola, Trasporto pubblico, Sicurezza, ecc.). E in aggiunta, il peso fiscale grava su una platea di cittadini molto più ridotta e quindi in percentuale più elevata che in altri Paesi. Per le imprese diventa difficile trovare le maestranze con i profili professionali richiesti.

A gennaio le imprese italiane, secondo l'indagine EDJNet, cercavano oltre mezzo milione di lavoratori: il 45,8% dei datori di lavoro sottolineava una forte difficoltà ad assumere, rispetto al 38,6% del gennaio 2021. Nel 2022 si sono avute quasi 2,2 milioni di dimissioni, il 13,8 per cento in più rispetto al 2021, senza distinzioni di tipologie contrattuali.

A questa tendenza si aggiunge una marcata spinta verso l'estero. L'ISTAT rileva, nell'ultimo rapporto sulle migrazioni, che tra il 2012 e il 2021 sono emigrati un milione circa di nostri connazionali, un quarto dei quali laureati. Nella fascia di età 25-34 anni, anche nel periodo del Covid, il saldo migratorio relativo a giovani con titolo d'istruzione superiore è stato di meno 80.000 unità. E mentre il Nord compensa le migrazioni con gli arrivi provenienti dal Sud, il Mezzogiorno registra una perdita secca di professioni ad alto valore aggiunto.

Per chi emigra, pesa la differenza retributiva. Un giovane laureato percepisce all'estero 1.963 euro mensili netti, rispetto ai 1.380 euro in Italia. A cinque anni dalla laurea il divario cresce: 2.352 euro rispetto ai 1.599 medi da noi. Gli ultimi dati UNESCO sulla mobilità degli studenti ci dicono che in Italia escono per il 4,2 per cento ed entrano per il 2,9, con un forte divario rispetto agli altri Paesi. La Gran Bretagna ha l'1,5 in uscita e il 20 per cento in entrata; la Germania il 3,8 e l'11,2. La Francia il 4% e il 9%; la Spagna il 2,2 e il 3,8%. Il calo demografico porta l'Italia a meno 130.000 studenti nelle nostre scuole medie, e ben presto questo dato si rifletterà sulle università. Dunque, la perdita di risorse umane e di intelligenze si presenta come uno dei dati più rilevanti del nostro declino. In questo quadro, appare non decisivo anche un trend positivo della nostra economia nel 2023: si prevede una crescita di PIL secondo la Commissione europea dell'1,3 per cento rispetto allo 0,6 della Francia e dello 0,2 della Germania. Ma questo trend si inverte già nel 2025. Su questa realtà della nostra economia, sulle sue debolezze strutturali si sono abbattuti i problemi della pandemia, della pesante crisi energetica, il freno dei mercati conseguente alla guerra in Ucraina, l'aumento del prezzo delle materie prime, la rarefazione di alcune componenti essenziali per la filiera automobilistica, e una fiammata inflazionistica che ha raggiunto quasi le due cifre.

Il PNRR e i suoi contenuti – Una crisi già scritta

Possiamo dire che, in questi anni, a partire dall'emergenza Covid, la risposta dell'Europa è stata importante, fino alla messa a disposizione degli Stati membri di risorse imponenti. Il PNRR è apparso come un'ancora di salvezza per il nostro Paese. Più di 200 miliardi sono – sarebbero una opportunità davvero storica di rilancio, o, come si dice in termini un po' barocchi, di ripresa e resilienza.

Partiamo da due considerazioni pregiudiziali, che non sono ben chiare sul dibattuto in corso a proposito del PNRR. La prima è che i 191,5 miliardi di euro, che nell'ambito del *Next generation* sono destinati al PNRR italiano, prevedono 68,9 miliardi a fondo perduto, e 122,6 miliardi di prestiti. Sembra a volte che si guardi al PNRR come a un grande regalo proveniente dall'Europa. C'è una massa rilevante di denaro che va restituito, e solo l'Italia e la Romania hanno una percentuale di prestiti superiore al 59 per cento. L'Italia è al 64 per cento di prestiti sull'intero PNRR.

La seconda considerazione da fare è relativa agli obiettivi

"politici" del PNRR. Molti hanno dimenticato che l'Italia è il primo beneficiario di queste risorse perché deve conseguire l'obiettivo di recuperare i divari esistenti nel Paese (divari territoriali, sociali e di genere). Dunque il cuore politico del PNRR è il superamento del divario Nord-Sud.

È stato sbandierato come un successo politico straordinario la destinazione del 40 per cento di risorse al Mezzogiorno. Premesso che questo dato è assolutamente virtuale, se anche si destina al Sud poco più della sua percentuale di abitanti, non si sta affrontando seriamente l'obiettivo della coesione nazionale, ma si rimane ancorati sì e no alla "spesa storica", dando per scontato il permanere del divario territoriale.

Questo significa non affrontare e non risolvere quello che è il nodo essenziale del declino, dell'arretramento continuo dell'Italia rispetto ai Paesi avanzati: la percentuale di persone che non lavorano e non producono ricchezza, enormemente elevata a causa del livello abnorme di disoccupazione nel Sud. Come e quando mai si recupererà il divario di infrastrutture, di livelli essenziali di prestazioni rispetto al Centro-nord? A conferma di questo sostanziale abbandono della politica di coesione c'è il lungo blocco dei fondi FSC, destinati per legge al Sud per l'80 per cento. L'azione posta in essere dal ministro per gli Affari europei e la coesione, tende a spalmare sul piano nazionale quelle risorse, a finanziare progetti del PNRR non realizzabili entro il 2026.

Per raggiungere questo obiettivo è stata messa in campo, a inizio 2023, una campagna di mistificazione relativa alla capacità di spesa dei fondi europei e nazionali da parte delle istituzioni del Sud. Si tratta di una mistificazione doppia. Intanto perché è dimostrato che la capacità di spesa più bassa la realizzano i ministeri centrali; e poi, perché la scadenza prevista per la certificazione dei fondi FSC, e quindi la verifica sulla capacità di spesa, è dicembre 2023.

La cosa vergognosa è che non si individua la ragione fondamentale dei ritardi dove ci sono. La desertificazione della Pubblica amministrazione; la quasi scomparsa nei Comuni di Uffici tecnici e Uffici appalti, ridotti per la stretta ventennale sulle assunzioni e sui riempimenti delle piante organiche a non poter garantire neanche l'ordinaria amministrazione.

E in ogni caso, se per ipotesi si tagliano risorse ai territori per mancata capacità di spesa, quelle risorse a chi si assegnano se i ministeri centrali sono di gran lunga più inefficienti? Dal punto di vista della "messa a terra" dei progetti, quali saranno i soggetti impegnati?

La governance del PNRR

Ma guardiamo il modello di governance scelto per il PNRR. Le criticità cominciano da qui. È stata fatta una scelta doppiamente contraddittoria: quella di una centralizzazione dei poteri; e, contemporaneamente, quella della polverizzazione degli interventi. E così, abbiamo assistito a "bandi nazionali" per decidere da Roma quali scuole finanziare, magari nelle aree interne dei territori; bandi ministeriali aperti perfino a singole aziende, società partecipate... Si sono registrate decine di migliaia di progetti secondo il calcolo della Ragioneria dello Stato, e sono state interessate 5.700 amministrazioni come soggetti attuatori!

L'obiettivo malizioso era quello di "saltare" e marginalizzare le Regioni, bloccando così ogni possibilità di realizzare gli equilibri territoriali e le valutazioni di priorità. Siamo arrivati all'assurdo (o al ridicolo) che il ministro Fitto ha motivato il blocco dei fondi FSC (Fondi per lo Sviluppo e la Coesione), e la verifica dei livelli di spesa dei fondi europei e nazionali, con la necessità di "coordinare" gli interventi, di evitare sovrapposizioni di opere, ecc.

Nessuno ha spiegato al ministro della Coesione (!) che questo è esattamente il lavoro che avrebbero dovuto svolgere le Regioni, tagliate fuori invece dalla programmazione dei diversi interventi nei territori. Ed erano le Regioni che potevano e dovevano ridurre la polverizzazione dei progetti, garantire un aiuto a Comuni impossibilitati ad agire, e ovviare, per quanto possibile, alle carenze drammatiche e generalizzate della Pubblica amministrazione.

Gli organici della Pubblica amministrazione in tutti i comparti, tranne la scuola, hanno registrato tagli pesantissimi per le politiche di *spending review* adottate dopo la grande crisi del 2008-2009, senza che questo portasse, peraltro, a un corrispondente taglio di spesa per il personale. Il nuovo "Conto annuale del personale", il rapporto che ogni 12 mesi la Ragioneria generale dello Stato pubblica sulla situazione dei dipendenti pubblici, segnala le criticità cresciute dal 2012 in poi. I ministeri, le agenzie fiscali, gli enti pubblici non economici come INPS o INAIL hanno visto diminuire il loro personale del 23,5%. Enti locali e Regioni hanno perso il 15,7% dell'organico. Questa tendenza è stata più accentuata negli enti locali del Sud, per le particolari criticità dei bilanci. E così oggi, ad esempio, a Napoli e Bari il numero dei dipendenti comunali in rapporto alla popolazione è la metà di quello di Bologna o Firenze. Soltanto ad aprile-maggio del 2023 si sono registrate all'INPS alcune migliaia di nuove assunzioni.

Guardiamo nel merito la governance definita per il PNRR. Si è passati da un modello tecnocratico-centralistico a un modello politico-spartitorio. Il governo Draghi aveva accentrato il controllo nel MEF, e costituito gruppi di lavoro tecnici presso la presidenza del Consiglio. Con il governo Meloni, il controllo politico passa direttamente alla presidenza del Consiglio, in capo a una Unità di missione legata formalmente al ministro per l'Europa e la Coesione.

Tale struttura è articolata in 4 Direzioni, e avrà il compito di «assicurare il supporto all'autorità politica delegata in materia di PNRR, per l'esercizio delle funzioni di indirizzo e coordinamento dell'azione strategica del governo». A tale Unità di missione viene affidata la possibilità di attivare poteri sostitutivi nel caso di gravi ritardi dei soggetti attuatori!

Ma essendoci una coalizione politica di governo si è dovuto mantenere un'altra Unità di missione presso il MEF (Ragioneria dello Stato) per il controllo sull'attuazione e sulla spesa. Si tratta del nuovo Ispettorato generale per il PNRR, che trasforma il preesistente "Servizio centrale" in una struttura articolata in 8 uffici di livello dirigenziale. Nel frattempo sono previste Unità di missioni nei singoli ministeri.

Si realizza un'unica Soprintendenza speciale per il rilascio dei pareri, una struttura *ad hoc* presso il Consiglio superiore dei Lavori pubblici. Si approvano decreti per avviare semplificazioni relative alle procedure di gara per le opere pubbliche, ai ricorsi amministrativi. Si tentano operazioni di reclutamento di personale tecnico e dirigenziale che, di fronte a prospettive di impegno a tempo determinato, diventano difficili da concretizzare.

Dunque, si avviano cambiamenti rilevanti rispetto al governo Draghi, e già questo non può non determinare nuove incertezze e dilatazioni dei tempi di operatività. E in più, anche i cambiamenti mirati che si propongono, si inseriscono in un contesto amministrativo e giudiziario complessivo, che rimane sostanzialmente intatto. C'è, ovviamente, un problema oggettivo. Il PNRR impatta su una palude burocratica che avrebbe richiesto da anni e anni una radicale modernizzazione, alla quale nessun governo ha lavorato seriamente. Si pensi ai processi di digitalizzazione della Pubblica amministrazione e ai ritardi accumulati. Ma il governo Meloni ci mette del suo.

Vediamo alcuni dettagli apparentemente marginali e tecnici, ma decisivi per l'attuazione delle opere, e che spesso, anziché semplificare i percorsi, li complicano. Di fronte al groviglio di problemi legati alle migliaia di "soggetti attuatori", e alla conseguente polverizzazione della spesa, i ministeri dell'Economia e dell'Interno emanano una circolare congiunta con la quale si cerca di realizzare un sistema di controllo misto, impegnando Prefetture e Ragionerie provinciali dello Stato in "presidi territoriali" che dovrebbero monitorare gli interventi nei territori.

L'obiettivo minimo è quello di raccogliere almeno dati aggiornati e certi relativi alle opere, verificando il cento per cento dei rendiconti presentati dai soggetti attuatori, la correttezza dei codici progetto (CUP), ma anche la correttezza delle procedure interne adottate dalle amministrazioni locali per prevenire «frodi, conflitti d'interesse, corruzione e doppio finanziamento».

Ai prefetti è fatto carico anche delle verifiche antimafia, con le procedure dettate dalla circolare 388 77/2022. Quanto alle verifiche finanziarie da parte delle Ragionerie territoriali, lo strumento chiave da utilizzare è il sistema "Regis", il cervellone telematico che dovrebbe gestire in tempo reale tutte le informazioni su ogni progetto del PNRR. Solo che su tale formidabile supporto informatico, dai territori arrivano continue segnalazioni di scarsa funzionalità. Si comprende allora che tutto questo straordinario meccanismo di controllo messo in piedi spingerà prefetture e ragionerie territoriali verso lunghe avventure nei mari tropicali della palude burocratica.

Ma non è finita. Seguiamo le valutazioni fatte dall'O-ReP (Osservatorio sul Recovery Plan) fino al 2021. Le linee guida di alcuni ministeri (ancora non c'è una linea guida uguale per tutti i ministeri) introducono vincoli non previsti dalle norme sui contratti pubblici, richiedendo ad esempio di nuovo preventivi anche sugli affidamenti diretti per opere sotto soglia.

E ancora, ottenere un CIG (codice informatico per il progetto) – indispensabile per compiere qualsiasi atto legato all'attuazione degli investimenti e ottenere il riconoscimento delle spese effettuate – è quasi impossibile per un progetto privato. Così come è impossibile per un privato muoversi come stazione appaltante a tutti gli effetti, perché non ha accesso al sistema dei controlli che ha la PA. Non gli è consentito, ad esempio, l'accesso al casellario giudiziario o al casellario informatico ANAC, mentre le famose linee guida stabiliscono che senza i controlli prescritti non si possono firmare i contratti.

E ancora, gli adempimenti per la certificazione per il DNSH (*Do no significant harm* – nessun danno all'ambiente) sono molto onerosi e non hanno esito certo. E così via...

Oltre dunque ai problemi legati alla polverizzazione dei progetti e della spesa, alla moltiplicazione mostruosa dei soggetti attuatori, vi è comunque da attraversare una giungla burocratica nella quale davvero ci si perde.

Ora, intendiamoci: i governi precedenti hanno di sicuro responsabilità nella impostazione del PNRR. Intanto, però, almeno nell'ambito del governo Draghi, quelle responsabilità sono pienamente condivise da Lega e Forza Italia, presenti nel governo. Ma tutto sommato, la stessa Meloni non mi pare che, dall'opposizione, abbia fatto le barricate, che già due o tre anni fa apparivano irrealistiche o francamente sbagliate.

Premesso questo, è incontestabile che l'attuale governo abbia introdotto ulteriori elementi di complicazione, e una perdita di tempo clamorosa. Tralasciamo pure le difficoltà indubbie determinate dalla crisi di governo e dalle nuove elezioni. Ma ci si è avviati su una modifica della governance del PNRR francamente assurda, con una confusione sconcertante di partite finanziarie (PNRR e FSC!), di ipotesi progettuali, di obiettivi programmatici che hanno prodotto una situazione caotica e un ritardo operativo enorme, dietro il paravento della ricerca di "coerenza" fra tutti gli interventi in campo: coerenza ricercata e perseguita, e mai trovata dal governo stesso. Alla fine, ci si è nascosti dietro il controllo concomitante della Corte dei Conti, per giustificare la palude operativa determinata dalle scelte politico-organizzative del governo e dall'attesa infinita delle modifiche al PNRR annunciate e mai presentate per mesi e mesi.

Il PNRR e la sanità pubblica

Vi sono infine problemi relativi al merito dei programmi di investimento. Prendiamo solo l'esempio della progettazione prevista per la medicina territoriale (case di cura, ospedali di comunità da realizzare). Da un anno e mezzo nessuno – né ministero della Salute né presidenza del Consiglio – risponde a una domanda semplice: dove sono risorse e il personale per gestire le nuove strutture una volta realizzate? A oggi, semplicemente non c'è un euro. È una situazione più che sconcertante, scandalosa.

È stato un organismo terzo e autorevole, l'Ufficio parlamentare di bilancio (UPB), in un focus dedicato all'assistenza sanitaria territoriale, a sollevare il problema e lanciare un allarme. Il PNRR destina alla sanità territoriale 7,5 miliardi per far fronte al ridimensionamento di posti letto ospedalieri. Siamo passati da 4 posti letto ogni mille abitanti nel 2005 a 3,2 nel 2019. Mentre la media europea è scesa da 6,1 a 5,3. In sostanza, una volta realizzate le strutture fisiche, non si sa come renderle operative.

L'UPB sostiene che «si dovrà reperire nei finanziamenti al Sistema sanitario nazionale più di un miliardo per dare continuità ai servizi di assistenza domiciliare; e quando gli ospedali di comunità saranno disponibili, si dovranno reperire 239 milioni per il relativo personale. Peraltro, la programmazione finanziaria per il triennio iniziato nel 2023 prevede un ridimensionamento della quota di PIL allocata alla sanità pubblica, che renderebbe difficile potenziare i servizi anche in presenza di una riorganizzazione degli stessi.

Vi è dunque l'esigenza di destinare ulteriori finanziamenti all'assistenza sanitaria territoriale [...]. Con riguardo al necessario potenziamento delle risorse umane, la difficoltà a reperire personale e la perdita di attrattività del servizio sanitario nazionale stanno diventando un'emergenza». Oltre a ciò, l'UPB sottolinea la necessità di un coinvolgimento dei medici di medicina generale per l'attuazione della riforma. A oggi non c'è assolutamente nulla di definito.

Inoltre è di là da venire ogni integrazione con i servizi sociali gestiti dagli ambiti territoriali (ATS), il cui personale dovrà essere presente nelle case di comunità, e tra il Sistema nazionale prevenzione salute dai rischi ambientali e climatici, e il Sistema di protezione dell'ambiente.

Dunque, a oggi, l'operazione "medicina territoriale", con la realizzazione a tal fine di centinaia di case di comunità, rischia di rimanere una scatola vuota e una pura operazione propagandistica posta in essere dal governo Draghi e dal ministro Speranza. E questo si aggiunge alla totale e gravissima latitanza dell'attuale governo rispetto alle drammatiche emergenze che investono il sistema sanitario pubblico.

I ritardi e le irresponsabilità nazionali sono talmente sconcertanti, da far credere seriamente che l'obiettivo a cui si punta sia quello di un sostanziale ridimensionamento del servizio sanitario pubblico e universale, a vantaggio di altri sistemi. In effetti, come segnalato dalla Conferenza delle Regioni, in un documento del 7 marzo 2023, già dal 2019 sono mancati all'appello più di 10 miliardi di euro per la sanità pubblica, rispetto ai 125,34 miliardi programmati.

E così, il finanziamento del Servizio sanitario nazionale, anziché raggiungere il 7% del PIL, come promesso, si è fermato al 6,4%. Il confronto con altri Paesi d'Europa nello stesso anno è impietoso: secondo i dati OCSE, il Regno Unito è all'8%, la Francia al 9,3%, la Germania al 9,9%. Dal punto di vista della spesa pro capite la situazione è questa: Italia 1.921 euro; Regno Unito 3.017; Francia 3.355, Germania 4.108. Se volessimo portare l'Italia al livello della Gran Bretagna occorrerebbero per il nostro SSN, altri 20 miliardi di euro, 40 miliardi per raggiungere la Germania.

4
L'autonomia differenziata: un'operazione-verità

Le risorse reali per la sanità

Con il documento delle Regioni si segnalavano anche altri problemi rilevanti. Nel 2021 la spesa sanitaria privata si è attestata oltre i 40 miliardi di euro. Oltre, quindi, il 25% della spesa sanitaria annua complessiva. Inoltre, nel 2021, a livello nazionale si registra una spesa pro capite *out of pocket* (cittadini che si pagano l'assistenza da soli) di 623 euro secondo i dati della Ragioneria dello Stato, ma con un'oscillazione fra le regioni (Nord-Sud) che va dagli 849 euro a 335. E anche sulla sanità integrativa, rispetto ai circa 14 milioni di cittadini assicurati nel 2019, si registra il 43% nella popolazione del Centro-nord, e il 9% sulla popolazione del Sud e delle isole. La prospettiva che ci si presenta oggi per il finanziamento del Servizio sanitario nazionale è che le risorse scendano entro il 2025 addirittura al 6% del PIL nonostante il fiume di demagogia cui abbiamo assistito durante la pandemia, sulla necessità di rafforzare la sanità pubblica.

La situazione è aggravata dal fatto che gli oneri per i rinnovi contrattuali del personale dipendente pesano – diversamente che per altre amministrazioni pubbliche – sui fondi sanitari, come pure gli incrementi dei costi energetici per le strutture sociosanitarie e assistenziali.

Occorre aggiungere infine, a questo quadro, il problema ormai davvero drammatico del personale sanitario dai diversi punti di vista: carenza generale di personale medico, con punte critiche in alcune specialità; fuga dalle strutture dell'emergenza-urgenza, con l'impossibilità, a volte, di organizzare i turni nei Pronto soccorso; tetto di spesa per il personale fermo incredibilmente alla spesa del 2014 meno l'1,4%!

La cosa davvero incredibile è che il problema del personale non viene affrontato da anni in maniera organica: numero chiuso alla facoltà di Medicina; numero di scuole di specializzazione; valorizzazione economica e professionale; revisione dei regolamenti concorsuali; semplificazione delle procedure per il riconoscimento dei titoli esteri da parte del ministero della Salute, ecc. Siamo davvero alla irresponsabilità nazionale.

Dunque, il PNRR, anche dal versante del rinnovamento e potenziamento del Sistema sanitario nazionale, rischia di essere un'occasione perduta. La verità è che abbiamo guardato a quei 200 miliardi e più con un atteggiamento autoconsolatorio e autoillusorio. Non si sono fatti fino in fondo i conti con un sistema burocratico-amministrativo-istituzionale in qualche caso preistorico; si è diffuso nel Paese un mondo di illusioni, e la solita attesa di finanziamenti a pioggia, nascosti dietro la finzione delle 6 missioni del PNRR. Oggi i nodi vengono tutti al pettine. La paura di un mezzo fallimento comincia a farsi strada.

L'autonomia differenziata (1)

A fronte dello scivolamento in basso dell'Italia rispetto ai Paesi più avanzati; alla perdita di PIL e di produttività; al permanere, in Italia e nel Sud, dell'area di sottosviluppo più vasta dell'Unione europea, alla difficoltà di realizzare una semplificazione burocratica radicale e riforme strutturali profonde, a cominciare dal sistema giudiziario; al permanere di un quadro istituzionale e di una legge elettorale con tratti di vera e propria demenzialità – sarebbe indispensabile un gigantesco sforzo di ricostruzione nazionale, simile a quello realizzato nel Dopoguerra, ricercando momenti di forte unità politica sulle questioni fondamentali.

Invece, ci troviamo di fronte alla proposta di realizzazione in tempi accelerati di "autonomia differenziata" per alcune regioni del Paese, come una delle scelte individuate per la modernizzazione dell'Italia e per una sua crescita economica senza più vincoli frenanti. E per di più, tale proposta viene avanzata, dopo un primo tentativo di ascolto e di dialogo messo in campo dal ministro Calderoli, in termini divisivi, di grande contraddittorietà, e di evidente e pesante penalizzazione per il Sud, il quale rischia una definitiva marginalizzazione, dopo essere già quasi scomparso dall'agenda politica del Paese e di tutte le forze politiche, nessuna esclusa.

Mi è capitato, in questi anni, di guardare con invidia e amarezza quanto è successo in Germania dopo il crollo del muro di Berlino. Si pose lì, dopo il 1989, un problema cruciale, sia di unificazione politica e istituzionale, sia di coesione nazionale: la Germania dell'Est era in una condizione di profondo ritardo infrastrutturale, produttivo, sociale. Ebbene, il governo tedesco, i gruppi dirigenti, decisero che l'unificazione del Paese dovesse essere la priorità assoluta. Misero in campo, con uno slancio politico-ideale straordinario, con un sentimento di patria profondo, uno sforzo gigantesco per recuperare il sottosviluppo dell'Est (era il loro Mezzogiorno!), per superare i ritardi accumulati con il regime comunista. Ebbero la forza di compiere scelte di un coraggio inaudito, caricando sulla Germania occidentale pesi e responsabilità che avrebbero potuto schiacciarla.

L'arrivo sulla scena politica di Mikhail Gorbachev rese possibile l'evoluzione democratica accelerata in tutti i Paesi del blocco orientale. Si cominciò dalla Polonia, con una riforma costituzionale, elezioni libere e la vittoria di Solidarnosc. Seguì l'Ungheria, con l'abolizione dei controlli di polizia ai confini con l'Austria, e l'arrivo là di una prima ondata di giovani tedeschi. Dopo le dimissioni di Honecker nella Germania orientale, si tentò un percorso di riforme. Il 9 novembre 1989, dopo l'annuncio della libera circolazione consentita fra le due metà di Berlino, un fiume di giovani, di cittadini si riversava lungo il muro. Cominciava il suo smantellamento! Vicende indimenticabili, nel giro tumultuoso di pochi mesi!

Si rilancia da subito l'obiettivo dell'unità politica della Germania. Nel 1990 si tengono elezioni libere nelle due Germanie. Helmut Kohl guida i processi. Viene accettata anche dalla Russia l'ipotesi di riunificazione immediata della Germania, inserita nell'alleanza atlantica. Si decide la conversione del marco dell'Est a parità con quello dell'Ovest. Senza bisogno di una nuova Costituzione, la Germania orientale viene integrata in quella occidentale. All'epoca della riunificazione il PIL dell'ex DDR era circa il 40% rispetto alla Repubblica Federale; oggi sfiora l'85%.

Il costo della riunificazione viene stimato in circa 2.000 miliardi di euro (100 miliardi l'anno!). Non sono risolti tutti i problemi intertedeschi. Ma la riunificazione della Germania è sostanzialmente compiuta in un trentennio! Noi, in Italia, da più di un secolo e mezzo parliamo del Sud. Parliamo. Ma la coesione e il recupero del divario sono di là da venire. Pensare alla Germania, a quanto hanno fatto quei gruppi dirigenti pur senza parlare ogni minuto della "nazione", è qualcosa che ci umilia.

Ricordando Francesco De Sanctis

Prima di valutare nel merito l'autonomia differenziata, è interessante tornare per un attimo alle vicende politiche dei primi anni dell'unificazione dell'Italia. È interessante scoprire che alcune tendenze politiche sono rimaste quasi identiche da allora, quasi segno di una modalità della politica immutabile nel nostro Paese. Potremmo scoprire anche qualche paradosso, rispetto alla difesa dell'unità d'Italia intorno al Piemonte, seguendo le riflessioni e gli scritti di uno dei protagonisti di quella stagione, Francesco De Sanctis.

C'è un primo punto decisivo da ricordare: l'unità d'Italia è stata frutto di una profonda scelta ideale; di una volontà coraggiosa che ha portato a superare ostacoli, particolarismi, scetticismi. L'unità non avanza per forza d'inerzia, ma per decisioni politiche, intorno alla scelta di sostenere il Piemonte come punto di sintesi e di coagulo delle forze patriottiche.

Si superarono così le resistenze di altre regioni. «Nell'esplosione popolare del '48 [...] volemmo vincere o perire con il Piemonte. Perdemmo. Ma ci è rimasto un bene immenso. Il sentimento nazionale, che prima viveva secreta speranza nei libri e nelle sette, ora ha una bandiera, una tribuna [...][4].»

Così scriveva De Sanctis nel 1855. E continuava: «Abbiamo la gioventù, la borghesia, parte dell'aristocrazia, liberali; le stesse idee già si propagano tra gli operai; nelle carceri stanno popolani e borghesi avvinti alla stessa catena [...]; abbiamo veduto popolani morire sui campi di Curtatone, al grido di "Viva l'Italia"; abbiamo veduto soldati rinunziare alla patria e andare a morire in Venezia [...][5]». De Sanctis rivendica con orgoglio la dignità di Napoli e del Sud nella battaglia per l'unità. Ripercorre con emozione la

4 F. De Sanctis, *Il Mezzogiorno e lo Stato unitario*, Einaudi, 1960.
5 *Ivi*, pp. 55-67.

crescita civile e ideale del popolo. Rivive nel suo formarsi e diffondersi il sentimento di patria.

E a leggere quelle pagine, si è portati a tempi di slancio, di passione, di sacrifici estremi. E io provo la stessa commozione che provo quando, passando per le piazze di tanti paesi del Veneto, vedo i cippi che ricordano i morti della Prima guerra mondiale. Allora, giovani contadini e operai e braccianti e giovani del Sud andarono a morire a migliaia, insieme con i ragazzi del Nord nelle trincee, e siamo diventati davvero una nazione, e una patria, e sento l'impulso a fermarmi e a inginocchiarmi.

Seguiamo ancora De Sanctis. Ci furono anche allora tensioni e diversità regionali, territoriali, che si poterono superare grazie all'onda ideale che travolse ogni resistenza e ogni interesse particolare.

«C'era questa idea, che in un momento in cui il moto italiano poteva parere qualche cosa di improvvisato, qualche cosa di avvenuto troppo presto perché potesse essere stimato consistente, in un momento in cui, anche innanzi all'Europa, poteva parere che fosse possibile qualche altro indirizzo diverso da quello che era da noi tutti accettato, la Camera doveva affermare risolutamente il principio dell'unità, e troncarsi alle spalle ogni via di ritirata[6]».

Ma nello stesso momento in cui rivendica la scelta dell'unità, De Sanctis comincia a segnalare l'emergere e l'accentuarsi di criticità e di fenomeni antiunitari. Già l'estensione della legislazione, della Pubblica amministrazione sul modello piemontese aveva suscitato malesseri e resistenze in altre regioni, a cominciare dalla Lombardia. E già dopo pochi anni dall'unità, le spinte regionali si intrecciano con le vicende politiche, con il formarsi di consorterie, di gruppi di pressione e di potere legati a interessi regionali.

6 *Ivi*, p. 197.

Altri elementi della vita pubblica che da quel tempo sono arrivati fino a noi sono la palude burocratica; la balcanizzazione dei partiti e del Parlamento; la difficoltà a decidere e a realizzare riforme. Occorrevano misure per il risanamento del bilancio, riforma delle tasse, decentramento, economie. Ma non si è riusciti ad avviare una modernizzazione dello Stato. Molte riforme sono rimaste sulla carta: «Non è l'intelligenza che è mancata [...]; è mancato il vigore dell'esecuzione. Perché le lotte politiche hanno tolto il tempo alle riforme amministrative.

Perché nessun ministero è durato tanto da compiere e attuare tutto il suo programma; perché le discussioni sono state interminabili; le interpellanze infinite; perché i ministeri uscenti da certi gruppi di maggioranza e insidiati da certi altri non hanno avuto la forza e l'autorità di spezzare tutti gli ostacoli, che alle riforme oppongono gli interessi coalizzati, le abitudini inveterate, la resistenza passiva e la rilassatezza delle amministrazioni».

È quasi la descrizione della vita politica e delle beghe parlamentari del nostro tempo! È la descrizione del "chiacchierificio" del nostro Paese. Non manca il rilievo sul peso determinante che già da allora ha avuto la palude burocratica, che ha impedito di ridurre le spese al puro indispensabile, «discentrando e semplificando tutte le amministrazioni sopprimendo tutte le ruote superflue, e tanti controlli dei controlli, a non finirla mai[7]».

Sembra di ascoltare la descrizione della nostra Pubblica amministrazione.

C'è un altro aspetto della nascente Italia unita che prende corpo e viene denunciato. L'esaurirsi della partecipazione dei cittadini; dell'interesse dei giovani per le vicende politiche. Il "connubio storico" promosso da Cavour aveva

7 *Ivi*, p. 227.

avuto una funzione importante per sostenere il processo unitario. Ma, con il passare degli anni, si afferma in maniera generalizzata la pratica politica del trasformismo, dei cambi di casacca parlamentari, dell'appannarsi delle distinzioni politiche e programmatiche. Comincia a nascere l'"apatia" fra i cittadini, la mancanza di passione, di entusiasmo, per l'assenza di un confronto limpido su prospettive politiche diverse.

E si sviluppano forme di doppiezza nei comportamenti dei singoli. «Noi non siamo liberi [...], perché vogliamo la legge rispettata dal governo, e siamo noi poco inchinevoli a rispettarla; [...] e perché, mentre gridiamo contro il favoritismo e gli intrighi, mettiamo le nostre speranze talora più nell'uso delle raccomandazioni, degli intrighi, delle vie oblique, che nella giustizia della nostra causa[8].»

I mali e i vizi della vita pubblica, l'"eclettismo" (un misto di trasformismo e doppiezza generalizzata), l'uso del potere ai fini degli interessi di partito sono caratteri antichi della società italiana, ancora oggi fortemente presenti, con radici profonde, dure da estirpare.

L'autonomia differenziata (2)

Una delle risposte immaginate alla tendenza al declino del Paese, all'esigenza di modernizzazione dello Stato, da parte della Lega e di un fronte politico trasversale, è stato il rilancio dell'autonomia differenziata. Dall'inizio dell'anno, per impulso del ministro Calderoli, il processo ha subìto una forte accelerazione. Come siamo arrivati a questo punto?

In principio fu la modifica del Titolo V della Costituzione, in un tentativo improvvisato e strumentale, da parte

[8] *Ivi*, p. 349.

del centrosinistra, di contrastare l'onda leghista e populista che dilagava nel Nord e alimentava le spinte federaliste. L'8 marzo 2001 viene approvata la legge costituzionale 3/2001. Viene indetto il referendum costituzionale confermativo il 1° ottobre 2001 che approva la legge con il 64,2% contro il 35,8% dei no, ma con un'affluenza al voto del 34,1% degli elettori. La legge entra in vigore l'8 novembre 2001.

I due articoli-chiave della legge sono il 117 e il 119. L'articolo 117 definisce un ventaglio amplissimo di materie decentrabili alle Regioni; ma soprattutto, stabilisce le materie di "legislazione concorrente", quelle in cui il procedimento legislativo è obiettivamente ritardato e appesantito, e dà luogo a frequentissimi conflitti di competenza che finiscono davanti alla Corte costituzionale.

L'articolo 119, invece, apre il varco, per la sua ambivalenza, allo scontro politico relativo al riparto delle risorse fra le Regioni. L'articolo stabilisce, da un lato, che le Regioni «dispongono di compartecipazioni al gettito di tributi erariali riferibili al loro territorio»; dall'altro, che «la legge dello Stato istituisce un fondo perequativo senza vincoli di destinazione, per i territori con minore capacità fiscale per abitanti». E ancora, stabilisce che «per promuovere lo sviluppo economico, la coesione e la solidarietà sociale, per rimuovere gli squilibri economici e sociali, per favorire l'effettivo esercizio dei diritti della persona [...] lo Stato destina risorse aggiuntive ed effettua interventi speciali in favore di determinati Comuni, Province, Città metropolitane e Regioni».

La legge non stabilisce le priorità fra i diversi provvedimenti ipotizzati, né l'importo del fondo perequativo. Da qui hanno preso origine sia le fughe in avanti di tipo federalista, sia le opposizioni a disegni di autonomia che, in questo contesto di non chiarezza, apparivano fonte di nuove pesanti sperequazioni a danno delle regioni meridionali.

Ma seguiamo il percorso dell'autonomia differenziata. Alla richiesta ufficializzata da tre Regioni (Veneto, Lombardia, Emilia-Romagna) fa seguito un primo atto formale, una bozza di autonomia che porta la firma del sottosegretario Gianclaudio Bressa, nel febbraio 2018, con il governo Gentiloni. Era un accordo che conteneva *in nuce* tutti gli elementi di possibile accentuazione del divario Nord-Sud e di messa in crisi dell'unità nazionale in materia fiscale e in relazione ai grandi servizi di civiltà (sanità pubblica, scuola pubblica). Intanto, si prevede di portare a termine, entro un anno dall'approvazione legislativa dell'autonomia, la determinazione dei fabbisogni standard e quindi dei costi standard, lasciando nel frattempo in piedi la spesa storica, per il cui superamento si prevedono cinque anni di tempo. Ma soprattutto, nel merito, riprende la concezione di una compartecipazione al riparto delle entrate fiscali prodotte nel territorio delle Regioni; si prevede per la sanità e per la scuola la possibilità di contratti integrativi regionali, autonomia per scuole di specializzazione medica, istituzioni di fondi sanitari integrativi; sistema sanitario e di rimborso applicato solo agli assistiti residenti in regione... Insomma, vi erano già tutti i presupposti per avviarsi verso il superamento di fatto dell'unità nazionale.

Quella intesa, grazie a Dio, si impantana. Si riprende il tema, con le intese programmatiche a base del primo governo Lega-Cinquestelle. Ma il percorso è a ostacoli. Arriviamo al governo Meloni e all'approvazione del disegno di legge Calderoli.

Prima di entrare nel merito di questo testo, è assolutamente indispensabile compiere un'operazione-verità sul tema dei rapporti Nord-Sud, per fare chiarezza su argomenti di senso comune del tutto demagogici, che accompagnano ogni volta la ripresa del tema autonomistico. Il filo conduttore è sempre quello: «Occorre liberare le aree sviluppate del Paese dal peso morto del Sud; occorre costringere tutti a comportamenti virtuosi; occorre eliminare il parassitismo; è interesse dell'Italia valorizzare e sostenere le aree di crescita e di imprenditoria attiva; occorre penalizzare l'abitudine alla clientela». Vediamo con calma quella che è la realtà vera.

Nord-Sud: un'operazione-verità

L'esigenza di modernizzare il Paese, il suo apparato burocratico-amministrativo, e di sostenere le forze produttive dinamiche è una esigenza sacrosanta. Nessuna area di clientela, di cialtroneria politico-gestionale può essere più tollerata. Ho ripetuto in ogni occasione che la Campania parla a nome di un altro Sud: quello del rigore amministrativo, della legalità e trasparenza. Noi siamo pronti ad accettare la sfida dell'efficienza nei confronti di chiunque.

Contemporaneamente è tempo di fare chiarezza su situazioni di disparità e di penalizzazione del Sud in qualche caso scandalose! Cominciamo dalla spesa pubblica e dalla sua distribuzione territoriale effettiva, riprendendo i dati completi che fornisce l'Agenzia per la Coesione territoriale, con il Sistema dei conti pubblici territoriali.

Il Sistema fa parte del Sistema statistico nazionale. Le informazioni contenute nella banca dati di riferimento prendono in considerazione due ambiti: Pubblica amministrazione (PA) e Settore pubblico allargato (SPA), che comprende, oltre alla PA, i flussi finanziari di soggetti, nazionali e locali, per i quali è possibile rilevare un controllo (diretto e indiretto) da parte degli Enti pubblici (ad esempio soggetti come Ferrovie dello Stato, Anas, Agenzie regionali, ecc.).

Si ha in questo modo la possibilità di avere un monitoraggio dell'insieme delle risorse finanziarie pubbliche effettive che arrivano nei diversi territori. Dai dati del Cpt (rapporto dell'Agenzia per la coesione territoriale del 2021) emerge che il dato pro capite della spesa pubblica allargata è di 16.092 euro a livello nazionale, con questa articolazione territoriale: 17.363 nel Centro-nord; 13.067 nel Mezzogiorno, 12.199 in Campania. Il che vuol dire che nel 2019 in Campania si sono spesi 5.164 euro per abitante in meno rispetto al Centro-nord, e che per portare allo stesso livello il dato pro capite della Campania occorrerebbero 29,5 miliardi di euro!

Con le sole eccezioni della Giustizia e dell'Istruzione, nei diversi settori della spesa pubblica il differenziale tra Mezzogiorno e Centro-nord è rilevantissimo (ancora di più fra Campania e Centro-nord). Per il settore Istruzione vi è un differenziale di spesa a favore del Sud, dovuto sostanzialmente alla più elevata età media del personale docente e di tutti i dipendenti impiegati.

Quanto alla Sanità, il divario di risorse trasferite è sconcertante: rispetto al Centro-nord, il Mezzogiorno riceve il 25% in meno; la Campania quasi il 30% in meno! Se guardiamo più in dettaglio i dati relativi al sistema sanitario c'è da rabbrividire. Dall'Ufficio Statistica del ministero della Salute si apprende che per quanto riguarda i posti letto pubblici nelle realtà più significative, la situazione è la seguente (dati 2020): Lombardia 40.320 posti letto; Veneto 15.887; Emilia-Romagna 13.491; Lazio 16.713; Campania 12.206. In termini di posti letto ogni mille abitanti il quadro è il seguente: Lombardia 4,3 posti letto; Veneto 3,5; Emilia-Romagna 3,2; Lazio 3,3; Campania 2,5.

In relazione al personale, prendiamo a riferimento i dati più significativi relativi alla distribuzione regionale per ogni mille abitanti. Il calcolo del ministero della Salute tiene conto di dipendenti pubblici a tempo indeterminato e determinato, dipendenti di università che prestano servizio per il SSN, medici di medicina generale; pediatri di libera scelta; case di cura accreditate. Il dato complessivo è il seguente: Lombardia 153.217 unità; Piemonte 68.037; Veneto 74.117; Liguria 26.843; Emilia-Romagna 81.862; Lazio 88.147; Sicilia 64.559; Campania 62.238. In termini di dipendenti del Servizio sanitario nazionale ogni mille abitanti, il quadro è il seguente: Lombardia 15,28 dipendenti; Piemonte 15,7; Veneto 15,9; Liguria 17,6; Emilia-Romagna 18,3; Toscana 17,2; Lazio 15,3; Sicilia 13,2; Campania 10,9.

Sono dati che fanno indignare, e rispetto ai quali – anche quando sono stati sottolineati – tutti hanno fatto finta di non vedere e di non sentire.

Dal punto di vista dell'economia, lo Svimez (Associazione per lo Sviluppo dell'Industria nel Mezzogiorno) segnala una ripresa nella crescita nel differenziale fra Nord e Sud nel 2022. Pur partecipando alla ripresa-rimbalzo del 2021, il Sud ha perso posizioni: a fronte di un dato nazionale del +6,6% (+7,5% nel Nord-est, +7% nel Nord-ovest), il dato meridionale si attesta al +5,9%. Nel 2022, a fronte di un dato nazionale di crescita del PIL del +3,8, si registra un incremento del 4% nel Centro-nord e del 2,9 nel Sud.

«Dal lato della domanda – segnala ancora l'ultimo rapporto Svimez – il carovita sta colpendo soprattutto le fasce meno abbienti della popolazione, che destinano una quota relativamente alta del proprio reddito all'acquisto di beni e servizi di prima necessità. Gli aumenti riguardano tipologie di spesa incomprimibile, che pesano di più sulle famiglie a basso reddito, traducendosi quasi meccanicamente in una asimmetria territoriale sfavorevole al Sud, dove relativamente è più diffusa la presenza di famiglie meno abbienti.»

Dal punto di vista dell'occupazione (dati ISTAT 2020) si registra questa situazione: tasso medio di occupazione in Italia al 58,1% a fronte del 76,2 della Germania e del 65,2 della Francia. Il tasso di occupazione delle regioni italiane vede questo quadro: Emilia-Romagna 68,8%; Lombardia 66,9; Toscana 66,1; Veneto 65,9; Piemonte 64,6; Liguria 62,7; Lazio 60,2; Puglia 46,1; Calabria 41,1; Sicilia 41; Campania 40,9.

La Campania ha quasi 20 punti in meno di occupazione rispetto alla media nazionale. Più in dettaglio, il tasso di disoccupazione nella fascia di età 15-24 anni vede il 21,2% in Lombardia, 18,2 in Veneto; il 23,2 in Emilia-Romagna; il 34 nel Lazio, il 44,8 in Campania. Con un dato, in questo caso, ancora più preoccupante: qui vi è un 51,6% di disoccupazione femminile, ossia più di una giovane donna su due è senza lavoro.

Ugualmente pesante è la percentuale di lavoro precario nel Mezzogiorno. Sempre lo Svimez ci dice che la quota «di lavoro a termine nelle regioni del Sud supera nel 2022 anche quella della Spagna, caratterizzata storicamente da valori molto alti, ma che ha messo in atto nel medesimo periodo, politiche volte a ridurne l'utilizzo [...]».

I lavoratori con part-time (non per scelta) erano 1,3 milioni nel 2018, mentre nel 2022 sono quasi raddoppiati (2,6 milioni). Nel Mezzogiorno sono passati da 490.000 a 870.000 raggiungendo una percentuale dell'80% dei lavoratori a tempo parziale. Nel 2022, media dei primi due trimestri, i lavoratori dipendenti con contratto a termine nel Mezzogiorno, registrano il valore più elevato rispetto alle altre aree del Paese, il 23,5% del totale dei lavoratori dipendenti.

Rimangono enormi i divari, mentre si affaccia all'orizzonte un vero e proprio "tsunami demografico". Il Sud fornitore di giovane manodopera al resto del Paese non c'è più. Si registra ormai un calo delle nascite, un invecchiamento della popolazione, una ripresa drammatica di emigrazione giovanile e in gran parte scolarizzata e laureata.

Ancora lo Svimez ricorda che negli ultimi 20 anni la popolazione italiana è cresciuta di 1.900.000 residenti. Ma nel Mezzogiorno si è registrato un calo di oltre 670.000 abitanti. La tendenza alla diminuzione della popolazione si è aggravata negli ultimi anni per gli effetti della pandemia. Nei prossimi decenni, la struttura demografica italiana tenderà a concentrarsi ulteriormente nelle classi di età anziane, determinando una vera e propria recessione demografica. Tra il 2021 e il 2070 si concentrerà nel Mezzogiorno oltre la metà delle perdite nazionali. Il Sud da area più giovane diventerà la più invecchiata e perderà 6,4 milioni di abitanti contro i 5,1 milioni del Centro-nord.

Il persistente dualismo economico e sociale del Paese ha alimentato un continuo flusso di emigrati dal Mezzogiorno verso il Centro-nord. Con riferimento alla componente italiana di residenti che emigrano si può rilevare come dal 2002 al 2020 abbiano lasciato il Mezzogiorno quasi 2,5 milioni di persone. Si è trattato, per oltre la metà, di giovani di età compresa fra i 15 e i 34 anni, e per un quinto di laureati.

Potremmo ancora sottolineare, in tema di divario Nord-Sud, i dati sulle mense scolastiche, la dispersione scolastica, il divario infrastrutturale, ecc. Sono le questioni che hanno motivato, fra l'altro, la concessione di un PNRR di quelle dimensioni finanziarie, con l'idea di un'azione massiccia per il superamento dei divari sociali, infrastrutturali e di genere. Ma la centralità di quegli obiettivi si è sostanzialmente perduta. L'ISTAT, nel rapporto «I divari territoriali nel PNRR – 10 obiettivi per il Mezzogiorno», completa la fotografia del Sud di oggi, ricordando che questo è il territorio arretrato più esteso dell'area euro, con 20 milioni di residenti, un terzo del totale nazionale. È questo l'immenso problema che dovrebbe affrontare il PNRR. Da oltre un ventennio il PIL pro capite del Mezzogiorno si attesta fra il 55-58% di quello del Centro-nord; nel 2021, il PIL reale è di circa 18.000 euro a fronte di 33.000 nel Centro-nord. Tutto il Sud è sotto la media nazionale, con la regione più povera, la Calabria, che ha un PIL pro capite pari al 39,5% del Trentino-Alto Adige.

Al Sud un terzo dei cittadini (32,8%) fra 25 e 49 anni ha solo la terza media contro il 24,5 del Centro-nord. Dal 2000 in poi vi sono ormai stabilmente nel Sud 3 occupati in meno ogni 10. Fra i ritardi infrastrutturali, è grave quello delle reti idriche, che spesso, per la loro obsolescenza, perdono la metà dell'acqua immessa in rete per uso potabile.

Da tutto questo deriva la fortissima ripresa di migrazione giovanile, che rischia di desertificare interi territori delle aree interne del Sud, aggravando in modo insostenibile la crisi sociale, produttiva, civile e demografica. Questo dovrebbe motivare un impiego immediato e massiccio di fondi di coesione, di fondi FSC, che vengono invece bloccati per mesi e mesi.

L'autonomia differenziata (3) – Il "Controrisorgimento"

Questa è l'operazione-verità sui rapporti Nord-Sud da cui non possiamo non partire. Rimangono divari drammatici. Abbiamo un futuro buio per intere generazioni. Sarebbe indispensabile uno sforzo culturale, politico, organizzativo, istituzionale tale da farci affrontare in maniera credibile ed efficace le sfide che abbiamo di fronte. Avremmo bisogno di leadership forti e autorevoli, di un'enorme spinta ideale, di una coesione nazionale sulle questioni decisive per il futuro dell'Italia. E invece ci ritroviamo, il più delle volte, a balbettare, a constatare impotenti i limiti accumulatisi nei decenni, a scontare i problemi di mancata modernizzazione di tutto il nostro sistema, a causa di una politica quasi sempre di brevissimo respiro, di piccola clientela sociale, di tutela di corporativismi antichi, di inadeguatezza delle forze politiche nazionali.

È una situazione nella quale risulta impossibile mobilitare le coscienze, creare entusiasmi collettivi e fiducia nel futuro; dare vita a un'azione politica fatta di competenza, responsabilità, concretezza. Si respira in realtà un clima di generale incertezza e precarietà, di scetticismo sulle possibilità di successo rispetto alle sfide del nostro tempo.

Vediamo rilanciati di volta in volta temi più ideologici che politici; più rispondenti a obiettivi elettorali a breve, che al rinnovamento radicale del Paese, alla riconquista di uno spazio economico e di iniziativa su scala mondiale. Siamo dentro una tendenza di fondo al declino. Possiamo raccontare e raccontarci le storie che vogliamo, autoconsolarci o autoilluderci, ma la realtà dura è questa. Ovviamente, la depressione o la rinuncia non sono consentite. Ma occorrerebbe almeno concentrarsi su pochi obiettivi credibili e raggiungibili, non perdendosi in cose inutili o marginali.

Una di queste cose destinate a complicare i problemi, anziché risolverli, è la proposta dell'autonomia differenziata. L'obiettivo dovrebbe essere quello di modernizzare l'Italia, rendere il sistema decisionale più rapido ed efficace, avvicinare le istituzioni ai territori, ai cittadini, alle imprese. Ma la sensazione è che si rischia di arrivare a risultati esattamente opposti. Con l'aggravante drammatica di approfondire, in maniera potenzialmente irreversibile, la spaccatura del Paese e tutti i divari esistenti. Siamo quasi di fronte a una sorta di "Controrisorgimento".

Ripercorriamo, dunque, valutando laicamente nel merito le proposte attualmente sul tappeto di autonomia differenziata rilanciate dal governo con forza e con tempi accelerati di attuazione. Dopo l'accordo preliminare sull'autonomia siglato dal sottosegretario Bressa con le Regioni Lombardia, Emilia-Romagna e Veneto, a conclusione di un lavoro congiunto avviato nel novembre 2017, e di fronte allo svilupparsi di quella intesa in modo separato dal resto delle Regioni, la Campania si è attivata. Occorreva assolutamente partecipare al tavolo di trattativa nazionale, per controllare e condizionare gli eventi, e per realizzare un contrappeso politico rispetto alle regioni che si erano mosse da sole, e sottoscrivendo un accordo pericoloso per il Sud.

Sulla base di un atto di indirizzo del Consiglio Regionale del dicembre 2018, il 4 gennaio 2019 chiediamo formalmente, con una lettera al presidente del Consiglio Giuseppe Conte (ministra delle Autonomie Erika Stefani), di essere «auditi dal governo nazionale nell'ambito del procedimento instaurato dalle regioni Veneto, Lombardia ed Emilia-Romagna [...] al fine di evitare che vengano pregiudicate le ragioni della solidarietà sociale, perequazione, retribuzione e assicurazione del giusto mantenimento dei livelli essenziali delle prestazioni a favore di tutti i cittadini».

È evidente che la richiesta specifica delle regioni settentrionali di finanziare, a regime, le funzioni aggiuntive con un'altissima percentuale del gettito riscosso sul proprio territorio (addirittura, fino al 90%, secondo le richieste della Regione Veneto) delle imposte erariali, «minerebbe le ragioni ridistributive, solidaristiche e sociali presenti nella Carta costituzionale [...] ledendo l'unità nazionale».

In un successivo documento di indirizzo della giunta regionale si scriveva che la Campania:

a) accetta pienamente la sfida dell'efficienza e del rigore amministrativo, ed è impegnata a contrastare ogni realtà di cattiva amministrazione, di spreco e di incapacità di governo, di clientelismo e lamentazioni ancora presenti in qualche area del Sud;
b) considera essenziale e pregiudiziale una operazione-verità sui conti pubblici in termini di trasferimenti statali su base territoriale, di spesa storica, di differenziali nella

spesa media pro capite: procedere senza aver chiarito il quadro generale della finanza pubblica e gli sbocchi prevedibili delle decisioni che si vanno a prendere è irresponsabile;
c) considera inderogabile la preventiva determinazione dei livelli essenziali di prestazioni da garantire su tutto il territorio nazionale, cui sono intimamente connessi i fabbisogni e i costi standard;
d) ritiene che il percorso volto al riconoscimento di ulteriori forme e condizioni particolari di autonomia, ai sensi dell'articolo 116 della Costituzione, deve necessariamente svolgersi in maniera aperta e trasparente, con il pieno coinvolgimento di tutte le Regioni a statuto ordinario e delle rappresentanze delle autonomie locali, attesa l'interconnessione tra i sistemi territoriali e i vincoli generali di finanza pubblica;
e) richiede il coinvolgimento non formale del Parlamento.

Dunque, fin dall'inizio del dibattito avevamo posto nei termini corretti il tema dell'autonomia differenziata: sì alla sfida dell'efficienza; no alla divisione del Paese; no a "regionalizzazione" di sanità pubblica e scuola; definizione preventiva dei LEP (Livelli essenziali delle prestazioni); no al residuo fiscale per le Regioni del Nord; coinvolgimento di tutto il sistema delle Regioni e delle autonomie; una discussione e valutazione parlamentare non affrettata e non finta. Alla ripresa, a gennaio 2023, della iniziativa governativa sull'autonomia, si sono riproposti tutti i problemi e tutte le criticità che avevamo segnalato. La fretta nell'approvare il disegno di legge di Calderoli era evidentemente dettata dalla scadenza a febbraio delle elezioni regionali in Lombardia. Ma davvero il percorso ipotizzato sul piano legislativo e parlamentare, e alcuni contenuti fondamentali del disegno di legge varato dal governo, erano inaccettabili.

Il ministro Calderoli ha viaggiato per l'Italia avviando una consultazione preventiva con i presidenti di Regione. Ci siamo incontrati a Napoli. È stato un incontro amichevole, nel corso del quale ho posto le questioni fondamentali, a cominciare dalla definizione preventiva dei LEP, prima di procedere nell'iter legislativo. Ho posto il problema del residuo fiscale e del fondo perequativo previsto dalla Costituzione.

Ci siamo lasciati, avendo concordato sulla fondatezza delle mie richieste. Sono passati pochi giorni, e ci siamo trovati di fronte a un testo del disegno di legge, rimasto poi immutato sostanzialmente, che rappresentava un arretramento da parte del governo e del ministro su tutta la linea. Vediamo nel merito i contenuti del disegno di legge Calderoli.

Il primo elemento di contraddizione di fondo è relativo alla parte finanziaria. «Dall'applicazione della presente legge e di ciascuna intesa non devono derivare nuovi o maggiori oneri a carico della finanza pubblica» (art. 8). Non si riesce a capire come si possano garantire prestazioni aggiuntive a Regioni che ne sono sottodotate o del tutto prive. Si legge (art. 9) che lo Stato persegue gli scopi di coesione sociale, di riduzione degli squilibri attraverso «l'unificazione delle diverse fonti aggiuntive o straordinarie di finanziamento statale», o attraverso «l'effettuazione di interventi speciali». Come si vede, tutto rimane assolutamente vago.

Il sospetto che si ritorni sostanzialmente alla spesa storica rimane più che fondato. In effetti si prevede (art. 7) che «ciascuna intesa individua i casi in cui le disposizioni statali vigenti nelle materie di cui all'art. 116 [...] continuano ad applicarsi nei relativi territori della Regione fino alla data di entrata in vigore delle disposizioni regionali disciplinanti gli ambiti oggetti dell'intesa».

Quanto al riferimento al residuo fiscale, esso è previsto esplicitamente all'art. 5: «L'intesa individua le modalità di finanziamento delle funzioni attribuite attraverso compartecipazioni al gettito di uno o più tributi erariali maturati nel territorio regionale». Si continua a prevedere che i pareri del MEF, del Parlamento, della Conferenza unificata o arrivano entro 30 giorni o si va avanti comunque.

Clamorosa è la vicenda dei LEP. La Campania ha proposto di affidarne la definizione a un organismo tecnico oggettivo e di grande competenza: l'Ufficio parlamentare del bilancio. Su questo, chiusura totale! Si stabilisce che a decidere sia il governo con un suo decreto, dopo essersi avvalso del parere consultivo di una commissione di decine di luminari (il CLEP, Comitato per l'individuazione dei livelli essenziali delle prestazioni concernenti i diritti civili e sociali): una provocatoria foglia di fico per nascondere la volontà di subordinare a interessi di partito e di governo ogni regola di correttezza. Diamo l'elenco dei componenti di quello che ho chiamato "il Sinedrio", che per la sua pletoricità farà fatica a riunirsi anche una volta l'anno.

1. **Giuliano Amato**, presidente emerito della Corte costituzionale;
2. **Franco Gallo**, presidente emerito della Corte costituzionale;
3. **Annibale Marini**, presidente emerito della Corte costituzionale;
4. **Pietro Curzio**, presidente emerito della Corte suprema di Cassazione;
5. **Alessandro Pajno**, presidente emerito del Consiglio di Stato;
6. **Luigi Carbone**, presidente di Sezione del Consiglio di Stato;

7. **Carlo Chiappinelli**, presidente di Sezione della Corte dei conti;
8. **Giovanni Grasso**, consigliere di Stato;
9. **Ignazio Visco**, governatore della Banca d'Italia;
10. Prof. **Gian Carlo Blangiardo**, professore emerito di demografia presso l'Università degli studi di Milano Bicocca;
11. **Biagio Mazzotta**, ragioniere generale dello Stato;
12. **Luciano Violante**, presidente emerito della Camera dei deputati;
13. **Franco Bassanini**, presidente della Fondazione per l'analisi, gli studi e le ricerche sulla riforma delle istituzioni democratiche e sull'innovazione nelle amministrazioni pubbliche (Astrid);
14. **Anna Finocchiaro**, presidente di Italiadecide – Associazione di ricerca per la qualità delle politiche pubbliche;
15. Avvocato **Enrico La Loggia**, già professore di contabilità di Stato e di diritto costituzionale presso l'Università degli studi di Palermo;
16. **Paola Severino**, presidente della Scuola nazionale dell'Amministrazione;
17. Prof.ssa **Elena D'Orlando**, presidente della Commissione tecnica per i fabbisogni standard (CTFS);
18. **Marco Stradiotto**, responsabile per i rapporti con i committenti pubblici presso Soluzioni per il Sistema Economico (SOSE) S.p.A.;
19. **Giuseppe de Vergottini**, professore emerito di diritto costituzionale presso l'Alma Mater Studiorum – Università di Bologna;
20. Prof. **Giuseppe Franco Ferrari**, professore emerito di diritto costituzionale presso l'Università commerciale "Luigi Bocconi" di Milano;
21. Prof. **Carlo Emanuele Gallo**, professore emerito di diritto amministrativo presso l'Università degli studi di Torino;

22. Prof. **Massimo Luciani**, professore emerito di diritto costituzionale presso l'Università degli studi di Roma "La Sapienza";
23. Prof. **Franco Gaetano Scoca**, professore emerito di diritto amministrativo presso l'Università degli studi di Roma "La Sapienza";
24. Prof. **Guido Trombetti**, professore emerito di analisi matematica presso l'Università di Napoli "Federico II";
25. Prof. **Felice Ancora**, ordinario di diritto amministrativo presso l'Università degli studi di Cagliari;
26. Prof. **Roberto Baratta**, ordinario di diritto dell'Unione europea presso l'Università degli studi Roma Tre;
27. Prof. **Michele Belletti**, ordinario di istituzioni di diritto pubblico presso l'Alma Mater Studiorum – Università di Bologna;
28. Prof. **Francesco Saverio Bertolini**, ordinario di diritto costituzionale presso l'Università degli studi di Teramo;
29. Prof. **Mario Bertolissi**, ordinario di diritto costituzionale presso l'Università degli studi di Padova;
30. Prof. **Enzo Cannizzaro**, ordinario di diritto internazionale presso l'Università degli studi di Roma "La Sapienza";
31. Prof. **Fabio Cintioli**, ordinario di diritto amministrativo presso l'Università degli studi internazionali di Roma (UNINT);
32. Prof. **Francesco De Leonardis**, ordinario di diritto amministrativo presso l'Università degli studi di Macerata;
33. Prof. **Fabio Elefante**, ordinario di istituzioni di diritto pubblico presso l'Università degli studi di Roma "La Sapienza";
34. Prof. **Mario Esposito**, ordinario di diritto costituzionale presso l'Università del Salento;
35. Prof. **Giovanni Ferri**, ordinario di economia politica presso la Libera Università Maria Santissima Assunta di Roma (LUMSA);

36. Prof. **Emiliano Frediani**, professore di diritto amministrativo presso l'Università di Pisa;
37. Prof. **Andrea Giovanardi**, ordinario di diritto tributario presso l'Università degli studi di Trento;
38. Prof. **Giovanni Guzzetta**, ordinario di istituzioni di diritto pubblico presso l'Università degli studi di Roma "Tor Vergata";
39. Prof. **Stelio Mangiameli**, ordinario di diritto costituzionale presso l'Università degli studi di Teramo;
40. Prof. **Francesco Saverio Marini**, ordinario di istituzioni di diritto pubblico presso l'Università degli studi di Roma "Tor Vergata";
41. Prof. **Ludovico Mazzarolli**, ordinario di diritto costituzionale presso l'Università degli studi di Udine;
42. Prof. **Luca Mezzetti**, ordinario di diritto costituzionale presso l'Alma Mater Studiorum – Università di Bologna;
43. Prof.ssa **Ida Angela Nicotra**, ordinaria di diritto costituzionale presso l'Università degli studi di Catania;
44. Prof. **Fabio Pammolli**, ordinario di economia e management presso il Politecnico di Milano;
45. Prof.ssa **Anna Maria Poggi**, ordinaria di diritto costituzionale presso l'Università degli studi di Torino;
46. Prof. **Francesco Porcelli**, professore di economia politica presso l'Università degli studi di Bari "Aldo Moro";
47. Prof. Pier **Luigi Portaluri**, ordinario di diritto amministrativo presso l'Università del Salento.

A conferma del fatto che il Comitato CLEP nominato da Calderoli era un organismo "condizionato" politicamente, ingestibile e inadeguato alla definizione dei livelli essenziali delle prestazioni, il 4 luglio hanno presentato le dimissioni dal "Sinedrio" Amato, Bassanini, Gallo e Pajno. Con una lettera indirizzata al ministro e a Cassese, che presiede la commissione, i quattro costituzionalisti hanno affermato che «non ci sono le condizioni» per far parte del Comitato, rilevando che il lavoro di definizione dei LEP deve essere affidato al Parlamento poiché non si può procedere materia per materia, ma occorre una valutazione complessiva; hanno rilevato ancora che il criterio della spesa storica da cui si intende ancora partire era assolutamente inaccettabile; hanno auspicato, infine, un ripensamento di fondo sull'impostazione contenuta nella legge Calderoli. Siamo stati tempestivi e facili profeti!

Burocrazia zero subito

Di fronte alle prevedibili lungaggini del percorso politico-legislativo e agli inevitabili momenti di battaglia politica, avevamo proposto a Calderoli che in attesa della conclusione di tutto l'iter, si procedesse con riforme attuabili da subito e fortemente richieste dal mondo economico e dagli amministratori. Abbiamo avanzato il progetto "Burocrazia zero – Proposta di semplificazione e decentramento delle competenze a Costituzione invariata", con cui puntare da subito a eliminare decine di pareri di uffici dell'amministrazione statale, che dilatano i termini di conclusione dei procedimenti, danneggiando gravemente cittadini e imprese interessati a iniziative di sviluppo. Detti pareri possono e devono essere aboliti, affidando la competenza alle Regioni, in queste 7 materie:

1) **Pareri ambientali**: attribuire la competenza in materia di verifica per la VIA (Valutazione d'impatto ambientale) per tutte le opere ricadenti nel territorio di una singola regione;
2) **Impianti energetici**: ricondurre alle Regioni la compe-

tenza sulla VIA per progetti eolici anche di capacità superiore a 30 MW e per gli impianti fotovoltaici di potenza superiore a 10 MW;

3) **Piani paesaggistici**: prevedere che il Piano venga redatto e approvato dalla Regione in conformità alla normativa regionale; prima dell'adozione il Piano viene sottoposto al ministero che dovrà esprimersi in 60 giorni;
4) **Urbanistica e edilizia**: attribuzione alla legislazione regionale della disciplina degli interventi di trasformazione urbanistica e edilizia nelle aree non soggette a vincolo;
5) **Portualità**: concentrare in capo alle Regioni i procedimenti in materia di dragaggi nei porti e di tutte le strutture a mare (banchine, opere di difesa, dighe foranee). Evitare di perdere fino a 7 anni per la conclusione dei procedimenti, come accade oggi;
6) **Insediamenti produttivi e ZES**: ricondurre alla competenza regionale le perimetrazioni delle Zone economiche speciali (ZES) e le decisioni in materia di attività produttive;
7) **Silenzio-assenso e silenzio devolutivo**: nei procedimenti di competenza statale relativi a beni a tutela paesaggistica il meccanismo del silenzio-assenso e del silenzio devolutivo.

Insomma, abbiamo detto e ribadiamo che, parallelamente allo sviluppo di tutte le iniziative in materia di autonomia differenziata, sono attivabili da subito innovazioni a vantaggio di tutte le Regioni e dell'efficacia dell'azione amministrativa nel sistema Italia, per perseguire impellenti esigenze di chiarezza normativa, di definizione delle competenze, di procedure semplici e proporzionate agli obiettivi. Sarebbe un modo per modernizzare l'Italia, e non sulla spinta delle emergenze continue (oggi quelle del PNRR), ma lavorando a un disegno ordinario e coerente di "burocrazia zero".

Finora la nostra proposta non ha avuto seguito, anche perché è spendibile e utile sul piano della concretezza, ma non su quello degli ideologismi di bandiera.

5

Il PNRR davanti ai nodi strutturali. La palude burocratica

Il debito pubblico

Abbiamo visto i nodi strutturali del nostro Paese messi a nudo dalle urgenze del PNRR. Come affrontiamo contemporaneamente questa doppia sfida? Come, cioè, rispondiamo agli obiettivi del PNRR, e insieme riformiamo e modernizziamo l'Italia? Come cogliamo questa occasione per ridisegnare un nuovo futuro per il nostro Paese?

Possiamo, di volta in volta, sottolineare gli elementi di crisi e le contraddizioni di fondo del nostro sistema, anche analizzandolo in maniera irrituale e non "politicamente corretta", come nella lettura di Luca Ricolfi. Possiamo sottolineare molto, invece, aspetti meno considerati nell'opinione corrente. Luca De Biase, su «Il Sole 24 Ore», ricorda il livello altissimo di esportazioni del nostro Paese nel 2022 (625 miliardi); la notorietà internazionale dell'Italia, terza al mondo dopo Stati Uniti e Gran Bretagna; il fatto che l'italiano è la quarta lingua più studiata all'estero. Viene ricordato soprattutto che siamo «tra i primi produttori di tecnologie avanzatissime, dai robot industriali alle componenti per l'aerospaziale, dalla farmaceutica alla meccanica di precisione, dai chips per il controllo delle auto senza pilota, alle navi da diporto più avanzate, e così via».

E tuttavia, anche in questo caso, non si può non sottolineare, alla fine, la realtà di un Paese che paragonato agli altri, appare «debole nella dimensione istituzionale, unificato dalla lingua e dalla letteratura più che dalla politica, frammentato dalle faide familiari, dai tirannelli locali, dalle divergenze tra le corporazioni, dai muri di gomma delle burocrazie [...] in un perenne equilibrio instabile, tra l'iniziativa individuale e l'immobilità collettiva, con un costante senso di inadeguatezza rispetto ai competitori internazionali».

Uno dei rischi più grandi per il futuro del Paese, è che «dopo tanti bravi laureati e tecnici, che dimostrano in giro per il mondo la qualità della scuola e della cultura italiana, se ne vadano anche le aziende più avanzate, attratte dai capitali e dai sistemi giuridici più ospitali». E intanto, prosegue e si accresce la divaricazione tra il PIL dell'Italia e quello degli altri Paesi avanzati, come quella dei salari e del reddito reale.

Rimane pesantissimo – e vero drammatico ostacolo rispetto a ogni prospettiva di investimenti e sviluppo – il dato relativo al debito pubblico del nostro Paese. Gli interessi che paga l'Italia sul debito (secondo il DEF 2023) ammontano a 75,6 miliardi nel 2023 (3,7% del PIL); a 85,2 mld nel 2024 (4,1%); a 91,6 mld nel 2025 (4,2%); a 100,6 mld nel 2026 (4,5%). Sono somme enormi sottratte agli investimenti, alle pensioni, ai servizi. È impressionante il raffronto con le risorse investite dallo Stato in diversi campi: per l'istruzione (52,1 miliardi); per le politiche sociali (60,7 mld); per le imprese (40,7 mld); per l'energia (20,5 mld).

In termini di spesa per interessi pro capite, l'Italia ha il primato in Europa, arrivando a 1.398,1 euro per abitante, quasi il doppio della media UE (715,5 euro), e lontano dalla Francia (1.245,2), e lontanissimo dalla Spagna (664,9 euro a cittadino, 2,2% sul PIL), dalla Germania (385,6 euro a cittadino, 0,8% del PIL). E ci si avvia, ormai, verso i 3.000 miliardi di debito pubblico già nel 2024.

E allora. Mettiamo anche da parte alcune delle grandi scelte strategiche necessarie per il rilancio complessivo del Paese (una politica industriale di lungo periodo; l'implementazione della ricerca scientifica; una politica per l'autonomia energetica e la modernizzazione delle infrastrutture, ecc.). Ma è davvero intollerabile che non si riesca a incidere su fattori frenanti e criticità, che dipendono essenzialmente da uno sforzo soggettivo, dalla concretezza di governo, dal buon senso e dalla rinuncia alle piccole clientele e corporazioni, e cioè alla politica politicante.

Il PNRR e la palude burocratico-istituzionale

Cominciamo dalla rete istituzionale di base. Rimangono in piedi tanti di quei livelli istituzionali, da configurare un primo reticolo inestricabile. Abbiamo in Italia le Circoscrizioni, le Municipalità, i Comuni, le Comunità montane, le Unioni dei Comuni, le Province, le Città metropolitane, le Regioni ordinarie, le Regioni a statuto speciale; e poi due rami del Parlamento con uguali funzioni; e poi ministeri che si fondono e si scompongono a seconda delle necessità di distribuzione partitica, ma che – è ormai abitudine tanto consolidata, quanto idiota – cambiano nome a ogni nuovo governo, sostituendo di solito al nome che indica la materia di competenza di quel ministero, una denominazione estesa e poetica che indica punti di programma elettorale, che sono del tutto inappropriati e superflui rispetto alla denominazione del dicastero.

L'unico enorme risultato è quello di dover buttare ogni volta la carta intestata (è particolarmente ridicola la cosa per il ministero dell'Ambiente e della Transizione Ecologica...), e di costringere i cristiani normali a dover imparare ogni volta acronimi nuovi e per lo più stupidi. Ma, come si sa, da noi a tutto si può rinunciare, meno che al barocco…

Quando si propose e si approvò la riforma delle Province, abbiamo avuto un confronto acceso con il ministro proponente. Rimango convinto – e la verifica dei fatti lo conferma – che fosse una riforma assolutamente sgangherata. La giusta esigenza di semplificazione andava perseguita con scelte chiare e semplici: riduzione delle funzioni e garanzia di finanziamento per le stesse. Bastava attribuire a quel livello istituzionale la manutenzione stradale, quella degli istituti scolastici superiori e la Protezione civile. Si poteva ragionare su una delega per l'Agricoltura da parte delle Regioni.

Ma si è tenuta in piedi la polizia provinciale, senza risorse e funzioni rilevanti, mentre sarebbe stato opportuno trasferirla alle Regioni, con compiti di polizia ambientale e antiabusivismo. Ma in più, si è previsto un sistema sconcertante per l'elezione indiretta del presidente, che ha tenuto aperta la strada a mille trasformismi, a fenomeni di mercato politico, che ha tolto peso democratico all'istituzione, e con uno svilimento della vita democratica dell'ente in relazione alla gestione dei bilanci.

Si è prevista la figura delle "Città metropolitane", con uno scimmiottamento assolutamente scorretto di altre esperienze estere, dando vita a una istituzione né carne né pesce, diretta in maniera automatica e del tutto residuale dal sindaco del capoluogo (il sindaco metropolitano!) con giunte virtuali, deleghe fantasiose e con la tendenza inevitabile a depotenziare gli interventi a favore dei Comuni del territorio provinciale e ad accrescerli a favore del capoluogo, diventandone in qualche caso l'ente finanziatore.

Il PNRR ci propone poi, quasi didascalicamente, tutti i temi di quella che dovrebbe essere una modernizzazione ordinaria del nostro Paese. Di fronte alle difficoltà operative è ritornato il problema del Codice degli appalti, da approvare secondo la scadenza fissata dall'Europa, entro marzo 2023 (approvato a marzo, con efficacia dal 1° luglio, ma con il vecchio Codice in vigore per le gare già bandite… il caos!). Ovviamente, come sempre capita con la legislazione di emergenza, la fretta finisce per aprire problemi rilevanti.

Intanto, viene eliminata la soglia oltre la quale il codice del 2016 imponeva normali procedure di gara. Vengono individuate tre possibilità per i normali cantieri: affidamento diretto a imprese scelte senza gara al di sotto dei 150.000 euro di importo-lavoro (il che significa 62% delle gare, per un importo di 3,3 mld di lavoro); procedura negoziata con 5 inviti fino a 1 milione di lavori; procedura negoziata senza necessità di bando con 10 inviti, ma con possibilità anche di gara per gli appalti di lavori tra 1 e 5,3 milioni.

Viene fortemente rilanciato l'appalto integrato; si definiscono due soli livelli di progettazione (progetto di fattibilità tecnico-economica e progetto esecutivo), con l'obbligo di progettazione digitale (BIM), per opere al di sopra di 1 milione di euro dal gennaio 2025. Si elimina, dopo la gara, lo *stand still*, cioè l'obbligo di attendere 35 giorni prima di stipulare il contratto con l'impresa aggiudicataria. I Comuni capoluogo di Provincia e le Città metropolitane vengono considerati stazioni appaltanti qualificate, con il pericolo di un "effetto imbuto" determinato dall'obbligo, per i Comuni minori, di rivolgersi per le proprie gare a queste stazioni qualificate.

In sostanza, accanto a decisioni sicuramente utili, si riscontrano pericoli, per quanto riguarda il "subappalto libero" e una riduzione della concorrenza. Ma soprattutto, si determina una situazione per la quale il 98,3% dei lavori viene aggiudicato senza gara. La possibilità di chiamata diretta delle imprese, senza un minimo di correttivi, apre scenari davvero preoccupanti dal punto di vista della trasparenza e della legalità, come sottolineato dal presidente dell'ANAC, Busia (ovviamente è doveroso mettere in guardia i nostri lettori: quando si parla di Codice degli appalti, possono intervenire cambiamenti ogni 24 ore...).

Imbarazzante, nei confronti dell'Europa, accanto al problema eterno dei balneari e degli ambulanti, è la riforma della giustizia, dai tempi infiniti. Per la riforma dell'ordinamento giudiziario il termine per l'approvazione dei decreti delegati, fissato in un primo tempo a giugno, viene spostato a dicembre 2023. Si tratta dei decreti che riducono i magistrati fuori ruolo e gli incarichi extra-giudiziari; si introduce il fascicolo per la valutazione del magistrato e il voto degli avvocati nei Consigli giudiziari.

Dopo la vicenda Palamara, il governo Draghi aveva messo a punto una riforma con due fasi di attuazione: la prima è entrata in vigore, e riguarda la legge elettorale per il rinnovo della componente togata del CSM, con l'introduzione di misure volte a favorire candidature meno legate ai gruppi organizzati della magistratura. La seconda fase, rimessa a una delega, prevedeva novità significative, in base a princìpi di trasparenza e valorizzazione del merito nei criteri di assegnazione degli incarichi direttivi e semidirettivi; la riduzione degli incarichi semidirettivi; la riforma del procedimento di approvazione delle tabelle organizzative degli uffici giudiziari. Si prevedeva anche la riforma delle procedure di valutazione di professionalità dei magistrati, e – contestata dall'ANM – l'istituzione del fascicolo per la valutazione del magistrato.

Rimangono, del tutto aperti e irrisolti, i problemi relativi alle funzioni delle Soprintendenze, ai rapporti con il Consiglio Superiore dei lavori pubblici, nonostante la realizzazione di organismi di accelerazione e semplificazione dei "pareri"; anche perché tutti i nuovi organismi ipotizzati o nominati soffrono problemi di personale, nel numero e nelle competenze. Tutti gli impegni per la digitalizzazione della Pubblica amministrazione rimangono di problematica o inesistente realizzazione. È emblematico il caso del rilascio della carta d'identità elettronica: in alcuni Comuni si faceva tutto tranquillamente in tempi rapidi, senza prenotazione e scrivendo a penna. Oggi, con tutta la dotazione di computer, l'attesa è di mesi!

Altro campo nel quale ci si è impantanati è il programma di realizzazione della banda larga. È imbarazzante anche parlarne.

Vent'anni di nulla – Bassanini bloccato

In realtà, il tentativo di modernizzare e semplificare istituzioni e Pubblica amministrazione, messo in campo in maniera organica alla fine degli anni '90, è in larga misura fallito, e la palude burocratica si è via via dilatata.

E tutto questo, di fronte a un mondo segnato da trasformazioni straordinarie, da tempi dell'economia enormemente accelerati, nella ricerca, nell'organizzazione, nella innovazione di prodotti e processi, nei fenomeni di finanziarizzazione del sistema. Tutto avrebbe richiesto una rivoluzione antiburocratica, ma si è rimasti nel groviglio di interessi clientelari e corporativi, di incapacità programmatica. Questo processo di progressivo svuotamento delle riforme e di sostanziale blocco del programma di modernizzazione delle istituzioni ha comportato un prezzo enorme in termini di governabilità, di indebolimento dei poteri decisionali, di rappresentatività e di fiducia nelle istituzioni da parte dei cittadini.

Franco Bassanini ha ricordato la vicenda dei tentativi di semplificazione amministrativa da lui promossi in Italia alla fine degli anni Novanta[9]. In quel periodo «dopo decenni di sostanziale immobilismo e di defatiganti quanto inutili dibattiti, il processo di ammodernamento del sistema amministrativo (e anche del sistema istituzionale, quantomeno nei suoi "rami bassi"), sembrava, pur tra incertezze e contraddizioni, avviato in modo ormai irreversibile». C'era, all'inizio, soprattutto un problema di riduzione dei costi, per rientrare nei parametri di Maastricht; ma vi era anche la convinzione diffusa che fosse ormai indispensabile la modernizzazione del sistema.

Si avvertiva la necessità di «un sistema istituzionale amministrativo [...] efficiente e performante: non solo meno costoso per i bilanci pubblici, dunque, ma anche capace di imporre minori costi regolatori e burocratici alle imprese e alle famiglie, capace di fornire prestazioni e servizi di migliore qualità alle une e alle altre». La volontà riformatrice non era espressa solo da gruppi ristretti di innovatori, come ai tempi dell'improduttivo rapporto Giannini, ma anche «dalla grande maggioranza delle forze sociali e della pubblica opinione. Anche per ciò quelle riforme furono all'inizio sostenute, in Parlamento, da un largo schieramento bipartisan [...]. Ma quel clima non durò a lungo, e il metodo bipartisan fu travolto dall'approvazione a maggioranza, all'inizio del 2001, dalla controversa riforma del Titolo V della Costituzione».

Lo spirito unitario riuscì a produrre, finché durò, risultati importanti: «Così, tra il 1990 e il 2000, il costo del personale pubblico diminuì di due punti rispetto al PIL (dal 12,6% al 10,6%); [...] importanti settori economici (dalla siderurgia alle telecomunicazioni, dal credito all'energia), fino ad allora dominati da monopoli o oligopoli pubblici, furono liberalizzati e privatizzati».

9 Introduzione al volume di Astrid, *Semplificare l'Italia*, Passigli, 2008.

Nelle istituzioni territoriali «fu avviata una generale ridistribuzione di compiti, poteri e risorse, tra i diversi livelli istituzionali, identificando nei princìpi di sussidiarietà, adeguatezza e differenziazione, i criteri guida di un razionale riassetto delle competenze. La struttura del governo fu totalmente ridisegnata [...], e furono largamente importati nel settore pubblico metodi gestionali e rapporti di lavoro da lungo tempo in uso nel settore privato. Programmazione strategica, controllo di gestione, valutazione delle performance, responsabilità, merito, *customer satisfaction* cessarono di essere parole strane [...].

Tra i primi al mondo, l'Italia si dotò degli strumenti necessari per la digitalizzazione dell'amministrazione (dal documento elettronico alla firma digitale, dall'informatizzazione del fisco alla sperimentazione della carta d'identità elettronica). Il successo dell'autocertificazione faceva sperare in una rapida realizzazione del progetto di totale decertificazione e di radicale digitalizzazione e reingegnerizzazione delle amministrazioni».

Vi furono riconoscimenti da parte dell'OCSE sugli avanzamenti straordinari sulla semplificazione burocratica nel nostro Paese. «L'obiettivo di trasformare il sistema delle pubbliche amministrazioni in risorsa e fattore decisivo della crescita e della competitività del Paese sembrava allora a portata di mano.» L'obiettivo era quello di affermare il principio della «responsabilità e unicità della Pubblica amministrazione», e quello di individuare «momenti decisionali unitari» in relazione alle attività economiche e industriali.

Ma già nel 2007 era chiaramente percepibile il blocco del processo riformatore. Il costo del personale pubblico riprendeva a correre. Un federalismo privo di logica e coerenza generava «sovrapposizioni e conflitti di competenza fra Stato, Regioni ed Enti locali, sprechi di risorse, esasperato contenzioso». Prendeva corpo la tendenza «delle amministrazioni statali (non contrastata, quando non esplicitamente favorita dal ceto politico) a "recuperare" poteri e competenze devolute, a "imboscare" le risorse finanziarie che ne alimentavano l'esercizio, a inventare fantasiosi escamotage gattopardeschi, per ritagliare funzioni e compiti assegnati costituzionalmente al sistema delle autonomie, incrementando la giungla delle competenze e incredibilmente la spesa pubblica».

Questa tendenza allo svuotamento delle riforme è evidenziato da due vicende di "ricentralizzazione": gli Uffici territoriali del governo e gli Sportelli unici per le attività produttive. I primi (gli UTG) volevano essere un esempio di semplificazione amministrativa dello Stato, con la concentrazione in un'unica struttura degli uffici periferici dell'amministrazione statale. L'esito degli UTG fu quello di un loro lento svuotamento, sostituito dall'attribuzione ai Prefetti dei poteri di coordinamento degli uffici periferici, che i prefetti avevano già.

Quanto allo Sportello unico per le attività produttive (SUAP), non si è affermato come luogo unico delle decisioni relative alle attività imprenditoriali. Alla fine, si è ridotto a "procedimento di procedimenti", a luogo di raccolta di pareri, la cui responsabilità e titolarità rimaneva in capo alle singole amministrazioni.

Da allora, il processo di semplificazione burocratico-amministrativa non ha fatto un solo passo sostanziale in avanti. Scontiamo oggi le gravi carenze progettuali e amministrative relative agli obblighi e agli obiettivi del PNRR, oltre che in relazione alle imprese e ai cittadini. Davvero ci ritroviamo indifesi e nudi di fronte a scadenze ed esigenze che dovremmo ordinariamente rispettare. È incredibile che nell'arco di un ventennio le classi dirigenti di questo Paese non siano riuscite a garantirgli efficienza e servizi all'altezza di una nazione moderna.

Per la verità, c'era ai tempi di Bassanini anche qualche illusione figlia del tempo. Ci si è abbandonati all'onda di privatizzazioni e liberalizzazioni, facendo a volte operazioni in pura perdita sul piano finanziario e su quello dell'efficienza. Così come ci si è illusi di introdurre logiche e atteggiamenti di efficienza nell'ambito della Pubblica amministrazione. In realtà, sono rimaste in piedi situazioni di inefficienza, di corporativismo pseudo-sindacale, di difficile gestione del personale. Ma quella è stata l'unica esperienza di riforma organica e di semplificazione della Pubblica amministrazione. E siamo rimasti un Paese pesantemente svantaggiato rispetto ad altri Paesi avanzati. Il sabotaggio di tutti questi anni ci parla delle pesanti difficoltà dell'oggi.

Ma le conseguenze del permanere della palude burocratica riguardano anche il piano della vita politica e democratica, della partecipazione. Verifichiamo a ogni campagna elettorale un dato pesante e crescente di astensionismo. È un altro degli effetti collaterali. Quando agli occhi dei cittadini lo Stato appare come una palude nella quale non si realizza mai nulla, essendo quello il luogo di un vero e proprio chiacchierificio eterno, è difficile chiamare alla partecipazione democratica cittadini del tutto sfiduciati.

Infine, si comprende bene quanto la sfida della sburocratizzazione sia una necessità vitale; e si comprende anche quanto necessaria sia la capacità di proposta e la preparazione al governo, la formazione orientata alla concretezza da parte delle forze politiche e dei gruppi dirigenti dei partiti.

6
La crisi della partecipazione. Lo spegnersi delle speranze. Passioni tristi

Apriamo una parentesi. Stacchiamoci dalle considerazioni sull'attualità della politica, sulle tendenze dell'economia, sulla realtà sociale. Guardiamo per un momento più da lontano cosa si muove nella condizione umana in generale, in questa fase dello sviluppo nei Paesi avanzati. Tentiamo di capire, al di là delle cause più vicine e visibili, cosa c'è dietro questo allontanarsi dei cittadini dalla partecipazione politica, e dei giovani dalle passioni e dall'impegno.

Avvertiamo tutti la presenza nella vita sociale di fenomeni a volte sconcertanti, che facciamo fatica a capire e a governare. C'è una sensazione di "spiazzamento", di "estraniamento" rispetto all'evoluzione dei modelli sociali, del linguaggio, delle forme di sottocultura che emergono, dei modelli di relazioni sociali che si affermano fra le giovani generazioni. C'è un primo dato di fondo che possiamo rilevare, e che va oltre il nostro Paese: assistiamo a uno spostamento gigantesco, quasi universale, dalla dimensione della "politica", dall'impegno pubblico, dall'interesse per la vita delle grandi organizzazioni sociali, alla dimensione privata di vita, a una ricerca di interessi e obiettivi esistenziali più ravvicinati e limitati. Questo grande movimento di fondo vive una contraddizione e tensione interna: la dimensione familiare è sempre meno pacificata, rasserenante e gratificante. I rapporti intergenerazionali sono frantumati o interrotti, o comunque problematici. L'equilibrio nelle famiglie è molto più fragile.

I percorsi educativi sono difficilmente indicati dai genitori o dalle generazioni di mezzo o più anziane. È totalmente in discussione il principio di autorità.

Sempre di più, nelle giovani generazioni, la dimensione del lavoro è problematica: dalla difficoltà a trovare un'occupazione, a trovarne una gratificante, a trovarla comunque tale da diventare parte decisiva ed esaustiva di una vita. Gli equilibri esistenziali vanno cambiando: qualità del lavoro, valore del tempo libero, qualità della vita richiedono nuovi rapporti, e assumono nuovi pesi relativi. Diventa sempre più diffusa (difficile da comprendere immediatamente) la domanda di lavoro, e il rifiuto del lavoro quando c'è.

Da un lato, è diventata ormai una realtà diffusa quella per cui si trovano rarefatte le professionalità richieste in alcuni comparti economici, e non solo in quelli che richiedono più fatica e pesantezza di vita (trasporti, ristorazione, sanità, alberghi...); dall'altro, si assiste al fenomeno, ormai rilevante, degli autolicenziamenti motivati da ragioni esistenziali, dalla ricerca di propri spazi di vita.

Gli unici movimenti di un qualche rilievo che si sono sviluppati in questi anni, quelli ambientalisti e quelli per i diritti civili, si manifestano per periodi brevi, su questioni puntuali. Non si percepisce un'onda generalizzata e permanente, tale da investire tutti gli ambiti della vita pubblica. Viviamo un tempo senza passioni, e sempre più senza speranza. Sembrano infinitamente lontani gli anni delle grandi ideologie, che segnavano a fondo la società, il conflitto politico, e davano una propria impronta forte alla vita quotidiana. Dominano lo scetticismo e il disincanto. Non c'è una parola d'ordine che trascini e mobiliti.

Sullo sfondo, e dentro ogni piega della società è presente ormai e dilaga la rivoluzione tecnico-scientifica, il mondo e l'economia digitale, che condizionano linguaggi, modalità di consumo, e determinano modi di socializzazione del tutto nuovi. Si diffondono nuove forme di alienazione, di violenza, di aggressività, di solitudine. Cresce il disagio psicologico fra le giovani generazioni.

Nuove tecnologie e tensioni umane

Cosa è successo nel profondo? Cosa cambia nella condizione umana, al di là anche dei problemi economici? Cosa rende tante persone passive, e tanti giovani "estranei a se stessi"? Guardiamo un fenomeno del tutto nuovo, e sconvolgente, che proviene dal Giappone e ormai dilaga nelle nostre società: è il fenomeno *hikikomori*, dei "ritirati sociali". Si calcola, in una ricerca del CNR, che vi siano in Italia 450.000 persone che nella loro vita si sono ritirate per un periodo di almeno sei mesi, cancellando le relazioni con il mondo esterno. La fascia più colpita è quella dei giovani adulti, dai 18 ai 30 anni, calcolata in più di 100.000 individui, che non escono di casa, definendosi *hikikomori*. Le motivazioni sono diverse: da quelle sentimentali a quelle familiari, da quelle estetiche a quelle prestazionali, in ragazzi che non si sentono all'altezza, adeguati e accettati nel proprio gruppo. Ed è un fenomeno che colpisce ugualmente donne e uomini.

La scienza psicologica ha segnalato da anni le tendenze alla disumanizzazione delle nostre società. «Come è potuto accadere tutto ciò? Come ha potuto l'uomo, al culmine della sua vittoria sulla natura, farsi catturare dalla sua stessa creazione, ed esporsi al pericolo di un'autodistruzione?

Nella ricerca della verità scientifica l'uomo ha acquistato conoscenze utili per il dominio della natura. Egli ha avuto un grandissimo successo ma, attribuendo un'importanza unilaterale alla tecnica e al consumo materiale, ha perso il contatto con se stesso e con la vita. Perduti la fede religiosa e i valori umanistici a essa legati, l'uomo ha concentrato la sua attenzione sui valori tecnici e materiali, e non è stato più in grado di provare profonde esperienze emotive e la gioia e la tristezza che le accompagnano. La macchina costruita dall'uomo è diventata così potente da sviluppare da sola il suo programma, che ora condiziona lo stesso pensiero dell'uomo[10].»

Riprendiamo così le considerazioni proposte già qualche anno fa da Erich Fromm e quelle recentissime di Vittorino Andreoli, nel tentativo di individuare e usare una delle chiavi di lettura cui aggrapparsi, per gettare un po' di luce su una realtà sociale e umana divenuta enormemente complessa. La psicologia sociale è uno dei punti di vista utili.

Fromm propone un quadro d'insieme. La società attuale «è caratterizzata dal fatto che non solo l'energia vitale è stata sostituita dall'energia meccanica, ma anche il pensiero umano è stato sostituito dal pensiero delle macchine. La cibernetica e l'automazione ("cibernazione") consentono di costruire macchine che, con molta maggiore precisione e molto più rapidamente del cervello umano, sono in grado di rispondere a importanti questioni tecniche e organizzative. Un numero relativamente scarso di imprese colossali è diventato il centro della macchina economica e la dirigerà completamente nel prossimo futuro[11]».

Lo sviluppo della società contemporanea è orientato verso forme di disumanizzazione; essa «funziona come una macchina e gli uomini come sua parte», e anche «l'élite dirigente è diversa da quella di un tempo: è un'appendice della macchina esattamente come i suoi subordinati. I dirigenti sono angosciati e alienati come l'operaio delle loro fabbriche e forse anche più [...]. Non sono come le élites di un

10 E. Fromm, *La rivoluzione della speranza*, Bompiani, 1982, p. 6.
11 *Ivi*, p. 34.

tempo, ossia gruppi che creavano cultura. Anche se spendono molti soldi per lo sviluppo della scienza e dell'arte, in quanto classe essi sono consumatori di questo benessere culturale, come ne sono i soggetti passivi».

Quali sono i princìpi su cui si fondano la vita e lo sviluppo di questo sistema? «Il primo principio è costituito dalla massima che una cosa deve essere fatta perché tecnicamente possibile [...]. Questo principio rappresenta la negazione di tutti i valori elaborati dalla tradizione umanistica, per la quale una cosa andava fatta in quanto necessaria all'uomo, al suo sviluppo, alla sua felicità e alla sua ragione, perché bella, buona e vera. Se si accetta il principio che qualcosa va fatto perché tecnicamente possibile, tutti gli altri valori vengono messi da parte, e lo sviluppo tecnologico diventa il fondamento dell'etica! Il secondo principio è quello della massima efficienza e massima produzione.»

A tutto questo vanno aggiunte le ricadute che i processi produttivi stressanti provocano in termini di malattie fisiche e tensioni che si scaricano sui rapporti familiari. «L'efficienza in se stessa non deve essere un criterio dominante in nessun tipo di impresa [...]. Pochi pongono il problema della qualità e della validità di questo incremento quantitativo [...].

È facile rendersi conto che il prevalere di questo principio del "tanto più tanto meglio" porta allo squilibrio dell'intero sistema. Si è creato un sistema che mette in tensione tutti quegli aspetti dell'essere uomo e umano, che vanno oltre la dimensione naturale-riproduttiva. C'è una caratteristica essenziale dell'uomo moderno che è quasi del tutto perduta, e determina passività e disincanto: è l'*homo esperans*, l'uomo nella dimensione dell'attesa, del mistero, della passione, dell'immaginazione, che è irrinunciabile. Nel crollo delle grandi ideologie, dei sistemi di valori, si è determinato un vuoto che produce tensione. L'essere umano [...] diventa pazzo se non trova uno schema di riferimento, che gli consenta di trovarsi in qualche modo a suo agio nel mondo, e di sfuggire alla totale impotenza, al totale disorientamento e al totale sradicamento[12].»

Le mille esperienze di promesse tradite sul piano sociale e politico, il sentimento di inutilità dell'impegno e della lotta spingono verso forme di chiusura e quindi di isolamento e disinteresse.

C'è un'inquietudine di base, conseguenza della crisi delle ideologie e dei grandi soggetti collettivi. La condizione umana fa sì che l'uomo non sia soddisfatto di essere una formica, e che, oltre a questa sfera di sopravvivenza biologica e materiale, ve ne sia una tipica dell'uomo, che si può chiamare la sfera trascendentale o spirituale.

Fromm parla di "distruzione della speranza", e quindi delle passioni, con tutta una serie di conseguenti effetti patologici sull'uomo. Le reazioni derivanti dalla frustrazione della speranza sono di vario segno. Molta gente si rassegna all'ordinaria amministrazione, al conformismo, a un ottimismo di maniera. Molti riducono le proprie aspettative e i propri obiettivi di cambiamento: non si richiedono cose che appaiono impossibili da raggiungere, sulla base delle esperienze fatte.

C'è un altro aspetto cruciale della condizione umana dei nostri tempi che viene sottolineato con forza: «Un altro e più drastico risultato della scomparsa della speranza è la mania distruttiva e la violenza. Proprio perché gli uomini non possono vivere senza speranza, colui che l'ha persa completamente odia la vita: dal momento che non può creare la vita, vuole distruggerla [...]. Egli vuole vendicarsi per la sua vita priva di vita e lo fa lasciandosi prendere da una totale mania di distruzione, per cui poco importa se distrugge gli altri o se perisce[13]».

12 *Ivi*, pp. 79-83.
13 *Ivi*, p. 30.

Le considerazioni che abbiamo riproposto sembrano lontane dall'attualità concreta. Ma non è così. Abbiamo rilevato tutti, negli anni scorsi, un fenomeno di astensionismo enorme e crescente nelle diverse scadenze elettorali; abbiamo assistito a movimenti di riflusso che hanno investito milioni di cittadini; al diffondersi di identità politiche, deboli e contraddittorie e, con esse, di una vasta area di sfiducia e di disincanto. Abbiamo rilevato una forte mobilità elettorale, una ricerca continua di punti di certezza affidabili. Abbiamo visto scomparire la speranza e le passioni, e crescere elementi di banalizzazione nella vita pubblica, oltre che forme dilaganti di passività e rifiuto dell'impegno pubblico. Gli entusiasmi collettivi si sono ormai perduti.

Dunque, al di là delle vicende politiche in senso proprio, sono talmente vasti questi fenomeni nella nostra società, che occorre individuare cause profonde, che la psicologia di massa ci aiuta a individuare. Così come rappresentano novità sconvolgenti, quelle che investono le giovani generazioni, con le loro forme di violenza, di aggressività, di alienazione, di nuove solitudini. Queste riflessioni ci aiutano a capire in tutte le sue pieghe la realtà contemporanea; e ci aiutano a capire quanto difficili siano le risposte da trovare, e quanto insufficiente sia il ruolo delle forze politiche nel governo di questi processi. È davvero cambiata un'epoca, ma la politica politicante – tutta quanta – non se n'è accorta.

Lo spegnersi delle speranze

Un ulteriore arricchimento di analisi ci viene da uno scritto recente di Vittorino Andreoli, sul tema della "speranza", con un interessante approfondimento relativo alle forme diffuse di aggressività e alla condizione dei vecchi nella società di oggi. Partendo dalla convinzione dell'essenzialità della speranza nella vita degli esseri umani, Andreoli arricchisce il concetto di speranza, e in tal modo arricchisce la dimensione dell'umano: «La speranza come funzione mentale [...] si appoggia su due percezioni: la prima è l'immaginazione; la seconda, la dimensione dell'invisibile. Ne deriva che la speranza non è legata al mondo concreto, ma a quello che non c'è e del resto è invisibile, come segno di una non concretezza[14]».

La speranza, in relazione al tempo, presenta aspetti nuovi: «Il tema dell'attesa, che diventa una delle rappresentazioni della speranza, nel tempo presente sembra essere morto, poiché tutto è riferito all'immediato, all'*hic et nunc*. Ma il presente è un accaduto, nel senso che avviene e scompare [...]. Viviamo in una società guidata dal computer digitale, che fa tutto a una velocità da non permettere di pensare a cosa si stia facendo; tutto avviene così rapidamente da non poterlo fissare nella memoria[15]».

La fine della speranza trascina con sé la perdita di alcune dimensioni dell'umano: l'immaginazione, il mistero, l'attesa, il senso di dipendenza dall'altro, e in ogni caso sentimenti e impulsi vitali, senza i quali c'è un impoverimento dell'esistenza e una riduzione degli stimoli verso gli altri.

Anche dal punto di vista religioso, la speranza sorregge l'esistenza umana. È la speranza-fede, che fa sì che il cielo non sia vuoto e il futuro non sia buio e senza certezze. La speranza è una realtà viva nell'oggi, anticipa la sostanza delle cose future, non bastano i limitati obiettivi di vita realizzati. È evidente che «l'uomo ha bisogno di una speranza che vada oltre. Si rende evidente che può bastargli

14 V. ANDREOLI, *Speranza*, I saggi del Corriere della Sera, RCS, 2023.
15 *Ivi*, p. 50.

solo qualcosa di infinito, qualcosa che sarà sempre più di ciò che egli possa raggiungere[16]».

E così, per Ignazio Silone, la speranza è una presenza non estirpabile nell'essere umano: «Se l'utopia non si è spenta né in religione, né in politica è perché essa risponde a un bisogno profondamente radicato nell'uomo. Vi è nella coscienza dell'uomo un'inquietudine che nessuna riforma, che nessun benessere materiale potranno mai placare. La storia dell'utopia è perciò di una sempre delusa speranza, ma di una speranza tenace. Nessuna critica razionale può sradicarla. Ed è importante saperla riconoscere anche sotto connotati diversi[17]». L'affermarsi della sola dimensione del presente toglie la profondità, la memoria, il senso della storia. Ne risente anche l'attività politica per chi la pratica, per chi ne è destinatario. Ogni iniziativa è priva di respiro, le grandi scelte e le grandi trasformazioni richiedono tempi lunghi, che la politica attuale non è disposta a concedersi. Accanto a un senso generale di precarietà, si diffondono il disincanto e la sfiducia nella possibilità di trasformare in profondità la realtà sociale e individuale.

La crisi dei giovani. La crisi dei vecchi

Di particolare interesse è la riflessione di Andreoli sulla posizione del "vecchio" nella società presente: esso viene collocato fra i "non produttivi" ed escluso da compiti sociali e professionali. «Si giunge a una sorta di colpevolizzazione che contrasta con il bisogno che egli sente di svolgere una funzione socialmente utile[18].» Si evita di impegnarlo anche in lavori provvisori, per non assumersi responsabilità

16 BENEDETTO XVI, *Spe Salvi*, Libreria Vaticana, p. 58.
17 I. SILONE, *L'avventura di un povero cristiano*, Oscar Mondadori, p. 18.
18 V. ANDREOLI, *cit.*, p. 6.

in caso di incidenti; lo si mette in contrapposizione con i giovani che non trovano lavoro, cui pare che i vecchi tolgano il diritto alla vita.

«La speranza nella vecchiaia diventa la funzione principale per continuare a vivere. La funzione della speranza è impiantata "dentro" l'uomo da qualche parte, in qualche angolo di cervello [...]. Anche seduti su una sedia, con gli occhi fissi forse nel vuoto, circondati da una società che fa solo rumore, la relazione con la morte fa scattare la speranza, e così si riesce ad attendere, non avendo più né il coraggio di vivere, né quello per morire. L'attesa nella speranza, però, è ancora vita[19].»

Vecchi e giovanissimi sono le parti della società più segnate dalla crisi della speranza. Quello che sta succedendo nelle nuove generazioni è per qualche verso sconvolgente. Vi sono mille forme di nuove alienazioni e solitudini. Danno i brividi i dati comunicati dal Dipartimento delle politiche antidroga inerenti l'anno 2022. In Italia il 28% dei ragazzi fra 15 e 19 anni, cioè della fascia di età delle scuole superiori, fa uso di sostanze stupefacenti, rispetto al 18,7% del 2021. Cresce dal 10,9% al 18,3% la fascia di giovani che dichiarano di aver consumato sostanze illecite nell'ultimo mese. La sostanza illegale maggiormente utilizzata è la cannabis, di cui hanno fatto uso 600.000 studenti nel corso del 2022 (il 24%). Sono 76.000 quelli che ne fanno uso quotidiano, e sono il 60% i consumatori che hanno cominciato a farne uso fra i 15 e i 17 anni! Passa dal 27% (2018) al 33% (2022) il numero di chi l'ha utilizzata a 14 anni.

Ma c'è di più. Si diffonde l'uso di psicofarmaci: l'11% dei ragazzi, con picchi del 15% fra le ragazze. Dati ugualmente pesanti sono quelli che riguardano l'alcol: quasi due milioni di adolescenti (il 78%) sono consumatori di alcol;

19 *Ivi*, pp. 69-72.

il 33% ne fa uso elevato con conseguenti esperienze di disintossicazione alcolica; la metà dei giovani fra i 18 e 24 anni si è ubriacata nell'ultimo anno, con numerosi ricoveri per coma etilico. Quello che colpisce è che, nel 2022, si registra il sorpasso delle ragazze sui ragazzi nel consumo di alcol e psicofarmaci.

Vi sono fenomeni di violenza inflitta o subita in modo inaudito. Le sfide identitarie del sabato sera, del gruppo, delle minigang, non si contano.

Si diffondono nuove dipendenze. Giovanissimi portano in tasca un'arma, il "ferro", un coltello con cui esibirsi in duelli notturni. Innumerevoli le sfide, sui salti dai balconi, sulla rete ferroviaria in attesa del treno che arriva. E i mille atti di bullismo, tradizionale o social. Pesa la crisi della speranza come mancanza di spinta ideale attiva, ma anche, in qualche modo, come mancanza di una "rete di contenimento" delle tensioni di vita.

È una moda, una tendenza solo in parte governabile dalla politica. Pesa il mancato ruolo della famiglia; pesano i nuovi modelli sottoculturali; pesano i fenomeni imitativi; pesa il vuoto educativo da parte delle generazioni adulte. Ma per una parte, la politica può ancora influire. Contano gli esempi di vita e di coerenza. Contano le leadership, sempre più importanti come fattore di motivazione e di aggregazione. Conta la capacità di trasformazione della realtà: non le parole sul cambiamento, ma il cambiamento realizzato. Non mobilitano lo «stanco riformismo e l'avventurismo pseudoradicale[20]».

È difficile che si riesca a mettere insieme tutte queste condizioni. Può aiutare, forse, una più forte battaglia delle idee e un più forte linguaggio di verità, se si pensa a come viene percepita e vissuta la tragedia della guerra in Ucraina.

20 E. Fromm, *cit.*, p. 19.

La guerra e la crisi del movimento per la pace

Su questo conflitto si è registrata un'immensa prova di "passivizzazione" delle masse, prodotto anche di una gigantesca campagna di comunicazione "orientata".

Credo, francamente, che la presa di posizione più seria ed equilibrata sia stata quella proposta da noi, in Campania. Ho detto dall'inizio dell'invasione russa che in questa guerra c'è un colpevole certo, Putin, ma non vi sono innocenti. Pienamente colpevole è la Russia, Paese invasore, protagonista di una iniziativa militare brutale, e per tanti versi fallimentare: sul piano militare, dove si è palesata una debolezza sul campo, oltre che di pianificazione strategica; sul piano politico, perché ha prodotto un rafforzamento della NATO e un compattamento dell'Europa; sul piano economico, con una crisi energetica e alimentare planetaria, e il varo di pesanti sanzioni contro la Russia; sul piano della reputazione e dell'immagine.

Ma si fatica a trovare innocenti. Intanto, è intollerabile l'ipocrisia con cui si è ideologizzato un conflitto regionale, trasformato in uno scontro globale fra democrazia e autocrazia. Oggi i Paesi occidentali intrattengono tranquillamente rapporti con decine di Stati retti da regimi dittatoriali. Si è detto che bisognava difendere l'autonomia e l'integrità territoriale di un Paese, e il diritto a libere scelte, a fronte di decine di violazioni di questi principi da parte dei Paesi occidentali. Il 20 marzo 2003, gli Stati Uniti e la Gran Bretagna hanno invaso l'Iraq in un contesto di totale illegalità internazionale, partendo dalla clamorosa menzogna sulla presenza di armi di sterminio di massa inesistenti. Si sono provocati più di 200.000 morti; si è alimentato il terrorismo internazionale; si è creata insicurezza nel mondo, devastando un Paese. Di recente ricorreva il ventennale di quei fatti: un anniversario quasi cancellato, vergognosamente.

Solo 6 mesi prima dell'invasione in Ucraina, gli occidentali occupavano ancora l'Afghanistan. Nell'estate del 2021, dopo 20 anni di occupazione militare del tutto inutile, gli americani e gli alleati scappavano da Kabul, tradendo un popolo intero, abbandonando le donne al loro destino. Allora l'ambasciata russa era uno dei pochi canali di comunicazione utilizzati per parlare con i talebani! Si potrebbe continuare con innumerevoli esempi di violazione dell'autonomia nazionale.

Si fatica a capire con quale legittimità morale e credibilità si solleva oggi la bandiera della difesa della legalità internazionale. Ed è ridicolo l'allarme planetario lanciato sull'imperialismo russo, che «minaccia di dilagare in Europa». Abbiamo visto che quel Paese ha un PIL che gli consente soltanto di tenere in piedi, al prezzo di un dissanguamento economico, i suoi apparati militari ormai invecchiati, e non ha la forza finanziaria per reggere avventure espansionistiche. Come si fa a non capire che l'Ucraina è una realtà di particolare complessità e delicatezza, essendo la storia di quel Paese intrecciata da un millennio con la Russia?

Il popolo ucraino ha dato vita a una resistenza eroica, per la quale si è guadagnato il rispetto e l'ammirazione del mondo. È del tutto evidente che per anni e anni quel Paese è stato fortemente armato dagli Stati Uniti, altrimenti non avrebbe potuto reggere l'onda dell'invasione. Ma gli interrogativi veri riguardano l'Occidente e l'Europa, quello che non si è fatto per evitare di arrivare al punto in cui si è arrivati.

Si sono messe in campo tutte le iniziative di pace e di mediazione nell'ambito del Protocollo di Minsk[21]? Si è valutata l'opportunità di una fascia di interposizione e di neutralità nei Paesi dell'Est? Era proprio necessario, di fronte allo

21 Gli accordi finalizzati a porre termine al conflitto nel Donbass del 2014.

scioglimento del Patto di Varsavia, estendere in maniera continua la NATO a Oriente? Si poteva immaginare che, allargando la NATO lungo tutto il confine occidentale della Russia, questo non determinasse reazioni e contraccolpi?

E alla fine, dal punto di vista degli interessi fondamentali dell'Occidente, si rischia di spingere la Russia, il più grande serbatoio di materie prime, nelle braccia della Cina. È francamente sconcertante. Così come è sconcertante assistere a un silenzio intollerabile da parte di Paesi impegnati indirettamente nel conflitto, quando si pone la domanda su quale sia l'obiettivo per cui si lavora. È sicuramente doveroso difendere l'Ucraina oggi; ma per arrivare dove? Per arrivare a sconfiggere militarmente la Russia? Se si pensa questo si rischia davvero di aprire la strada verso un conflitto nucleare.

Ha colpito, in questi anni, la posizione oltranzista dell'Italia. È evidente che il nostro Paese non può staccarsi, per nessuna ragione, dal rapporto con gli altri Paesi d'Europa e con gli Stati Uniti. Ma davvero non c'è altro da fare che mandare armi, senza nessun'altra iniziativa, facendo da braccio operativo della NATO, in modo totalmente subalterno e passivo? Non credo. La situazione è maledettamente difficile. Ma il punto di partenza non può che essere un "cessate il fuoco", con l'Ucraina armata, e l'avvio di primi colloqui fra le parti, con la mediazione di Paesi come la Cina e l'India. Fosse pure per arrivare oggi a una situazione di stallo di tipo coreano.

La priorità è fermare il bagno di sangue, gli orrori della guerra. Si sono rivisti episodi di vera e propria barbarie, come già anni prima nell'ex Jugoslavia. È riemersa la bestialità umana, nelle sue manifestazioni estreme, come in tutte le guerre: torture, deportazioni, stupri di massa, fucilazioni o decapitazione di prigionieri... Solo con un'immensa ipocrisia si poteva fingere che tutto questo non esistesse (e da parte di tutti quelli che sono impegnati nel conflitto).

Ma sembrano diventati tutti iperrealisti, cinici e indifferenti alla tragedia delle popolazioni civili e delle devastazioni senza fine, a parte papa Francesco. Sulla linea del "cessate il fuoco subito" ci siamo mossi come Regione Campania. Abbiamo promosso la prima grande manifestazione in Italia per la pace il 28 ottobre 2022, a piazza del Plebiscito. Abbiamo avuto in piazza 50.000 giovani, nella quasi totale assenza delle forze politiche nazionali. Colpiscono, oggi, due oltranzismi. Quello del Pd, che teme di vedere offuscata la sua immagine di forza pienamente atlantista; e quella di Fratelli d'Italia, che ha evidentemente bisogno di accreditarsi sul piano internazionale, e assume un ruolo di totale subalternità rispetto agli Stati Uniti d'America.

Si fatica a riconoscere che il problema vero è questo: accettare un mondo unipolare, dopo il crollo dei regimi comunisti, a esclusiva guida americana, con una prevalenza assoluta di un solo punto di vista strategico, e di un solo dominio economico; oppure lavorare per un mondo multipolare, sulla base di un principio di reciprocità, in uno schema di rapporti internazionali che garantiscano all'Europa di non scomparire, e tengano in vita i canali del dialogo e di una sana competizione economica, sulla base di regole condivise. Si fatica a riconoscere che uno dei punti di rottura degli equilibri internazionali è stata l'assunzione, da parte degli Stati Uniti, della "dottrina Bush" sulla sicurezza nazionale, presentata nel settembre 2002. Tale dottrina affermava il diritto degli USA di promuovere anche guerre preventive, contro Paesi nemici o gruppi terroristici; e indicava come obiettivo da perseguire l'esportazione della democrazia, della libertà, dei diritti individuali e del libero commercio su scala planetaria. Intanto, continua la devastazione fisica dell'Ucraina e continua l'invio di armi distruttive come le bombe a grappolo, il cui impiego ha determinato altre ritorsioni da parte russa sul porto di Odessa e nella città. L'Italia si accontenta di non esistere politicamente. Siamo arrivati a episodi di demagogia davvero ridicoli. Le televisioni pubbliche hanno abbandonato il vecchio nome italiano della capitale ucraina, adottando il nome ucraino. Gli inviati Rai si collegano non più da Kiev ma da Kyiv! Sarebbe come dire che gli inviati si collegano non più da Londra, Berlino o Parigi, ma da London, Berlin o Paris!

Merita invece una sottolineatura il fatto che l'unico uomo di Stato che abbia espresso valutazioni lucide e di respiro su questa guerra è stato Romano Prodi. Egli ha ricordato che l'Europa è purtroppo politicamente scomparsa, e che nelle indispensabili alleanze militari euro-atlantiche si può stare o in modo inutilmente subalterno, o con dignità e capacità di iniziativa anche autonoma.

7
Il modello Campania. Burocrazia zero. La risposta all'autonomia differenziata

Ritorniamo ora sulla terra, al nostro ambito di responsabilità, ai nostri compiti di modesti artigiani della politica, ora che siamo abbagliati dalla luce di nuovi eminenti statisti apparsi sulla scena politica nazionale. Credo che possa essere utile dare un'informazione sui contenuti della nostra azione di governo, a partire dalla pesante eredità ricevuta e dai principali risultati conseguiti. Per molti potrà essere un'esperienza nuova, una vera e propria scoperta.

In questi anni, infatti, quasi tutti quelli che si sono riferiti alla Campania nei servizi giornalistici, nella polemica politica, nelle campagne di camorrismo pseudo-informativo, hanno parlato senza conoscere nulla della nostra realtà. Qualcuno non sa, probabilmente, neanche come si raggiunge Napoli e dove è la nostra regione. In questa situazione di totale ignoranza del nostro lavoro si sono distinti, nel complesso, i dirigenti nazionali del Pd.

Ma qui ci interessa presentare, con i dati di fatto, un lavoro che è stato, insieme, di concretezza operativa, di rigore spartano, di difesa della povera gente e dei valori di solidarietà, di sostegno all'economia, di educazione alla democrazia, alla legalità, di lotta contro il plebeismo e contro gli interessi dei partiti; di riconquista della dignità di Napoli e del Sud. Abbiamo accettato la sfida dell'efficienza nei confronti di chiunque. Abbiamo assunto, in maniera ossessiva, l'obiettivo "burocrazia zero". Per le nostre condizioni di partenza, abbiamo fatto un miracolo. Ci sentiamo dunque di proporre il modello Campania come una risposta alternativa alla logica dell'autonomia differenziata.

La rivoluzione democratica

L'obiettivo di fondo, riassuntivo del nostro programma di governo, era quello di realizzare una rivoluzione democratica, cioè la rottura più profonda e sostanziale con pratiche politiche consolidate, anche a sinistra. Questa parola d'ordine voleva dire: nessuna clientela; conquista del consenso con le opere, i risultati, la trasformazione reale, non con la corruzione politica di massa; e poi trasparenza assoluta e rigore spartano.

Cosa voleva dire, ancora, una rivoluzione democratica? L'ho spiegato con semplicità e con orgoglio, quando ho ricordato a tutti che ero fiero del fatto che, in tutta la mia esperienza politica, non mi ero mai lasciato alle spalle clienti, ma soltanto donne e uomini liberi.

Con questa nostra impostazione, abbiamo cominciato a guadagnarci il rispetto della gente, prima ancora del consenso politico-elettorale. E abbiamo dato dignità, e una nuova immagine, a un Partito democratico ampiamente screditato.

Tanto per cominciare, decidemmo di stipulare, con l'ANAC di Raffaele Cantone, un protocollo d'intesa, con il quale ci impegnavamo a sottoporre a un controllo preventivo dell'Autorità Anticorruzione gli atti amministrativi più rilevanti nelle materie più a rischio (rifiuti, sistemi idrici, appalti).

Decidemmo di dare un altro segnale forte, rispetto a una delle tante società partecipate della Regione, spesso usate in passato per porcherie clientelari e rigonfiamento abnorme di dipendenti, assunti senza procedure concorsuali. La precedente giunta regionale, una settimana prima della sua scadenza, si coprì di gloria, nominando un bel numero di dirigenti e il presidente della Società di programmazione e servizi della sanità regionale (ARSAN). Avevano immaginato di fare il colpaccio, convinti come erano di aver piazzato una bella fetta di dirigenti con contratti triennali, e quindi inamovibili. Sembrava impossibile superare il ricatto posto in essere. Avevano calcolato che vi era una sola possibilità per annullare l'operazione clientelare e pensavano che nessuno avrebbe mai potuto utilizzarla: e cioè, lo scioglimento della società stessa. Non avevano ancora capito appieno che era cominciata la rivoluzione democratica. Decidemmo di sciogliere la società dalla sera alla mattina, anche a costo di scontare problemi organizzativi per qualche settimana.

Con la soppressione dell'ARSAN, si è conseguito, fra l'altro, un risparmio di circa 8 milioni di euro l'anno. Proseguimmo da subito con la soppressione di un'altra società partecipata, l'Agenzia per il lavoro e l'istruzione (ARLAS), con un risparmio stimato di 3 milioni di euro per cessione dei trasferimenti ordinari da parte della Regione; di 130.000 euro per spese di locazione; di oltre 300.000 euro per il costo degli organi di indirizzo e di revisione.

Proseguimmo con altre azioni di razionalizzazione su tutte le Partecipate regionali.

Fu del tutto irrituale e sconvolgente quest'intervento sulle Partecipate, a conferma del fatto che il nuovo governo regionale era la negazione della politica politicante. Anziché coltivare i clienti nelle società partecipate e creare blocchi di consenso drogato, ecco lo scioglimento di tutte le società prive di un valore funzionale. Con un risparmio rilevante per il bilancio regionale.

Le liste di lotta – La Regione della legalità

Parte del contesto di illegalità diffusa e di ricatto permanente erano le liste di lotta, altra realtà che a Napoli era ormai da decenni parte del folclore e del paesaggio. L'abitudine ai blocchi stradali, alle intimidazioni e aggressioni, fino davanti alla sede della Regione, erano storia antica. Alcune di queste liste di disoccupati organizzati erano in attività da un quindicennio. Decidemmo di mettere un punto fermo: e cioè, di farci carico solo di quelli che, per tanto tempo, erano stati un po' illusi, un po' impegnati in attività precarie, e che avevano ormai costituito famiglie. Erano i cosiddetti Bros (Lista 1, Lista 2...). Facemmo gare pubbliche per lavori ambientali, prevedendo l'impegno, da parte delle imprese vincitrici, ad assumere a progetto i disoccupati. Ma chiusura totale rispetto a richieste di assorbimento nell'organico pubblico della Regione.

Rispetto a questa nostra posizione ferma, ci furono tensioni, con i Bros, con gli idraulico-forestali, ecc. Ma alla fine tutti si convinsero che non avremmo accettato ricatti da parte di nessuno. Il problema era rappresentato da altri "centri sociali", liste di lotta di recente costituzione, che immaginavano di ricominciare la storia: richieste di varo di progetti sociali, di lavori socialmente utili, con relative innumerevoli proroghe, e richiesta finale di assunzione clientelare.

La cosa incredibile è che alcuni di questi centri sociali avevano in concessione gratuita immobili importanti da parte del Comune di Napoli; occupavano tranquillamente spazi universitari, magari destinati ad attività di mensa, nell'indifferenza generale. Per anni e anni sono continuati i blocchi stradali, le aggressioni, le intimidazioni.

Forze politiche, a cominciare dal Pd, dialogavano con alcune di queste bande, le accoglievano nelle loro sedi. Siamo arrivati al punto che uno di questi gruppi è stato ricevuto al ministero del Lavoro! Non siamo riusciti ad avere dalla Prefettura l'elenco degli iscritti al gruppo più aggressivo; a sapere come vivessero, e di che cosa, per anni gli associati. Sapevamo, informalmente, che molti erano tranquilli percettori del reddito di cittadinanza, ma aggredivano impunemente. Per anni e anni non c'è stata manifestazione pubblica, alla quale io partecipassi, che non li trovasse pronti ad aggredirmi, a inseguirmi, a impedire l'evento, a lanciare sassi, sacchetti di spazzatura, nella totale assenza dello Stato. Abbiamo dovuto reggere queste aggressioni in totale solitudine. Al momento del mio insediamento ho rifiutato la scorta di cui usufruiva il mio predecessore. Abbiamo presidiato da soli, come Regione, la trincea della legalità. Per anni ci è stato negato l'esercizio dei nostri diritti democratici. Per anni, eravamo costretti la mattina ad andare non al lavoro, ma in guerra. Una situazione da Africa subsahariana. In nessuna parte d'Italia e del mondo un presidente di Regione sarebbe costretto a vivere in queste condizioni. Sono arrivato al punto di scrivere al presidente della Repubblica.

Lettera del 2/12/2019

Al Signor Presidente
della Repubblica
E p.c. al Signor Presidente
del Consiglio dei Ministri,
al Signor Ministro dell'Interno

Signor Presidente,
Le scrivo per sottoporre alla Sua attenzione la situazione di eccezionale gravità che si è determinata a Napoli e in Campania.

Da anni siamo costretti a registrare il ripetersi di decine di episodi di aggressione e di squadrismo nella più completa impunità per i protagonisti di tali episodi, che si sentono autorizzati e incoraggiati, perciò, a proseguire nelle loro azioni.
Gli artt. 338, 339 e 340 del Codice Penale sono qui ripetutamente e colpevolmente ignorati.
Si è creato un clima di permanente violenza, perché si è fatta crescere l'idea che la "lotta sociale" si possa confondere con la violenza, lo squadrismo, la delinquenza.
Chi Le scrive, in particolare, è oggetto di aggressioni da anni, per aver deciso di non arretrare sulla linea della legalità, e di non sottomettersi a ricatti e intimidazioni di ogni tipo. Siamo al punto che, concretamente, mi viene impedito l'esercizio dei miei diritti democratici.
Intanto, mi domando se sia tollerabile che, per anni e anni, la sede della Regione Campania sia sottoposta a un vero e proprio assedio da parte di dimostranti che, con intimidazioni e minacce, ostacolano l'attività di governo e impediscono addirittura, il più delle volte, l'ingresso nella sede istituzionale. Sarebbe tollerabile una situazione del genere davanti a Montecitorio o Palazzo Chigi? Chiedo che sia tutelata la dignità dell'Istituzione che rappresento, la sua funzionalità, liberandola da bivacchi non autorizzati e pressioni insopportabili.
In questo contesto, devo segnalarLe che da anni sono oggetto di aggressioni che nulla hanno a che fare con una dialettica politica e sociale, per quanto aspra.
Quasi due anni fa, a Pozzuoli, si è verificato un atto di squadrismo. In occasione della inaugurazione di un reparto nuovo nell'ospedale cittadino, un gruppo di facinorosi ha sfondato le porte d'ingresso, ha colpito un mio collaboratore, e ha dato luogo a un lancio di rifiuti e vari oggetti su di noi (dentro l'ospedale!). Alla mia de-

nuncia, dopo quasi due anni (è accaduto il 28 febbraio 2018), non ha fatto seguito nulla.
Successivamente, dopo una manifestazione benefica al teatro Politeama di Napoli, ho dovuto abbandonare d'urgenza il teatro, insieme con mia moglie, per l'arrivo di una banda di squadristi (peraltro da tempo noti alle forze di polizia). Sabato 30 novembre u.s., ad Aversa, a conclusione di un evento nella sede comunale, si è verificata una aggressione squadristica, con lancio di sacchetti di rifiuti sulla mia persona, senza che nessun servizio di prevenzione e tutela fosse predisposto. Siamo al punto che ti può arrivare in testa un mattone o un qualunque ordigno, senza nessuna salvaguardia.
Ho voluto segnalarLe solo alcune delle decine di aggressioni di cui sono oggetto da anni, senza che nessuno mai paghi, o sia chiamato a rispondere. È una condizione di guerra permanente. E, per quello che mi riguarda, non più tollerabile.
Non è possibile, in un Paese democratico, essere costretti a pensare all'autodifesa e alla richiesta di un porto d'armi, per tutelare l'incolumità propria e dei propri familiari.
Se vorrà, potrò descriverLe in dettaglio la situazione esistente. Sono a chiederLe oggi, Signor Presidente, un Suo autorevole intervento, nelle forme che Lei vorrà, a tutela dei miei diritti democratici e delle mie funzioni elettive. Dopo anni di inconcludenza, mi auguro di trovare sulla mia strada, oltre che bande di delinquenti impuniti, anche lo Stato.
Con ossequi
Vincenzo De Luca

Non è successo nulla. Dopo ripetute denunce, non è successo nulla. Ma abbiamo retto. Alla battaglia per la legalità, aggiungemmo l'impegno per la trasparenza, realizzando un sito apposito, aperto a tutti, nel quale si pubblicavano tutti gli atti di giunta o anche solo dirigenziali (che a volte non conoscevo neanche io, come responsabile politico), per fare della Regione una Casa di vetro.

La politica di bilancio

All'inizio della nostra esperienza di governo, nel 2015, la situazione finanziaria della Regione era da disperazione.

L'ultimo rendiconto approvato era quello relativo all'anno 2012, tre anni prima, peraltro mai parificato dalla Corte dei Conti. Con un rigore e un impegno assoluti, abbiamo dovuto cominciare con il lavoro di approvazione dei rendiconti 2013-2014-2015, cioè in sostanza, i rendiconti della precedente legislatura. Dall'approvazione di questi documenti contabili sono emersi ingenti disavanzi derivanti dalle gestioni pregresse: fino a tutto il 2015, sono stati accumulati disavanzi per 5,8 miliardi di euro, di cui 3,5 miliardi rilevati nel rendiconto 2013, e gli ulteriori 2,3 miliardi registrati nei rendiconti del 2014 e del 2015. Abbiamo dovuto, di fatto, caricarci sulle spalle un programma di ripiano pluriennale dei disavanzi pregressi garantendo alla Corte dei Conti l'accantonamento di almeno 200 milioni di euro annui a favore del piano di rientro.

Da allora abbiamo avuto la parifica di tutti i rendiconti da parte della Corte dei Conti, che ha avuto modo di rilevare che con la nostra gestione non è maturato neanche un euro di maggiore disavanzo. La sezione regionale di controllo della Campania ha avuto modo di sottolineare il rispetto di tutti gli impegni da parte della Regione. Nella memoria del Procuratore regionale, per la parifica del rendiconto 2021, è stato rilevato che la Campania aveva recuperato più di un miliardo e mezzo di euro di disavanzi pregressi.

Abbiamo lavorato intensamente, in questi anni, anche per ridurre la nostra esposizione debitoria, mettendo in piedi alcune operazioni di rinegoziazione del debito.

1) Nel 2015/16 sono stati riacquistati complessivamente prestiti obbligazionari per circa 1,7 miliardi di euro, con la definizione del contenzioso instauratosi con le banche emittenti presso il Foro di Londra, i cui esiti potevano essere devastanti per il bilancio regionale.
2) Abbiamo rinegoziato con Cassa Depositi e Prestiti un mutuo MEF di 600 milioni di euro con relativo risparmio.
3) Abbiamo rinegoziato, sempre con Cassa Depositi e Prestiti, ulteriori mutui MEF per un importo complessivo di 1,5 miliardi di euro, conseguendo risparmi sugli interessi per circa 320 milioni di euro fino alla scadenza.
4) Nel 2022, sono stati rinegoziati due contratti di anticipazione di liquidità, conseguendo risparmi sugli interessi per 110 milioni di euro.

Sulla base di questo lavoro immane, le agenzie di rating hanno valutato in miglioramento le prospettive di crescita economica della Campania, nonché l'affidabilità creditizia dell'amministrazione regionale. Hanno pesato su queste valutazioni positive le nostre performance di bilancio; l'uscita dal commissariamento della sanità; l'attuazione di un piano socio-economico da noi varato negli anni Covid, per un importo di 1,2 miliardi a favore di famiglie, piccole e medie imprese, mondo dell'artigianato e del commercio, mondo della cultura e dello spettacolo.

Un ulteriore risultato straordinario è stata la definizione in via transattiva del contenzioso tra Regione Campania-MEF-Agenzia delle Entrate, avente a oggetto 249 milioni di euro relativi al mancato versamento alla Regione Campania della quota relativa al gettito della lotta all'evasione fiscale per IRAP e addizionale regionale Irpef, per le annualità dal 2011 al 2014. Il precedente governo regionale si era dimenticato di farsi rimborsare le quote spettanti alla Campania! Un'operazione, dunque, di straordinario risanamento finanziario. E tutto questo avendo avuto con il Covid anni difficili, nei quali abbiamo mantenuto inalterati gli affitti per l'edilizia sociale e i canoni idrici per le famiglie.

In conclusione, richiamo un dato sintetico impressionante, che ci dice quanto dura sia stata la sfida del risanamento, e quanto pesante sia la fatica del governo nella nostra regione. Per ripianare i debiti ereditati (l'importo iniziale era di 9 miliardi, ridotti a 5,9 a dicembre 2022) la Campania paga ogni anno, fra interessi e capitale, 470 milioni di euro; di questi, 200 milioni l'anno per il solo debito sanitario, e fino al 2035!

La sanità

Partivamo nel 2015 da una situazione di totale discredito e di drammatico ritardo. Eravamo stati commissariati dal governo nazionale per aver accumulato nel decennio 2000-2009 quasi 9 miliardi di euro di debito sanitario. Nel 2009 venne nominato commissario l'allora presidente della Regione. Dopo le elezioni del 2010 diventò commissario il nuovo presidente eletto, affiancato da un sub-commissario, che in realtà gestiva tutto, e che elaborò un piano sanitario che portava il suo nome (Piano Morlacco), e che prevedeva tagli pesantissimi di ospedali e di strutture organizzative.

Quel piano non fu mai formalmente approvato. Non esisteva dunque un Piano ospedaliero in vigore e quindi, conseguentemente, non era possibile farsi approvare a Roma il Piano per le nuove assunzioni, mancando le ipotesi organizzative a cui legare il personale stesso. Essendo poi straindebitati, non potevamo usufruire dei finanziamenti della Legge nazionale per l'edilizia ospedaliera (fondi dell'articolo 20). La cosa davvero incredibile è il fatto che allora la norma statale consentiva che fossero nominati commissari i responsabili politici dei disastri finanziari!

Ogni tre mesi, dopo il 2015, la delegazione della Regione andava a Roma a relazionare, ai Ministeri dell'Economia e della Salute riuniti congiuntamente, sull'andamento della nostra sanità. Ricordo la faccia e l'atteggiamento dei nostri "esaminatori" le prime volte che ci presentavamo a Roma. Ci guardavano con malcelato disprezzo: eravamo i rappresentanti di un disastro e di impegni mai mantenuti.

Quasi tutte le ASL e le Aziende ospedaliere avevano i bilanci non approvati dal 2012. La domanda che si ponevano a Roma era come facessimo ad approvare, in quelle condizioni, non il bilancio della sanità, ma quello della Regione stessa, essendo quello sanitario parte prevalente del bilancio complessivo. E noi rispondevamo che dalle parti del Vesuvio vi era una grande "creatività". Anche i conti consuntivi del bilancio regionale, d'altra parte, erano tranquillamente non approvati da anni.

Dopo aver assistito, nei primi incontri romani, alle risatine di scherno dei nostri interlocutori, non impiegai molto tempo a rispondere con qualche ruvidità, domandando loro cosa avessero fatto negli anni precedenti in materia di controlli, visto che i commissari alla sanità erano nominati dal governo nazionale, il quale, dunque, era perlomeno corresponsabile dei disastri! Cominciammo così a ottenere perlomeno un atteggiamento di rispetto, consolidatosi poi nel tempo sulla base dei risultati concreti da noi conseguiti.

Obiettivamente, quanto alla situazione della nostra sanità, ci presentavamo in maniera imbarazzante. Eravamo l'ultima regione d'Italia per il punteggio della griglia Lea (che misura la qualità delle prestazioni nei livelli essenziali di assistenza): eravamo fermi al 2012, con 103 punti. Per poter solo parlare di fuoriuscita dal commissariamento, avevamo l'obbligo di raggiungere i 170 punti! Dovevamo fare uno sforzo organizzativo gigantesco. Eravamo al di sotto di quasi tutti i parametri richiesti: per la percentuale di parti cesarei per le primipare; per i tempi di attesa per le operazioni al femore; per le vaccinazioni e per gli screening oncologici; per l'assistenza domiciliare; per i controlli veterinari, ecc. Neanche l'ombra delle reti tempo-dipendenti (rete dell'infarto del miocardio, rete dell'ictus, rete del politrauma, rete materno-infantile...). Neanche l'ombra di una rete oncologica; il Centro nazionale trapianti aveva sospeso l'autorizzazione ai trapianti di cuore, per le inefficienze rilevate e per gli esiti post-trapianto negativi.

Per quanto riguarda i sistemi informatici, c'era la totale assenza di una piattaforma digitale regionale. I servizi erano affidati a società private, padrone assolute dei dati. Non dialogavano neanche ASL con ASL. I tempi di pagamento erano biblici. Venivamo da una situazione di inefficienza e di disorganizzazione clamorosa. Per farsi pagare, i nostri fornitori, le strutture private accreditate, le farmacie, dovevano andare a Lugano dalla società regionale Soresa (per un intreccio intricatissimo con il sistema bancario), o dovevano fare la cessione del credito a società di intermediazione finanziaria (che erano fiorite su tutto il territorio regionale), rimettendoci il 10-15% del credito vantato.

Il contenzioso del privato accreditato (laboratori e strutture ospedaliere) verso la Regione era senza limiti. In qualche ASL, si registravano casi di doppie e triple fatturazioni, ed era difficile trovare perfino una documentazione scritta, necessaria per poter esaminare e approvare i conti consuntivi. Il Registro Tumori era completamente bloccato.

I tempi per decidere sugli accreditamenti erano illimitati, con un solo funzionario impegnato su quella competenza.

Erano state prese, intanto, prima del 2015, decisioni organizzative irresponsabili, a cominciare dalla chiusura del Pronto soccorso del CTO a Napoli. Si era di fronte a un ingorgo incredibile nel solo Pronto soccorso dell'ospedale Cardarelli. Le immagini delle barelle collocate a decine nei corridoi dei reparti facevano il giro d'Italia, e riempivano pagine intere di giornali, alimentando, sul piano nazionale, un senso comune pesantemente negativo nei confronti di Napoli e della Campania.

Eravamo di fronte a una sfida immane. Non solo per la quantità di ritardi e inefficienze accumulati; non solo perché il commissariamento aveva ridotto all'osso il numero di dipendenti della nostra sanità; ma anche perché anni e anni di non-governo avevano lasciato crescere aree di parassitismo, disabitudine al lavoro rigoroso e verificabile nei risultati, e realtà di privilegio notabilare e di "piccola corruzione" diffusa, tali da rendere il lavoro di rilancio e risanamento davvero pesante e complicato.

Abbiamo puntato sulle tante professionalità di eccellenza presenti e non valorizzate o organizzate; sulla stragrande maggioranza di dipendenti e dirigenti che, se motivati, potevano accompagnarci verso l'obiettivo di fare della nostra sanità una realtà di eccellenza nazionale. Ci venne dato sostegno e fiducia, pur non avendo noi mai ceduto ad atteggiamenti di opportunismo, e avendo sempre rifiutato di "lisciare il pelo" ai notabili o a protagonisti di azioni e rivendicazioni pseudo-sindacali.

Non mancarono reazioni contrarie e intimidazioni. Abbiamo risposto sempre a muso duro. Non si potevano accettare, per nessuna ragione, i ricatti, perché avremmo perso ogni credibilità. Ricordo qualche episodio davvero sconcertante. All'ospedale San Giovanni Bosco, collocato in un territorio difficile a Napoli, si erano registrati episodi di minacce a medici e dirigenti, sottoposti a richieste e pressioni di vario tipo. Nella visita che decidemmo di fare senza preavviso alla struttura, ci accorgemmo che nell'area di ingresso all'ospedale era stata collocata una sbarra per regolare il passaggio delle auto. Senza nessuna autorizzazione da parte di nessuno, un giovanotto aveva preso possesso dell'area e gestiva il parcheggio. Quella di buttarlo fuori immediatamente fu la prima decisione presa fra mille preoccupazioni dei nostri collaboratori.

All'interno dell'ospedale scoprimmo che vi era un bar ge-stito da anni da un altro soggetto che non aveva titolo e non pagava canone: fu il secondo intervento di ripulitura.

Era anche diffusa la pretesa, quando arrivava al pronto soccorso qualche soggetto ferito da colpi di arma da fuoco, che durante la medicazione le porte dell'ambulatorio rimanessero aperte, per consentire di controllare dall'esterno che il paziente non venisse "liquidato". Apprendemmo che, in orario notturno, i locali mensa accoglievano spesso incontri di varia e pericolosa umanità. Intervenimmo anche su questo, avvertendo di tutto le forze dell'ordine e la magistratura.

Ricordo, fra i tanti, qualche altro episodio minore, ma che ci riporta alle cronache nazionali del tempo: l'invasione di formiche in qualche reparto. Eravamo credo a gennaio, in pieno inverno; e colonie di formiche seguivano percorsi precisi dalla finestra al letto del paziente. Fatti i dovuti accertamenti si scoprì che erano un vero e proprio sabotaggio. Le formiche erano state portate lì apposta per attaccare e delegittimare la direzione dell'ASL e la Regione, promuovendo una vera e propria campagna di aggressione mediatica per giorni e giorni. Si potrebbe continuare a lungo a ricordare episodi gravi, oscuri o bizzarri, o intimidatori, o creativi. Era quello il contesto nel quale la grande maggioranza dei dipendenti, e noi stessi, eravamo costretti a lavorare, per raggiungere obiettivi ambiziosi, che all'inizio sembravano impossibili da conseguire.

Avevamo grandi motivi di forza dalla nostra parte: la coerenza dei comportamenti in primo luogo. Nessuna porcheria clientelare; la politica e i partiti fuori dalla sanità campana; concorsi fatti rispettando merito e qualità professionali, non padrinaggi di vario tipo. E poi, una determinazione feroce nel perseguimento degli obiettivi, la totale indifferenza a campagne di stampa "orientate" e strumentali. E infine, l'esempio dato: non ho mai chiesto a nessuno, in termini di lavoro, di sacrificio e di impegno, nulla più di quanto non abbia chiesto a me stesso, in termini di fatica, di rigore, di sacrificio di vita. E così, con l'aiuto di centinaia di nostri dipendenti, si è avviato senza incertezze il nostro lavoro.

Un commissario alla Sanità

Fra le tante idiozie del nostro Paese, va registrata quella relativa alla nomina del commissario alla Sanità. Una nuova norma approvata dal Parlamento impediva che, diversamente dal passato, fosse nominato commissario il presidente della Regione. E dunque, fu destinato in Campania un commissario che, già dal nome, ci appariva bizzarro: tale Joseph Polimeni, dotato di baffetti a coda di topo. Un buon uomo, toscano, senza grande esperienza di gestione sanitaria. Si presentò a me con garbo, per un primo confronto di idee.

Si tradì subito, quando mi disse che in Toscana avevano solo pochissimi grandi laboratori privati convenzionati con la Regione, diversamente che in Campania. Gli risposi: «Noi ne abbiamo 400». E quindi? Sappiamo bene quello che in astratto si dovrebbe fare; che la moltiplicazione di piccoli e piccolissimi laboratori rispondeva anche a esigenze di lavoro per un numero enorme di dipendenti. Ma quando una realtà riguarda magari 3-4.000 persone, devi avere la consapevolezza che hai davanti un problema sociale, e che occorre intelligenza politica e gradualità nell'affrontarlo.

Il commissario inondò in pochi mesi le nostre aziende sanitarie di centinaia di disposizioni, ordinanze, decreti, ecc. Bisognava perdere giornate di lavoro solo per seguire la corrispondenza, e il rincorrersi delle carte da ricevere e da spedire.

Alla fine, il commissario estemporaneo, dopo poco più di un anno, mollò e se ne andò, lasciandoci nello sconforto più profondo. E con lui, se ne andò anche il sub-commissario, che lo aveva accompagnato. Lo stipendio di entrambi non era male: circa 10.000 euro al mese a carico del bilancio regionale. Il dolore per la loro partenza fu attenuato dal risparmio conseguito. Nel frattempo era cambiata la legge nazionale, con il governo Renzi, nonostante la fiera battaglia di opposizione dei Cinquestelle, e fu nominato commissario alla Sanità il presidente della Regione, il sottoscritto, ad agosto del 2017.

Da dove cominciare il nuovo lavoro? La scelta fu inusuale: dalla realizzazione di una piattaforma digitale unica per tutta la Campania, e di proprietà della Regione. Ogni azienda sanitaria aveva un suo sistema, e non c'era interoperabilità. Si aprì una discussione con la società di servizi che lavorava con la Regione. Chiarimmo il nostro obiettivo: piena autonomia e pieno possesso dei dati da parte della Regione.

La nostra decisione non fu presa con entusiasmo dai nostri fornitori e assistenti. Ma alla fine il lavoro di trasferimento di tutti i dati sulla piattaforma "Sinfonia" (Sistema informatico sanità Campania), superando anche l'autonomia delle singole ASL, si è realizzata.

È stato un lavoro enorme, che ci ha consentito di costruire quella che è oggi una delle piattaforme più avanzate d'Italia, con un Portale Salute e una app "Campania in Salute", con la quale si è dato vita a una sanità più semplice e a un servizio più efficace a burocrazia zero.

Questo strumento ci ha consentito di affrontare l'epidemia di Covid, riuscendo a garantire a tutti i nostri concittadini una informazione continua, dettagliata su tutto quanto riguardava la campagna di vaccinazione, l'informazione sui tamponi, e l'attività di assistenza. Il lavoro più difficile non ha riguardato tanto l'introduzione delle nuove tecnologie, ma la formazione del personale, per renderlo capace di adoperarle (capace e... disponibile. Ci sono voluti anni di impegno ossessivo, come per il raggiungimento di ogni altro obiettivo proposto!).

Nel frattempo è cominciato un lavoro a tappeto in materia di bilanci aziendali, affrontando di petto il problema della mancata approvazione dei conti consuntivi. Per una ASL in particolare, la Napoli 3, la situazione era talmente intricata, che gli stessi revisori dei conti facevano fatica ad approvare gli atti. Demmo vita a una task force, per affrontare il disastro amministrativo e contabile. Ci vollero mesi per uscirne in maniera decente e corretta.

Cominciavamo a produrre elementi di rinnovamento apprezzati dal ministero dell'Economia e dalla Corte dei Conti. Ovviamente, le priorità non erano solo quelle organizzative e funzionali; il lavoro di risanamento e rilancio della nostra sanità doveva svolgersi contemporaneamente a 360 gradi. Faccio fatica io stesso, guardando indietro, a capire come abbiamo fatto a sviluppare un lavoro immenso, su tutti i punti del nostro sistema sanitario.

Si lavorò per ampliare e consolidare il livello di vaccinazioni infantili; per quelle anti-influenzali si partì sempre in anticipo, avviando per tempo gli acquisti dei vaccini e giungendo a risultati importanti. E poi, seguendo le prestazioni previste dalla griglia Lea, cominciammo la lunga rincorsa per quasi raddoppiare il nostro punteggio, e poter aspirare alla fuoriuscita dal commissariamento. Sui tempi delle operazioni di frattura al femore, sulle percentuali abnormi di parti cesarei immotivati, in strutture private convenzionate ma anche in ospedali pubblici; sulle liste d'attesa, ecc.

Cominciò un lavoro di stimolo, di verifica e controllo quotidiano sull'avanzamento dei Lea. Fu avviata la realizzazione delle reti tempo-dipendenti, con la messa a punto di un sistema di interventi che consentisse di raggiungere e assistere un paziente nell'arco di 30 minuti in qualunque parte del territorio regionale. Si è lavorato per arricchire l'offerta di posti letto di Pronto soccorso riattivando poli di Pronto soccorso, chiusi irresponsabilmente negli anni precedenti, soprattutto a Napoli.

Si sono avviati programmi straordinari per nuove assunzioni, entro i limiti finanziari che ci erano concessi. Si è dato il via alla stabilizzazione di migliaia di precari (medici, infermieri, Oss). Nel frattempo, si doveva approvare il nuovo Piano sanitario, allora inesistente, definendo finalmente il Piano ospedaliero regionale, intrecciandolo con la definizione degli atti aziendali di tutta la regione.

Fu fatto un lavoro straordinario, operando un rinnovamento profondo, ma mantenendo attenzione alle esigenze dei territori, per quanto possibile. Avevamo, infatti, da rispondere a una delle contestazioni più forti che ci venivano da Roma, per il rigonfiamento enorme, al di là di ogni parametro nazionale, delle strutture complesse, che occorreva dunque ridurre in maniera consistente.

Per alcune patologie abbiamo assunto un impegno particolare. Vi era in Campania un dato pesantissimo: centinaia di amputazioni l'anno per il piede diabetico. Decidemmo di affrontare con una determinazione straordinaria questo problema, riuscendo piano piano a ricondurlo entro limiti meno drammatici.

Avendo risanato il bilancio sanitario, riuscimmo per la prima volta a ottenere circa 300 milioni del fondo premialità, destinato ogni anno a quelle Regioni che presentavano performance positive. E per la prima volta dopo 20 anni potevamo ottenere risorse per l'edilizia ospedaliera (1,3 miliardi di euro). È partito, così, il piano di ristrutturazione e di realizzazione di nuovi ospedali più vasto che la Regione Campania abbia mai conosciuto. Impegni e promesse che, per decenni, si erano ripetuti a vuoto nei territori sono diventati realtà.

Sono stati finanziati o già appaltati il nuovo ospedale Ruggi a Salerno, l'ospedale unico della Penisola sorrentina, il nuovo ospedale Da Procida a Salerno, il nuovo ospedale di Solofra, il nuovo Santobono; il nuovo ospedale di Castellammare, di Nola, quello di Boscotrecase; il Polo Oncologico di Pagani, l'ospedale di Sessa Aurunca, quello di Santa Maria Capua Vetere, ecc. Si è realizzato davvero l'Ospedale del Mare, nel quale – come dicevamo nel 2015 – era stata aperta solo la portineria. E poi vi sono stati decine e decine di interventi di ristrutturazione di reparti, di acquisizione di nuove tecnologie, sostanzialmente in tutti gli ospedali della regione.

È in corso oggi il finanziamento di un nuovo blocco di ospedali, con un altro programma dell'art. 20 per 800 milioni di euro. Sono stati finanziati con fondi regionali corsi di specializzazione aggiuntivi. Si è riusciti a far emergere e a valorizzare le tante, straordinarie eccellenze della sanità campana, cominciando ad attrarre, per la prima volta, nei nostri ospedali professionalità di altissimo livello, provenienti anche da altre parti d'Italia.

Questo ci ha consentito di avviare il piano per ridurre la mobilità passiva della nostra sanità: ormai, sono le regioni del Sud che tengono in piedi in qualche caso, i bilanci di alcune regioni del Nord! Ma la svolta, ovviamente, ci sarà quando l'aumento del personale e il piano per lo svuotamento delle liste d'attesa saranno pienamente realizzati.

Alla fine del 2019, grazie al lavoro fatto da migliaia di nostri dipendenti e dirigenti, raggiungiamo un obiettivo storico: la fuoriuscita dal commissariamento della sanità campana, avendo ottemperato alle condizioni (finanziarie e di prestazioni) richieste dai Ministeri dell'Economia e della Salute. Ma proprio all'indomani di quel risultato straordinario, appena rientrati nella gestione ordinaria, venivamo investiti dall'epidemia Covid.

Il Covid in Campania

È stata una sfida durissima. Abbiamo dovuto combattere con le unghie e con i denti, avendo da governare la regione a più alta densità abitativa d'Italia e (nell'area metropolitana di Napoli) d'Europa; e avendo da 10 a 15.000 dipendenti in meno rispetto alla media nazionale. Abbiamo adottato le misure più rigorose del Paese, e decidendo sempre mesi prima che lo facesse il governo nazionale. Davvero, in Campania, se non avessimo avuto il massimo del rigore e della prudenza, avremmo rischiato un'ecatombe.

Abbiamo preso "misure di guerra", quando abbiamo deciso di chiudere l'attività ordinaria di interi reparti per liberare posti letto per pazienti Covid e posti di terapia intensiva. Sono state scelte dure ma indispensabili. Abbiamo seguito quotidianamente l'andamento del contagio. Quando vi erano focolai pericolosi abbiamo istituito le zone rosse, senza attendere il parere di nessuno. Lo abbiamo fatto nel casertano, nel napoletano, in Irpinia, nel Sannio, nel Vallo di Diano, a Salerno.

La misura più dura l'abbiamo presa ad Ariano Irpino. Avevamo rilevato un livello di contagio impressionante: centinaia e centinaia di positivi in un comune di 22.000 abitanti. Con la collaborazione dell'Istituto Zooprofilattico abbiamo messo in piedi un lavoro di vaccinazione, ma anche di indagine epidemiologica, unico in Europa. Abbiamo coinvolto in pratica tutta la popolazione del Comune, organizzando logisticamente punti di somministrazione in circoscrizioni e sezioni elettorali, al fine di ben distribuire i residenti, e utilizzare come punti dove effettuare i prelievi ematici le stesse sedi elettorali.

Sono stati effettuati 15.000 prelievi in soli due giorni. Con l'obiettivo raggiunto di aver eseguito il primo studio di sieroprevalenza in Europa. Tra gli abitanti dello stesso Comune, inoltre, sono stati selezionati mille soggetti su cui sono state effettuate analisi genetiche (esoma, studio del dna) che hanno consentito di individuare due geni responsabili della resistenza al virus. La popolazione di Ariano ha collaborato in maniera straordinaria, e si è salvata.

Nello stesso periodo, tra aprile e giugno 2020, avevamo istituito la zona rossa anche a Sala Consilina, Athena Lucana, Auletta, Caggiano e Polla. Nelle giornate di sabato 16 e domenica 17 maggio 2020 si sottoponevano a screening sierologico 13.444 soggetti volontari su una popolazione di 17.823 residenti. A tale screening risultavano positivi alla ricerca anticorpale 650 soggetti, corrispondenti al 4,8% della popolazione esaminata.

Nella prima settimana di giugno dello stesso anno, davamo vita al progetto della Regione Campania "Scuole sicure", sottoponendo a tampone naso-faringeo oltre 12.000 cittadini appartenenti al personale scolastico impegnato negli esami di maturità.

Con il lavoro diretto dell'Istituto Zooprofilattico, investito della responsabilità del coordinamento di tutta la rete di laboratori, siamo partiti da circa 7.000 tamponi processati ogni giorno, al numero di 30.000 tamponi al giorno. Nel frattempo, era in atto una attività di controllo relativa all'emergere delle varianti Covid, che venivano individuate per tempo, anche con il controllo dei cittadini che rientravano dall'estero.

Abbiamo potuto seguire così l'emergere delle diverse varianti. A settembre 2020 la "brasiliana", a marzo del 2021 l'ondata della variante "delta"; a novembre 2021 l'"omicron", a gennaio 2022 la variante "omicron2". L'attività di controllo con i tamponi da parte delle nostre strutture ospedaliere e dell'Istituto Zooprofilattico, si è generalizzata. Si sono progressivamente ridotti i tempi per gli esami dei tamponi. Grazie alla piattaforma telematica e il software impiegato, i cittadini ricevevano immediatamente il referto con sms.

Oggi è difficile rendere il clima e l'angoscia di quei giorni, di quei mesi. Ma davvero sentivamo sulle nostre spalle la responsabilità per la vita dei nostri concittadini, dei nostri cari, dei nostri anziani. Ci siamo inventati di tutto per fornirci di mascherine, che sembravano allora introvabili. Siamo riusciti, a un certo punto, a distribuirle gratis, due per persona, alle nostre famiglie, impegnando nella distribuzione la Protezione civile e le Poste Italiane. Abbiamo fatto accordi con le cliniche private convenzionate per avere la disponibilità di posti letto in caso di esplosione ulteriore del contagio. Non abbiamo utilizzato nessuna residenza per anziani per accogliere pazienti Covid! Abbiamo realizzato in due mesi 120 posti letto di terapia intensiva aggiuntivi fra Napoli, Salerno e Caserta con una prova straordinaria di efficienza amministrativa.

Avevamo in corso, a Napoli, molte produzioni cinematografiche e televisive. Oggi Napoli è davvero un set a cielo aperto. Sarebbe stato un delitto bloccare tutto per il Covid.

Impegnammo l'Istituto Zooprofilattico e le ASL a garantire una attività di screening quotidiano per gli artisti e per il personale, sulla base del protocollo "Sicurezza CineAudiovisivo" approvato dalla Regione.

Fra le decisioni più difficili da prendere vi erano quelle relative al mondo della scuola. Quando dalle ASL ci arrivavano dati drammatici di diffusione del contagio fra ragazzi e bambini, abbiamo disposto la chiusura immediata delle scuole e il passaggio alla DAD, scontando polemiche il più delle volte irresponsabili; ma abbiamo salvato centinaia di ragazzi dal contagio.

E così per gli orari di apertura di attività commerciali, di ristorazione, di teatri, cinema, luoghi di ritrovo. Nell'autunno del 2020 abbiamo anticipato ordinanze di riduzione degli orari di apertura per i locali commerciali e i ristoranti rispetto alle decisioni che sarebbero arrivate settimane dopo da parte del governo. Fu alimentata allora, a Napoli, una mezza rivolta, con la partecipazione di centri sociali, pezzi di camorra e "no vax". Ci furono bombe carta e incendi di automobili. Ci furono intimidazioni. Non era facile allora decidere. Noi abbiamo avuto il coraggio di farlo e ci siamo salvati. La Campania è la regione con il numero più basso di morti per Covid in relazione alla sua popolazione. Non era un risultato assolutamente scontato. Lo abbiamo conquistato con la fatica, il rigore, la responsabilità, l'organizzazione.

I vaccini

Rispetto al Covid è scandalosa la vicenda della distribuzione dei vaccini. Avevamo già contestato le decisioni prese da Arcuri, Commissario al Covid, relative alle risorse destinate alle Regioni, per la gestione della pandemia: decisioni prese sulla base delle richieste avanzate dalle regioni, e non sulla base di criteri chiari, oggettivi e omogenei. Avevamo poi contestato la prima distribuzione dei vaccini da gennaio 2021. Ricordo, di passaggio, la sceneggiata organizzata per l'arrivo in Italia a dicembre 2020 della prima fornitura di vaccini: un lungo corteo di auto, di rappresentanze istituzionali, di forze dell'ordine, di Protezione civile, di volontari per portare in Italia poche scatole di vaccini, per i quali sarebbe bastato un furgone di panettiere. Ricordo la prima distribuzione di vaccini, non rispettosa del numero di abitanti delle diverse regioni.

Il 1° marzo 2021, con il governo Draghi, viene nominato commissario, al posto di Arcuri, il generale Figliuolo, il quale esordisce con un impegno chiaro e da noi condiviso: la distribuzione dei vaccini, secondo il criterio "una testa, un vaccino". Accettiamo all'inizio, come Campania, che i vaccini siano inviati prima alle regioni con popolazione più anziana. Era un dovere elementare di solidarietà. Ma c'era l'impegno a riequilibrare poi la consegna dei vaccini, a inizio estate per la regione più penalizzata, cioè la Campania. L'impegno assunto fu tradito due volte: a giugno, quando la Campania rimase sotto la media di ben 200.000 vaccini; e a settembre, quando cominciò la vaccinazione per la popolazione scolastica, per la quale la Campania registrava un numero di giovani più alto di altre regioni.

In quel caso bisognava invertire il criterio e privilegiare la Campania per le consegne. Non fu fatto. Per un anno siamo rimasti l'ultima regione d'Italia per la consegna di vaccini: ho parlato di mercato nero dei vaccini, avallato dal generale. Per questo motivo, fra le tante visite di inutile propaganda che il generale ha fatto in giro per l'Italia, non c'è stata nessuna visita istituzionale in Campania.

Oggi non si percepisce il danno inferto alla nostra regione, ma allora fu una cosa infame, che ci penalizzò enormemente. Ovviamente, la principale responsabilità era del governo e del ministero della Salute, completamente scomparso: un generale che decideva le priorità, che decideva le informazioni da dare ai cittadini...! Ci fu il caos. Noi, saggiamente, decidemmo di andare avanti per i fatti nostri, senza tener conto delle ordinanze nazionali, a cominciare dal lavoro che facemmo nelle isole campane e nelle fasce costiere, per renderle *Covid free* in tempo utile per la stagione turistica.

Vaccinammo tutti, senza rispettare le priorità delle fasce di età. Dunque, anche rispetto al semplice dovere di correttezza nella consegna dei vaccini, abbiamo dovuto fare guerre, perché ci fossero – e non ci furono – comportamenti civili. E nonostante tutto, abbiamo salvato la Campania. Ancora oggi questo è uno dei nostri motivi di grande soddisfazione e di orgoglio sul piano nazionale.

Gli anni del Covid, come era prevedibile, hanno rallentato il lavoro di avanzamento nei livelli essenziali di assistenza. In tutta Italia si sono accumulati ritardi gravi negli screening oncologici. Si sono allungate le liste di attesa, così come i tempi per gli interventi ordinari. Ma per quanto possibile, abbiamo retto: sicuramente da noi non si sono bloccati gli interventi salvavita o classificati come urgenti. Oggi, occorre riprendere a pieno regime il lavoro di rilancio delle prestazioni.

Lo scandalo del Fondo sanitario nazionale

Quello che non è mai venuto meno è lo scontro sul riparto del Fondo sanitario nazionale. Qui siamo davvero di fronte a uno scandalo che grida vendetta, e rispetto al quale tutte le forze politiche, nessuna esclusa, hanno girato la testa dall'altra parte. Per un decennio la Regione Campania è stata rapinata di oltre 200 milioni l'anno! La legge dello Stato che stabiliva i criteri per il riparto del Fondo sanitario nazionale prescriveva che le risorse andavano erogate alle Regioni tenendo conto sostanzialmente di tre parametri: l'età anagrafica della popolazione residente; l'aspettativa di vita; la deprivazione sociale, cioè il livello di reddito, di difficoltà sociale, di povertà del territorio. Per anni e anni si è tenuto conto di un solo criterio: l'anzianità della popolazione. Essendo la Campania la regione più giovane d'Italia, veniva ridotta a essere l'ultima nel riparto delle risorse. Il presupposto era che maggiore anzianità significava maggiore cronicità di patologie, maggiori ricoveri, ecc.

Intanto, già questo criterio sarebbe discutibile sul piano scientifico, per la realtà che è andata emergendo tra le giovani generazioni rispetto alle dipendenze, ai disturbi alimentari, a ludopatie, psicopatologie, ecc. Fra l'altro, in Campania vi è il picco nazionale di diabete infantile.

Ma, al di là di questo, l'aspettativa di vita da noi è di due anni inferiore rispetto alla media nazionale. E infine, è evidente che la povertà, il degrado ambientale, la mancata prevenzione, gli stili di vita, ecc., condizionano pesantemente il livello di salute dei cittadini. Non a caso, i criteri previsti per il riparto del Fondo sanitario erano tre. Per anni, come sempre in Italia, si è usato un meccanismo in parte "compensativo", con l'utilizzo del fondo per la premialità, anziché definire un criterio chiaro ed evitare la snervante "contrattazione" ogni anno per recuperare qualcosa.

Sono stati anni di battaglie, contro un vero e proprio muro di gomma, di interessi trasversali di varie regioni del Centro-nord. Era una umiliazione e penalizzazione infinita delle regioni del Sud e della Campania più di tutte.

Siamo arrivati ad avere solo nel 2022 il riconoscimento per il riparto 2023 dei tre criteri-base. Siamo passati da una penalizzazione di 60 euro pro capite rispetto alla media nazionale, a 40 euro. Abbiamo recuperato un po' di risorse, ma ancora oggi restiamo l'ultima regione d'Italia, la più penalizzata.

Queste le condizioni nelle quali abbiamo dovuto lavorare. Siamo arrivati al punto di doverci rivolgere alla giustizia amministrativa per mettere in mora il ministero della Salute! Eravamo e siamo pronti a rivolgerci alla Corte costituzionale! Continueremo la nostra battaglia fino alla conquista dell'uguale diritto alla salute per i nostri concittadini.

Ma non basta. Il lungo commissariamento della sanità ha determinato un'ulteriore gravissima penalizzazione per i tetti di spesa relativi al comparto della sanità privata accreditata, oltre che per il personale. Nel corso degli anni, le Regioni non commissariate ne hanno approfittato per spendere risorse al di là di ogni vincolo nazionale, con una disinvoltura (strafottenza) senza limiti. Quando a un certo punto il governo ha deciso di fissare i nuovi limiti di spesa a partire dalla spesa storica, quelli che avevano sforato i parametri si sono visti riconoscere tetti di spesa maggiorati due volte rispetto alle Regioni commissariate.

La definizione di parametri unici nazionali per il pagamento delle varie prestazioni erogate è un altro terreno di battaglia nel quale impegnarsi a fondo. Nella sanità pubblica, tutto è anomalo, irregolare, contrattato. È un mercato continuo.

Nonostante tutto, abbiamo portato avanti un lavoro che ha prodotto risultati in qualche caso straordinari. Penso ai tempi di pagamento per i farmaci che realizza la sanità campana oggi. Siamo arrivati a essere la prima regione d'Italia, dopo un lavoro tenace, asfissiante. I dati di inizio 2023 che fornisce Farmindustria sono questi: media nazionale 51 giorni; Campania 14 giorni; Sardegna 51; Sicilia 39; Calabria 135; Puglia 59; Basilicata 43; Lazio 39; Molise 168; Abruzzo 78; Marche 15; Umbria 34; Toscana 95; Emilia-Romagna 51; Friuli-Venezia Giulia 57; Veneto 34; Trentino 65; Lombardia 51; Liguria 61; Piemonte 54; Valle d'Aosta 51.

Nessuno al mondo avrebbe mai creduto che la Campania potesse, in tempi rapidi, arrivare a questo risultato straordinario.

Altro obiettivo raggiunto in tempi eccezionali è la realizzazione del Fascicolo sanitario elettronico. Ancora a febbraio 2022, eravamo quasi a zero in Campania. Arriva a un certo punto un messaggio allarmato dal ministro Colao, che ci segnala questa criticità. Effettivamente questo problema non aveva avuto grande attenzione negli anni Covid. Ma vi erano ritardi storici che si erano accumulati. Abbiamo deciso che entro un anno dovevamo diventare la prima regione d'Italia, sulla base di un ragionamento più volte proposto ai miei collaboratori, a dirigenti e funzionari regionali. E cioè: di fronte a ritardi e criticità, se questi dipendono da problemi oggettivi, per superarli occorre il tempo necessario per trovare le risorse, realizzare le strutture, fare le opere, ecc.; ma quando i problemi dipendono da elementi soggettivi (capacità organizzativa, concentrazione sul lavoro, superamento di parassitismi e aree di privilegio), allora noi dobbiamo essere i primi in Italia. Sulla base di questa convinzione, abbiamo deciso che entro la fine del 2022, la Campania doveva diventare la prima regione d'Italia per il Fascicolo sanitario elettronico, recuperando ritardi di decenni.

Abbiamo impegnato le nostre aziende sanitarie in un lavoro al limite della nevrotizzazione, con controlli bisettimanali e mensili. Vi erano abitudini da rimuovere, percorsi formativi da realizzare per il personale; in qualche caso occorrevano dotazioni tecniche facilmente recuperabili.

La scadenza da rispettare assolutamente era dicembre 2022. Siamo riusciti entro questo termine a essere la prima regione d'Italia per il livello di alimentazione del fascicolo elettronico nelle strutture pubbliche. Un risultato eccezionale, che consente di sapere in tempo reale la storia sanitaria di ogni cittadino, che permette ai medici un livello di conoscenza straordinario, la possibilità di fare consulti a distanza. È stato davvero un salto di qualità importante. Abbiamo poi deciso di portare allo stesso livello anche tutte le strutture private accreditate.

Un intervento di cui andiamo davvero orgogliosi è l'approvazione di una legge regionale per l'impiego, nelle strutture sanitarie territoriali, di psicologi. Abbiamo rilevato, anche in conseguenza delle chiusure conseguenti al Covid, ma con una più generale diffusione da tempo fra le giovani generazioni, problemi di vera e propria sofferenza psicologica. Ovviamente, sono situazioni che determinano problemi e ansie nelle famiglie, perché spesso un papà o una mamma non sanno che approccio utilizzare nei confronti dei figli, e dunque è importante offrire oggi un servizio di sostegno psicologico a ragazzi e adulti. C'è stato un lungo confronto con l'Ordine degli psicologi, abbiamo definito protocolli, criteri per la selezione degli psicologi da impegnare. Intanto le ASL hanno definito gli albi provinciali dei professionisti. Si è dato così avvio alla selezione e all'impiego di decine di psicologi nei territori.

Abbiamo approvato una legge per il sostegno alle farmacie rurali, e portato a conclusione dopo anni e anni i bandi per l'aperura di decine di farmacie, facendo i conti con gli immancabili ricorsi amministrativi, rispetto alle graduatorie e ai punteggi attribuiti. Oggi davvero il rapporto con i farmacisti è di piena e straordinaria collaborazione, anche in relazione all'aiuto che ci daranno nell'ambito delle prenotazioni al CUP (Centro unico regionale di prenotazione), per svuotare le liste d'attesa.

In questi mesi siamo stati impegnati nell'ambito del PNRR-Sanità, a realizzare le strutture di base. Abbiamo già parlato, a proposito del PNRR, della grande incognita che pesa sulla concreta possibilità di attivazione di queste strutture. Sono destinati a noi 300 milioni di euro per realizzare 65 COT (Centrali operative), 172 Case di Comunità e 48 Ospedali di Comunità (ODC). Solo per decidere le localizzazioni, è stato fatto uno sforzo enorme di coordinamento con le ASL. Ma al di là di questo, realizzare centinaia di strutture comporta un impegno amministrativo e progettuale straordinario. Siamo riusciti a rispettare i tempi del PNRR. Tra marzo e aprile, sono stati approvati tutti i progetti da porre a base delle gare per la realizzazione delle opere. Così come rispettiamo i tempi per l'investimento di altri 170 milioni di euro relativi alle tecnologie.

Le liste di attesa

Oggi siamo pienamente impegnati su un altro obiettivo, lo svuotamento delle liste d'attesa. È questo, alla fin fine, uno degli elementi che misurano più di altri, agli occhi del cittadino normale, la qualità ed efficienza del servizio sanitario. Siamo impegnati per essere all'avanguardia in Italia. Sembra un obiettivo folle, perché il dato che pesa, in ultima analisi, è la quantità di personale disponibile, e a noi mancano fra i 10 e i 15.000 addetti. Ma non ho dubbi sul fatto che riusciremo, nonostante tutto, a raggiungere il risultato. Prevediamo di coinvolgere in pieno, su questo progetto, in integrazione con le strutture pubbliche, anche quelle private accreditate. Prevediamo l'ampliamento del Centro unico di prenotazione regionale, che raccoglierà e proporrà anche l'offerta di prestazioni del privato accreditato: il cittadino può accedere alla prenotazione sanitaria con un unico strumento, che offrirà la prima disponibilità esistente, attingendo sia alle agende del servizio pubblico sia a quelle private, senza alcuna differenziazione. Il cittadino, in tal modo, avrà molte più possibilità di scelta.

Abbiamo definito "ambiti di garanzia", con una decisione organizzativa che consente di creare aree di territorio omogenee, così da proporre al cittadino le disponibilità più prossime alle sue esigenze, sia di tempo, sia di vicinanza del luogo dove effettuare la prestazione. Nel frattempo si lavora alla continua ripulitura delle liste d'attesa (vecchie prenotazioni del tutto superate). E intanto, è in funzione il cruscotto "tempi d'attesa" sul sito della Regione, con cui si rendono trasparenti e disponibili tutti i dati sulle liste d'attesa per i cittadini campani.

La ricerca sul cancro

Altro motivo di vanto per noi è stato il varo di un progetto di ricerca contro il cancro. Eravamo a prima dell'epidemia Covid. Essendoci a Napoli un centro di eccellenza internazionale, come l'Ospedale Pascale, un IRCSS all'avanguardia per le cure oncologiche; essendoci in regione tanti centri di ricerca, pubblici, privati, universitari decidemmo di varare un progetto di sviluppo di terapie oncologiche, e di ricerca genetica e farmacologica, con l'obiettivo di arrivare a produrre, in Campania, in tempi medi, un vaccino contro il cancro. Si trattava di mettere insieme tutte le istituzioni impegnate in campo oncologico.

Una commissione di esperti di livello internazionale ebbe da noi il compito di definire le poche linee su cui orientare il lavoro dei ricercatori. Il coordinamento del progetto fu affidato al Pascale. La Regione finanziò questo progetto con oltre 150 milioni di euro. Era uno sforzo enorme. Si decise di concentrare le risorse su un unico obiettivo, facendo, anche qui, una scelta totalmente innovativa: quella di non polverizzare le risorse, per poter massimizzare il risultato.

La prima parte di questo progetto si è conclusa. I primi risultati conseguiti sono interessanti e incoraggianti. La ricerca genetico-farmacologica ha portato all'individuazione di prime molecole capaci di bloccare-frenare la metastasi di cellule tumorali. Non c'è istituzione in Italia che abbia prodotto uno sforzo finanziario paragonabile a quello della Campania, su una sola linea di ricerca medica. E così, oggi sono in corso progetti relativi a strategie terapeutiche contro i tumori resistenti; nuovi protocolli terapeutici contro i tumori rari; progetti di trasferimento tecnologico e di prima industrializzazione per le imprese innovative ad alto potenziale per la lotta alle patologie oncologiche.

Più in particolare, nell'ambito di "Campania Onco-terapie", si sono avviati i progetti che seguono.

1) Sperimentazione clinica di vaccini per la terapia del cancro. I vaccini preventivi-terapeutici per il tumore del fegato si basano su antigeni tumorali non mutati condivisi.
2) Creazione di tecnologie e strategie innovative per l'oncologia di precisione, per poter trattare ogni paziente con farmaci specifici per le alterazioni genetiche e molecolari della sua malattia. Per rispondere all'eterogeneità tumorale, spesso causa della resistenza alla terapia, sono state sviluppate metodiche per la caratterizzazione genomica e metabolomica delle neoplasie. Sono stati individuati nuovi bersagli molecolari e si è proceduto alla valutazione degli effetti biologici di nuove molecole e alla combinazione di farmaci ad attività antitumorale.

Sono in pieno sviluppo piattaforme "intelligenti" per il trasporto di nuovi farmaci basati su rna.

3) Si stanno sperimentando trattamenti altamente specifici ed efficaci mediante l'utilizzo di "vettori" innovativi e integrabili su dispositivi in fibra ottica, per il rilascio localizzato del farmaco attivato da luce.
4) Sono state messe a punto metodiche di produzione di vaccini e di anticorpi monoclonali per il trattamento di tumori rari. Si sono messi a punto anche modelli animali per testare l'efficacia dei vaccini.
5) È stato definito un nuovo trattamento per alcuni tumori in cui la frequenza di mutazioni è molto elevata, e in cui si producono proteine alterate, che vengono riconosciute come estranee all'organismo (neoantigeni).
6) È stata completata la realizzazione della rete di biobanche, della piattaforma informatica diffusa, e dei 5 Centri di specializzazione. L'infrastruttura mantiene un meccanismo di funzionamento del tipo "Hub/Spoke". L'Hub di coordinamento delle attività è localizzato presso l'Istituto Pascale di Napoli, che gestisce il coordinamento regionale delle biobanche e della rete dei Centri ad alta specializzazione. La piattaforma informatica garantisce il coordinamento fra le biobanche della rete regionale e il loro collegamento con la rete nazionale e con la rete europea.

Ho voluto riferire una piccola parte del lavoro finanziato dalla Regione Campania per lo sviluppo di terapie e di vaccini contro il cancro, richiamando sommariamente la relazione di gennaio 2023, con cui i ricercatori hanno riassunto il lavoro in corso, in qualche caso con un linguaggio (inevitabilmente) tecnico. Ma è davvero un programma di ricerca esaltante, ed è un'altra eccellenza della Campania, del tutto sconosciuta a livello nazionale, e di cui siamo orgogliosi.

Il Piano socio-economico

Una delle iniziative più significative messe in campo nel periodo Covid è stato il varo di un Piano socio-economico del valore di 1,1 miliardi, a sostegno delle famiglie, delle imprese, dei ceti professionali, degli anziani: di quanti subivano un pesante contraccolpo economico dalle misure anti-Covid, e più in generale dalla riduzione dei consumi e delle attività economiche. È stato un Piano di sostegni unico nel nostro Paese, per le sue dimensioni.

Decidemmo di realizzare, in primo luogo, una misura di rilevante aiuto economico ma anche di grande valore simbolico. C'era una categoria sociale debole, che non aveva strumenti e forza per protestare, ma soffriva: i pensionati al minimo. Decidemmo di raddoppiare la loro pensione per due mesi portandola a mille euro a maggio e giugno del 2020. Abbiamo dovuto verificare, in primo luogo, la possibilità di utilizzo delle risorse del Fondo sociale europeo (FSE).

Risolto questo problema, ci siamo imbattuti in un altro groviglio di ostacoli burocratici francamente inimmaginabile quando siamo partiti. A conferma che in Italia, tutto si può fare, meno che le cose semplici. Avevamo immaginato di poter avere dall'INPS la messa a disposizione dell'elenco dei pensionati al minimo della Campania. Ci sbagliavamo. L'INPS non dava la disponibilità per problemi di tutela della privacy! L'Istituto si rivolse pertanto all'Autorità garante per ottenere le autorizzazioni necessarie, se non a dare l'elenco alla Regione, almeno a utilizzare direttamente l'elenco dei pensionati. Dall'Autorità garante dicevano che le autorizzazioni richieste dovevano essere decise dal proprio organo di governo. Ma quest'organo si riuniva una volta al mese!

Avendo conoscenza diretta del garante di allora, Antonello Soro, lo chiamo e gli spiego l'urgenza della misura da prendere. Gli chiedo di autorizzare l'INPS, con un suo decreto presidenziale da fare poi ratificare successivamente dall'organismo di direzione dell'Autority. Grazie alla disponibilità di Soro si sblocca così la procedura. È incredibile! In un Paese nel quale tutte le notizie private, tutte le intercettazioni finiscono a puntate sui giornali o nelle televisioni, di fronte all'ipotesi della messa a disposizione, da un ente pubblico a una istituzione, degli elenchi dei pensionati al minimo, per dare loro un aiuto, occorre avere l'autorizzazione del garante!

Comunque sia, dopo un protocollo d'intesa con ministero del Lavoro, Agenzia delle Entrate e INPS, riusciamo a far arrivare, per due mesi, il raddoppio delle pensioni al minimo a centinaia di migliaia di anziani della nostra regione. Abbiamo scontato un allungamento dei tempi. Il lavoro di istruttoria da parte dell'INPS, e i passaggi presso l'Autorità garante, che ha vietato alla Regione di acquisire direttamente dall'INPS i dati, hanno appesantito la procedura. Ma alla fine abbiamo raggiunto l'obiettivo. E questa nostra esperienza è stata assunta anche come modello operativo dal governo Draghi quando, con il Decreto Aiuti del 2 maggio 2022, è intervenuto sul "caro bollette", trasferendo, contestualmente al pagamento dell'assegno previdenziale (o dello stipendio) di luglio, un bonus di 200 euro, senza necessità di una preventiva domanda o autodichiarazione da parte dei beneficiari.

Oltre ai pensionati al minimo, siamo intervenuti a sostegno delle persone indigenti o non autosufficienti, utilizzando gli elenchi trasmessici dagli Ambiti sociali territoriali, ed effettuando il pagamento tramite Poste Italiane. E ancora, abbiamo varato misure di sostegno (mediante l'erogazione di un bonus *una tantum* di mille euro) in favore di professionisti iscritti agli Ordini professionali e alle relative casse previdenziali e dei professionisti/lavoratori autonomi iscritti alla gestione separata dell'INPS, titolari di partita IVA. I soggetti che ne hanno fatto richiesta hanno presentato un'apposita domanda on line, mediante piattaforma gestita dalla Regione, con la quale i medesimi hanno dichiarato il possesso dei requisiti previsti dall'avviso pubblico.

Sulla linea di "burocrazia zero", abbiamo disposto l'immediata erogazione del bonus, sulla base delle autodichiarazioni rilasciate dai potenziali beneficiari, e posticipando a un momento successivo l'esecuzione dei controlli sull'effettivo possesso dei requisiti dichiarati. I primi sussidi sono stati liquidati a soli 5 giorni dalla prima data utile per la presentazione delle domande. I controlli effettuati poi hanno rivelato casi di irregolarità davvero irrilevanti rispetto all'ammontare delle somme erogate.

Un altro capitolo del Piano di sostegno socio-economico della Regione ha riguardato le famiglie e le imprese, per un importo complessivo di circa 400 milioni di euro, per dare aiuti immediati, rapportati all'urgenza dei problemi sociali, adottando strumenti mai utilizzati prima. Si sono varati, ancora, aiuti indiretti per bloccare l'aumento dei canoni idrici e dei servizi pubblici, caricando sulla Regione l'aumento dei costi di gestione delle aziende.

Il Piano per il lavoro. Un grande concorso

Un'esperienza straordinaria è stata quella del grande concorso indetto dalla Regione per dare risposta ai giovani da immettere nelle piante organiche dei Comuni. Neanche questa iniziativa è stata semplice, ma era per noi qualificante nell'ambito dell'obiettivo di creare 10.000 posti di lavoro nella Pubblica amministrazione, con l'utilizzo del

Fondo sociale europeo. Ovviamente, non potendo bandire concorsi diretti come Regione, per altri enti, abbiamo presentato l'operazione come un Piano di formazione-lavoro, con il coinvolgimento di centinaia di Comuni e di altre istituzioni pubbliche.

Chiedemmo ai Comuni di segnalare alla Regione i vuoti delle piante organiche, con i relativi profili professionali mancanti. Sulla base di quei numeri e delle conseguenti richieste alla Regione, impostammo un piano straordinario per un concorso aperto a centinaia di migliaia di giovani, al fine di potenziare le capacità istituzionali e amministrative delle pubbliche amministrazioni locali. Si rese necessaria la collaborazione con il "Dipartimento per la funzione pubblica", e per esso, con la Commissione interministeriale Ripam e con il Formez, cui delegammo, anche per ragioni di trasparenza, la gestione delle procedure concorsuali. È stata così sperimentata, per la prima volta in Italia da parte di una Regione, la formula del "corso-concorso unico territoriale", convogliando in un unico procedimento di selezione, articolato per diversi profili professionali, tutti i fabbisogni rilevati sul territorio regionale dagli enti locali aderenti. Al termine della procedura – con 100.000 partecipanti! – tutte le 16 graduatorie approvate risultarono esaurite.

Anche per questo concorso, abbiamo sperimentato il livello di burocratismo, al limite della demenzialità, che regola le procedure concorsuali in Italia. Ricordo con angoscia l'attesa eterna per la riunione della Commissione Ripam, la cui decisione era necessaria per sbloccare la procedura. Se si tiene conto che tutto si svolse in piena pandemia; che anche solo per trovare una sede in grado di ospitare le migliaia di concorrenti, e per la messa a punto di piani di sicurezza sanitaria, si è dovuto fare un lavoro enorme, si comprende davvero che quella è stata un'esperienza di creazione di lavoro unica in Italia. Ovviamente, la formazione dei giovani selezionati avveniva, per 10 mesi, presso i Comuni di destinazione, e veniva pagata dalla Regione! Alla fine quasi 3.000 ragazzi e ragazze hanno ottenuto un lavoro a tempo indeterminato, dando respiro a centinaia di Comuni, e cambiando la propria vita.

Monitoraggio ambientale e salute

In occasione dell'Expo di Milano, nel 2015, abbiamo deciso di fare una grande operazione-trasparenza, in relazione alla situazione della "Terra dei fuochi". Da anni, la vicenda dei roghi di rifiuti nel territorio fra Napoli e Caserta penalizzava fortemente, oltre che l'ambiente, l'immagine della Campania e delle sue produzioni agricole. In tempi straordinariamente rapidi, impegnando l'Istituto Zooprofilattico in un lavoro a tappeto su quei territori, e in generale su tutto il territorio regionale, per tutta l'estate del 2015 fu realizzato un monitoraggio vasto e approfondito. L'obiettivo era quello di presentare i risultati della ricerca in tempo utile per la conclusione di Expo. Fu un lavoro straordinario, da cui risultò che il 96% del territorio agricolo della Campania era pienamente a norma, per nulla inquinato.

Possiamo dire che da allora la Campania è la regione d'Italia con il livello più spinto di analisi, monitoraggio e campionamento di suoli, acque di falda, aria, alimenti e fluidi biologici umani.

Era un modo serio, intanto, per difendere la qualità e il valore delle nostre produzioni agricole, fortemente penalizzate dal disastro dei rifiuti. E poi, si è sviluppata una conoscenza dettagliata del territorio regionale. La Campania è l'unica regione ad avere effettuato una vera e propria diagnosi ambientale, con oltre 100.000 analisi, con oltre 4.000 campioni di suolo su tutto il territorio regionale. Si sono definiti modelli di dispersione dei contaminanti, e un indice di pressione ambientale su scala comunale. Questo piano di lavoro (detto "Campania Trasparente") ha avuto un'estensione in direzione della tutela alimentare, con la realizzazione di un QR code attribuito a prodotti e aziende agricole che rispondevano a criteri certificati di qualità.

Inoltre, si è dato vita, sul piano della salute, al progetto SPES (Studio di Esposizione sulla Popolazione Suscettibile), ossia uno studio di biomonitoraggio che ha coinvolto 5.000 cittadini campani di età compresa fra i 20 e i 50 anni. Tale progetto consiste nell'identificare le fonti di inquinamento, i percorsi di migrazione di tali inquinanti e i loro effetti sugli organismi-bersaglio. A un obiettivo di tutela della salute ha risposto la realizzazione del "Catasto unico delle utenze idriche" (CUI), per contrastare il fenomeno diffuso di captazione abusiva di acque, in particolare con pozzi non autorizzati, o di sversamenti abusivi di liquami, conseguenti alla presenza estesa di abusivismo edilizio.

Analogo lavoro di monitoraggio si è sviluppato per le emissioni atmosferiche, per individuare connessioni fra inquinanti e patologie di vario tipo (metalli pesanti; tetracloroetilene in acqua, con effetti di diffusione di tumori alla vescica; ecc.). Un lavoro enorme, che è la base per arrivare nei territori a una sempre più appropriata medicina di precisione, cioè sempre più legata alla prevalenza di precisi fattori contaminanti. Oggi, tutto questo lavoro sviluppato ha consentito di ottenere il riconoscimento, da parte del ministero della Salute, del "Centro di referenza nazionale per l'analisi e studio di correlazione fra ambiente, animale e uomo", presso l'Istituto Zooprofilattico del Mezzogiorno di Portici.

La politica ambientale

Dopo quella sulla sanità, non c'è dubbio che la sfida più impegnativa per noi, è stata, ed è, quella per l'ambiente, per la soluzione definitiva dell'emergenza rifiuti; quella della creazione di un'economia circolare, del disinquinamento del mare, dei corsi fluviali, e di interi territori, e della realizzazione di un sistema di depurazione da Paese europeo. Per decenni, era stata questa emergenza la nostra croce, e il punto di caduta dell'immagine di Napoli e della Campania sul piano nazionale e internazionale. Avevamo di fronte il problema gigantesco di 5 milioni di tonnellate di ecoballe da smaltire; decine di discariche da bonificare; una sanzione europea di 120.000 euro al giorno per infrazione ambientale. Non c'era un Piano regionale per la gestione dei rifiuti. C'erano solo chiacchiere demagogiche del precedente governo regionale, che ipotizzava la realizzazione di tre termovalorizzatori in Campania, senza mai dire dove e con quali risorse, e con quale piano industriale e gestionale. Chiacchiere a vuoto e nessun impegno concreto.

Era questo il motivo per cui l'Unione europea non intendeva neanche lontanamente rimuovere la sanzione decisa dalla Corte di Giustizia europea nel luglio 2015, con in più una penale fissa e forfettaria di 20 milioni di euro. Decidemmo di procedere subito con l'approvazione del Piano regionale per lo smaltimento delle ecoballe. Il piano prevedeva tre azioni coordinate: la prima, la rimozione di 1,4 milioni di tonnellate da trasportare fuori Campania e da smaltire in impianti italiani o esteri, anche con recupero energetico; la seconda, con la realizzazione all'interno dello STIR di Caivano (Napoli) di un impianto per il trattamento di una quota di ecoballe pari a 2 milioni di tonnellate, per la produzione di combustibile solido secondario (CSS); la terza, la realizzazione di un impianto a Giugliano (Napoli) per il trattamento della restante quota di ecoballe stoccate (920.000 tonnellate) per il recupero, anche qui, di materiale e produzione di CSS.

Il programma ha avuto un rallentamento per quanto riguarda il trasporto fuori regione, poiché dopo il 2016, tutti i Paesi del mondo (Europa, Asia, Africa) hanno bloccato le importazioni di rifiuti urbani, ma nel complesso siamo andati avanti. Dopo l'attivazione dell'impianto di Caivano, la Commissione europea ha ridotto di un terzo (40.000 euro giornaliero) la sanzione, come risposta al primo degli impegni che la Campania riusciva a mantenere. Con l'attivazione dell'impianto di Giugliano, poi, a metà 2022, otteniamo un altro terzo di riduzione. Entro il 2023 dovremo poter cancellare del tutto la sanzione della Corte di Giustizia europea, anche in considerazione del primo concreto avvio di impianti per il trattamento dell'umido. Si comincia a vedere la fine di un calvario: l'emergenza rifiuti cominciata a Napoli nel 1994, con la nomina a commissario straordinario del prefetto Improta.

Ovviamente, bisogna non distrarsi. Occorre realizzare un pezzo importante del Piano regionale per i rifiuti: occorre completare, cioè, la realizzazione di 12 impianti di compostaggio sul territorio regionale, per essere autosufficienti nella lavorazione dell'umido, con la possibilità di trattare circa 350.000 tonnellate l'anno. La Regione ha investito per questo obiettivo 207 milioni di euro a favore dei Comuni. Molti progetti e appalti sono partiti. In qualche realtà si è scontato un residuo di resistenza "ideologica" rispetto all'impianto. Ma ormai ci siamo. Entro un anno e mezzo o poco più, avremo risolto un problema di dimensioni bibliche e riconquistato uno standard di civiltà e, insieme, un'immagine di piena dignità per Napoli e la Campania.

Altra sfida di grande rilievo era quella della depurazione e della realizzazione di un sistema di reti fognarie, che coprisse tutto il territorio regionale. Sembra incredibile, ma ancora un decennio fa, intere zone del territorio regionale, soprattutto nell'area Nord di Napoli, erano totalmente sprovviste di reti fognarie. Le immagini di liquami che coprivano tratti di mare delle nostre costiere erano una presenza quasi fissa sugli organi di stampa nazionali e locali. L'obiettivo del mare pulito e balneabile era davvero una priorità, e richiedeva un intervento esteso di costruzione di fogne, collegamenti con i depuratori, eliminazione degli sversamenti nei corsi fluviali, ecc. Occorreva lavorare contemporaneamente su tutti i piani. Si cominciò con l'attivazione e/o il potenziamento di depuratori lungo tutta la fascia costiera: dalla costa sorrentina a quella amalfitana, al Sele-Cilento, si è attivata una rete importante di depuratori. La realtà più problematica era quella del Litorale domitio. Attraverso un investimento di mezzo miliardo di euro si ampliarono e ristrutturarono i cinque depuratori dell'area Nord: Cuma, Foce Regi Lagni, Marcianise, Napoli Nord e Acerra.

Contemporaneamente alla "linea acque", si sono realizzate opere per l'essiccamento dei fanghi e la produzione di biogas: i costi per lo smaltimento fuori regione dei fanghi erano cresciuti del 300 per cento! Oggi, quasi dappertutto, questi lavori si sono completati, insieme alle opere fognarie. E questo ha determinato un miglioramento netto della qualità del mare in tutta la regione. Ne è testimonianza l'incremento di "Bandiere Blu" relative alle spiagge costiere e agli approdi turistici di tutta la Campania.

Grande importanza hanno avuto anche i progetti di collettamento dei reflui che interessano il bacino idrografico del Sarno. Attraverso un accordo con la società Gori Spa, finanziato per 80 milioni dalla Regione, sono partiti i lavori che, in un periodo di due anni, consentiranno di recapitare ai depuratori di Foce Sarno, Scafati e Angri tutti i reflui di un territorio di 800.000 abitanti. Ci avviciniamo al risultato storico del definitivo disinquinamento del fiume Sarno e della balneabilità di tutto il golfo di Napoli!

Contemporaneamente, si è risolto il problema dell'allagamento, nel periodo autunno-invernale, della vasta area perivesuviana e nolana, con la bonifica e l'adeguamento funzionale delle vasche di laminazione, che consentono una regolare regimentazione delle acque meteoriche provenienti dal versante vesuviano.

Il Piano per l'autonomia idrica della Campania

Abbiamo varato un Piano per l'autonomia idrica della regione Campania, del valore di 2,5 miliardi di euro. Il problema della siccità, o comunque della disponibilità di risorse idriche, sarà un tema che ci impegnerà per tutta un'epoca. Abbiamo deciso di prepararci, pur non avendo avuto problemi particolari di siccità negli anni passati.

Il Piano idrico si sviluppa su tre obiettivi: recupero e fornitura di acqua per uso potabile; piena disponibilità di risorse idriche per uso agricolo e industriale; programma di ristrutturazione e realizzazione di reti idriche, per evitare la pesante dispersione (oltre il 40%) dell'acqua immessa nelle reti. Per l'uso potabile si prevedono interventi su numerose dighe, fra cui quella di Campolattaro in provincia di Benevento, per un investimento finale di oltre 600 milioni di euro; la diga dell'Alento, nel Comune di Prignano Cilento; la diga dell'Acera, in Irpinia.

Per gli interventi sulle sorgenti sono stanziati circa 130 milioni. Per quanto riguarda l'uso irriguo prevediamo interventi per 850 milioni, per la realizzazione di 27 invasi di portata inferiore a 500.000 mc di acqua, e 15 invasi di portata superiore a 500.000 mc. Le gare per i primi tre invasi collinari sono partite l'estate scorsa. Dal punto di vista delle forniture dell'acqua potabile, con questo Piano idrico risolviamo un problema storico stravagante, che esiste da sempre in Campania: noi siamo deficitari di 6.000 litri al secondo, perché le nostri sorgenti forniscono questo quantitativo alla regione Puglia; e a nostra volta, dobbiamo compensare questo deficit acquistando 6.000 litri al secondo dalle sorgenti del Molise (Tosono e Biferno) e del Basso Lazio (Liri e Garigliano).

Quest'anno, negli "Stati generali sull'Ambiente", che organizziamo ogni anno in Campania, nel contesto del Green Med Symposium, con la collaborazione di EcoMondo e Ricicla.tv, abbiamo voluto sottolineare i nuovi strumenti dello sviluppo sostenibile: i contratti di fiume; le comunità energetiche; il distretto dei borghi antichi. In particolare, le comunità energetiche sono composte da un insieme di soggetti (enti, imprese, consumatori, ecc.), che condividono energia rinnovabile e pulita, in uno scambio tra pari. Rappresentano un modello innovativo per la produzione, la distribuzione e il consumo di energia proveniente da fonti rinnovabili. La Regione Campania ha approvato l'avviso per la promozione delle comunità energetiche, solidali e rinnovabili. L'intervento è complementare al PNRR, che prevede lo stanziamento di più di 2 miliardi di euro, puntando sui comuni con meno di 5.000 abitanti; quelli, cioè, a più alto rischio di spopolamento. A tale intervento hanno già aderito 253 Comuni campani, per la costituzione di comunità energetiche.

L'Universiade

Davvero straordinaria è stata l'esperienza dell'Universiade, una prova incredibile di efficienza e di capacità amministrativa, oltre che una scelta di grande valore sociale, e di forte promozione di Napoli e della Campania. È stato un atto di coraggio al limite della follia; ma, alla fine, si è rivelata una dimostrazione di efficienza organizzativa inimmaginabile. È stato, questo, uno dei punti di svolta nell'opinione tradizionalmente diffusa su Napoli e sul Sud. Rimangono indimenticabili gli eventi di apertura allo stadio San Paolo/Maradona, con la presenza del presidente Mattarella; e la chiusura, con uno spettacolo fantastico, e in un clima di entusiasmo e di ordine.

L'Universiade, o Olimpiade universitaria, è una manifestazione sportiva multidisciplinare, cui partecipano atleti universitari di tutto il mondo. Seconda solo ai Giochi olimpici per importanza e numero di partecipanti, nel corso degli anni ha assunto sempre più i connotati di un vero e proprio festival internazionale dello sport e della cultura.

Abbiamo deciso di accettare la sfida, dopo la rinuncia da parte del Brasile, per promuovere un evento di richiamo turistico; ma soprattutto, per realizzare impianti in tante città e in tanti quartieri periferici, per offrire ai nostri ragazzi un'occasione di socializzazione, una spinta verso la pratica sportiva e i valori della lealtà, della solidarietà, del rispetto. Alla fin fine, era proprio quella sociale, la motivazione più di fondo, che ci ha incoraggiati a tentare quell'avventura, in tempi ristrettissimi.

In effetti, il 5 marzo 2016 la città di Napoli è stata designata per lo svolgimento dell'Universiade estiva di luglio 2019. Ad aprile 2016 la Regione istituisce l'Agenzia Regionale per le Universiadi (ARU). Sulla base di una legge nazionale, nel dicembre 2017, viene nominato dal governo nazionale un commissario, nella persona del prefetto Luisa Latella. E qui, abbiamo rischiato di affondare, tra "Cabina di coordinamento", Provveditorato interregionale per le Opere pubbliche di Campania, Molise, Puglia e Basilicata, convenzioni con il Provveditorato individuato come centrale di committenza, ecc.

Prevalse, alla fine, l'istinto di sopravvivenza. Infatti, il 25 agosto 2018, fu nominato commissario, come da me proposto, il direttore dell'Agenzia Regionale per le Universiadi. E cominciammo a correre.

Il tempo bruciava. Bisognava realizzare o ristrutturare decine di impianti, portandoli tutti a norma, secondo i parametri stabiliti dall'autorità sportiva; e c'era il problema della logistica: dove ospitare per due settimane, migliaia di atleti, arbitri, accompagnatori? Qui si aprì uno scontro con il Comune di Napoli, che si riteneva legittimato a parlare e discutere, senza metterci un euro. Infatti tutta l'Universiade aveva come unico finanziatore la Regione Campania per 280 milioni di euro. Cominciavano a circolare ipotesi irresponsabili, come quella di realizzare un villaggio di prefabbricati nell'area della Mostra d'Oltremare. Avremmo rovinato la Mostra e creato un accampamento, che sarebbe stato immediatamente occupato da abusivi e da varia umanità, e che nessuno avrebbe più sgombrato.

Bocciammo quella idiozia (la città di Napoli mi deve gratitudine eterna per aver salvato una delle sue realizzazioni architettoniche più belle). Alla fine prevalse la nostra ipotesi: fare una gara per avere la disponibilità di due/tre navi da crociera, da ospitare nel porto di Napoli, dove accogliere gli atleti, con un contratto chiavi in mano (per alloggio, mensa e servizi), della durata strettamente necessaria. La scelta fu del tutto funzionale. Una parte degli atleti fu poi ospitata, anche tenendo conto della localizzazione degli impianti dove si svolgevano le gare, nel campus dell'Università di Salerno, in alcuni alberghi in città, e in alcuni grandi alberghi di Caserta per circa 1.500 atleti.

I numeri dell'evento sono significativi: 280 milioni investiti, di cui 130 per la parte infrastrutturale; 70 impianti sportivi ristrutturati in meno di un anno; 33 Comuni coinvolti nelle cinque province campane; 6.052 atleti (oltre le delegazioni), ospitati in tre villaggi: Napoli, Salerno e Caserta; 2.616 arbitri stranieri e italiani; 118 Paesi rappresentati; 1.802 eventi sportivi; 2.466 ragazzi volontari; circa 300.000 presenze complessive agli eventi, di cui 70.000 per le cerimonie di apertura e chiusura allo stadio San Paolo/Maradona; 53 Paesi in collegamento, per più di 13 milioni di spettatori.

Nella città di Napoli si è concentrato il 69,2% degli investimenti, per un totale di 15 impianti. Fra gli interventi di recupero più significativi ci sono: la piscina e la piattaforma tuffi della Mostra d'Oltremare; la piscina Scandone a Fuorigrotta; il Palavesuvio a Ponticelli; il Palabarbuto a Fuorigrotta; lo stadio San Paolo/Maradona, con una profonda ristrutturazione generale e un investimento di circa 30 milioni di euro, e tanti altri. Gli interventi sugli impianti hanno prodotto anche opere esterne di riqualificazione urbana, di nuova viabilità.

Le attrezzature sportive acquistate come dotazione dell'impiantistica sportiva sono state acquisite al patrimonio della Regione Campania, e nel 2020 trasferite al CONI Campania, che le ha affidate, in comodato d'uso, in gestione alle diverse federazioni sportive regionali.

Quello che davvero è stato straordinario, e merita un apprezzamento nazionale, è il fatto che si è riusciti a organizzare, in tempi limitatissimi, uno dei più grandi eventi sportivi internazionali, utilizzando esclusivamente procedure amministrative pubbliche, e lavorando in stretto contatto con l'Autorità nazionale anticorruzione (ANAC), che ha svolto un compito di vigilanza su tutti gli appalti, rilasciando 250 pareri, per le fasi di pre-gara, di gara, di aggiudicazione per appalti di opere, beni e servizi. La stessa rendicontazione delle risorse e certificazione della spesa, diversamente da ciò che accade per altre esperienze, è stata espletata in meno di 24 mesi (utilizzando solo il personale interno all'agenzia), e si è registrato un tasso di contenziosi estremamente basso. Per non disperdere poi le competenze e le professionalità acquisite, l'ARU è diventata l'Agenzia Regionale per lo Sport della Regione Campania.

La politica culturale

Non era facile, in una regione segnata da contraddizioni, tensioni, problemi sociali enormi, decidere di collocare la cultura fra gli obiettivi prioritari. Noi lo abbiamo fatto. Pur non essendo la regione più ricca, abbiamo voluto destinare risorse importanti per la promozione della cultura, in tutti i suoi campi. Era una scelta decisiva, per far sì che la nostra comunità non perdesse l'anima.

Abbiamo voluto coinvolgere nelle nostre scelte di programmazione culturale il meglio della nostra intellettualità, del mondo dell'arte e dello spettacolo. Abbiamo dato vita nel 2019 agli "Stati Generali della Cultura", una duegiorni molto impegnativa, costruita su sei commissioni di lavoro.

1) Cultura. Identità e formazione (referenti Lucio D'Alessandro, Elda Morlicchio, Fulvio Tessitore).
2) Cultura, nuove tecnologie e comunicazione (referenti Gaetano Manfredi, Titti Marrone).
3) Cultura, amministrazione pubblica e modelli gestionali per lo sviluppo del territorio (referenti Antonio Lampis, Maria Utili).
4) Cultura, cinema, audiovisivo (referenti Titta Fiore, Edoardo De Angelis).
5) Cultura e nuovi strumenti di supporto alle imprese culturali e creative. Modelli pubblico/privati (referenti Stefano Consiglio, Manuela Veronelli).

6) Cultura e spettacolo dal vivo (referenti Ruggero Cappuccio, Renato Carpentieri, Rosanna Purchia).

Hanno partecipato ai lavori decine di operatori culturali. Hanno fatto relazioni Domenico De Masi, Mauro Calise, Carlo Borgomeo, Patrizia Nardi, Marco Salvatore. Anche sulla base degli orientamenti espressi negli Stati generali, abbiamo definito i nostri programmi.

Investendo risorse enormi, come forse nessun'altra regione d'Italia, abbiamo voluto fare, innanzitutto, una scelta "democratica": al di là delle poche, grandi istituzioni culturali, patrimonio dell'umanità, abbiamo voluto sostenere e incoraggiare le centinaia di realtà presenti nel territorio, e in affanno, nel campo del teatro, della musica, della danza, degli spettacoli viaggianti, ecc. E poi, ovviamente, abbiamo voluto valorizzare la grande tradizione, e guardare, contemporaneamente, alla modernità e all'innovazione. Da questo punto di vista, è stato straordinario l'investimento fatto per realizzare – unico in Italia – un "Ecosistema digitale – Cultura Campania", con cui trasferiamo in digitale tutto il patrimonio culturale della regione, utilizzando la piattaforma regionale Iter Campania.

Abbiamo recuperato teatri chiusi da anni, come il Trianon a Forcella. Abbiamo investito sul teatro San Carlo (non sempre con risultati artistici e gestionali adeguati alla sua tradizione) più del doppio o del triplo di quanto investito dalla Regione Lombardia per la Scala, e dieci volte in più del Comune di Napoli. Abbiamo destinato 15 milioni di euro per il progetto di recupero del Conservatorio di San Pietro a Majella, un bene di valore mondiale, che rischiava di cadere a pezzi. Abbiamo consentito la realizzazione al Mann, il Museo Archeologico Nazionale, di mostre-evento di valore internazionale: ne ricordo una in particolare, quella su Canova, con le sue *Tre Grazie* arrivate a Napoli dall'Hermitage.

A Capodimonte abbiamo portato il grande pannello di Picasso *Parade*. Abbiamo finanziato mostre di Leonardo (il *Salvator Mundi*), di Bruegel... E poi, mostre di arte contemporanea nel nostro museo "Madre". Sempre a Capodimonte abbiamo fatto realizzare un'opera bellissima di arredo in ceramica di una chiesa da parte di Santiago Calatrava.

È impossibile elencare tutte le nostre iniziative, che hanno contribuito a creare un clima culturale straordinario, e a rilanciare l'immagine di Napoli nel mondo. Questo clima di ripresa del nostro capoluogo è legato per il 90 per cento – possiamo dirlo – a quello che ha messo in campo la Regione per anni e anni – qualcuno ricorda altro? –, per rilanciare Napoli come grande capitale d'Europa e città-mondo. E abbiamo spiegato a tutti che per riconquistare questa immagine e questo ruolo, era necessario liberare Napoli da forme di parassitismo e sciatteria organizzativa e amministrativa, che abbiamo combattuto e, per quello che ci riguarda, liquidato.

Abbiamo sostenuto eventi di forte richiamo turistico nei capoluoghi: Avellino Summer Fest, Benevento Città-Spettacolo; Settembre al Borgo a Caserta; Premio Charlot e Luci d'Artista a Salerno. Abbiamo sostenuto il festival di Ravello, una rassegna di musica lirico-sinfonica prestigiosa, in uno degli scenari più affascinanti al mondo. Abbiamo approvato e finanziato la Legge per le Imprese Culturali e Creative della Campania per 15 milioni. Abbiamo approvato la Legge per il Cinema e l'Audiovisivo. Sono centinaia gli eventi, anche piccoli, che abbiamo sostenuto in tutto il territorio della regione, tenendo vivo un ambiente culturale interessante e diffuso.

In qualche caso, abbiamo creato noi degli eventi, per la valorizzazione di territori o monumenti. È il caso della rassegna "Un'Estate da Re", che ci siamo inventati, per promuovere un monumento straordinario, e non valorizzato come merita, come la splendida Reggia vanvitelliana di Caserta, che, con il suo meraviglioso parco, è la reggia più bella del mondo. Abbiamo portato la lirica, l'opera, il grande teatro, la musica leggera, la danza nel cortile della Reggia per anni! È il caso del Campania Teatro Festival, che ogni estate porta in tutte le province della regione, opere teatrali, musica, ecc. È il caso del Campania By Night, una iniziativa di concerti e rassegne serali, nei luoghi culturali più suggestivi, fra i quali il Parco Archeologico di Pompei, con i siti di Oplonti, Boscoreale, Stabia; l'Abbazia del Goleto; il Parco Archeologico di Paestum e Velia; l'Anfiteatro Campano di Santa Maria Capua Vetere; il Teatro Romano di Benevento e il Castello di Baia.

Merita un richiamo particolare il nostro impegno per il cinema e l'audiovisivo. Da anni, ormai, Napoli e la Campania sono diventati teatri all'aperto, set privilegiati per la realizzazione di fiction televisive di successo. La Regione ha sostenuto, con servizi e risorse, tutte queste produzioni, che hanno contribuito a trasmettere un'immagine realistica ed equilibrata di Napoli, senza occultare problemi, ma senza neanche indulgere in descrizioni a senso unico, tendenti più allo scandalismo e alle strumentalizzazioni per motivi di audience, che al rispetto della verità. Ci sono tanti modi per falsificare una realtà: uno di questi è rappresentato dall'abitudine di descrivere la realtà a metà. È quello che è avvenuto spesso: si è sporcata l'immagine delle nostre città, si sono occultate le realtà virtuose, si sono diffusi modelli sottoculturali (di comportamento e di linguaggio), che hanno condizionato e danneggiato le giovani generazioni. I prodotti televisivi che noi abbiamo sostenuto, prodotti peraltro di grande qualità (*L'amica geniale*; *I Bastardi di Pizzofalcone*; *Mare fuori*; *Vincenzo Malinconico, avvocato d'insuccesso*, ecc.), hanno valorizzato tante immagini belle del nostro territorio, e hanno ripristinato un volto corretto della nostra realtà.

Le produzioni sostenute dalla Regione Campania:

Titolo	Regia, soggetto, sceneggiatura
I Bastardi di Pizzofalcone (stagioni 1-2-3)	Carlo Carlei, Alessandro D'Alatri, Monica Vullo
Mina Settembre (stagioni 1-2)	Tiziana Aristarco
L'amica geniale (stagioni 1-2-3)	Saverio Costanzo, Alba Rohrwacher, Daniele Luchetti
Achille Tarallo	Antonio Capuano
Capri-Revolution	Mario Martone
Dogman	Matteo Garrone
Gore	Michael Hoffman
Il re muore	Laura Angiulli
Ladri di cardellini	Carlo Luglio
Lala. Un incontro a Bombay	Goutam Ghose
Napoli velata	Ferzan Ozpetek
Nato a Casal di Principe	Bruno Oliviero
Rosa pietra stella	Marcello Sannino
Vita segreta di Maria Capasso	Salvatore Piscicelli
Yaya e Lennie - The walking Liberty	Alessandro Rak
Black Parthenope	Alessandro Giglio
Querido Fidel	Viviana Calò
Il fronte interno	Acampa Guido
Le seduzioni	Zagarrio Vito

Titolo	**Regia, soggetto, sceneggiatura**
Rocco Chinnici	Michele Soavi
5 è il numero perfetto	Igort
Da domani mi alzo tardi	Stefano Veneruso
Finalmente sposi	Raffaele Arena
Il buco in testa	Antonio Capuano
Il vizio della speranza	Edoardo De Angelis
San Valentino stories	Antonio Guerriero, Emanuele Palamara, Gennaro Scarpato
Trash	Luca Della Grotta, Francesco Dafano
Un giorno all'improvviso	Ciro D'Emilio
Il corpo di Napoli	Ruggero Cappuccio
Il sindaco del Rione Sanità	Mario Martone
Attenti al gorilla	Luca Miniero
Il ladro di giorni	Guido Lombardi
La tristezza ha il sonno leggero	Marco Mario De Notaris
Martin Eden	Pietro Marcello
Santa Lucia lontana	Marco Chiappetta
Lola on board (serie d'animazione)	Nicola Barile
Food wizard (serie d'animazione - stagione 1)	Mario Addis, Ivan Cappiello
Amore postatomico	Vincenzo Caiazzo
Assediati	Carlo Luglio
Dove si ferma il tempo	Vincenzo Pirozzi
La casa di Ninetta	Lina Sastri

Titolo	Regia, soggetto, sceneggiatura
Lettere a mia figlia / Quel posto nel tempo	Giuseppe Alessio Nuzzo
Non ci resta che il crimine 2	Massimiliano Bruno
Qui rido io	Mario Martone
Stabat Mater	Nazareno Nicoletti
The Christmas Gang	Francesco Cinquemani
Weekend	Vivek Singhania
Diario di un killer sentimentale	Guido Pappadà
Fino ad essere felici	Paolo Cipolletta
Il debito del figlio	Luca Romano, Armando Andria
Nelle migliori famiglie	Valerio Vestoso
Il commissario Ricciardi (stagioni 1-2)	A. D'Alatri, G. Tescari
Mare fuori (stagioni 1-2-3-4)	C. Elia, M. Cocozza, I. Silvestrini
Il silenzio grande	Alessandro Gassmann
L'armadio	Maurizio Fiume
Benvenuti in casa Esposito	Gianluca Ansanelli
Il bambino nascosto	Roberto Andò
L'inferno	Mimmo Palladino
Desirée	Mario Vezza
Keys to Italy	Andrew Fierberg
Primo piano	Nicola Prosatore
La stalattite nel cuore	Giovanni Calvino
Dopodomani è un altro giorno	Ciro Ceruti
Faccia tosta	Enzo D'Alò

Titolo	Regia, soggetto, sceneggiatura
Don Chisciotte	Fabio Segatori
Non ti pago	Edoardo De Angelis
Come prima	Tommy Weber
Con tutto il cuore	Vincenzo Salemme
Il peso esatto del vuoto	Vincenzo Pirozzi
Il tuffatore	Andrea Della Monica
In fila per due	Bruno De Paola
Kammerspiel	Guido Lombardi
La bella vita	Francesco Di Leva
La peste	Francesco Patierno
Sottocoperta	Simona Cocozza
The Glory Hole (titolo provvisorio)	Romano Montesarchio
The Lemon Tree (L'albero dei limoni)	Bruno Colella
Un amore – doppio gioco (titolo provvisorio)	Laura Angiulli
All'inferno in buona compagnia	Giorgio Caruso
Altrove	Iacopo Di Girolamo, Marianna Garofalo
Comandante	Edoardo De Angelis
Cuore scuro	Vito Zagarrio, Paolo Bertetto
Deadman blues	Alessandro Rak
Le bestie	Mara Fondacaro, Alessandro Giglio, Giovanni Mazzitelli
Millesimi	Marco Mario De Notaris
Rapsodia ungherese	Vittorio Giardino

Titolo	**Regia, soggetto, sceneggiatura**
To-get-her	Sabrina Iannucci, Laura Santelli
I fratelli De Filippo	Sergio Rubini
L'ombra di Caravaggio	Michele Placido
Pompei Antica Domina di via dell'Abbondanza	Giuseppe M. Gaudino
Vivi e lascia vivere (stagione 1)	Pappi Corsicato
Natale in casa Cupiello	Edoardo De Angelis
L'ardore dei timidi	Antonio Vladimir Marino
Dodici repliche	Gianfranco Gallo
15 minuti in fabula - Il barocco napoletano di Peppe Barra	Massimiliano Gallo
Averno hotel	Maurizio Braucci
Ci sta ancora la valigia sul letto	Eduardo Tartaglia
Come Romeo e Giulietta	Giuseppe Alessio Nuzzo
Falla girare	Giampaolo Morelli
Horror comedy	Francesco Esposito, Raffaele Ferrante Domenico Manfredi (I Ditelo Voi)
Il vergine	Edgardo Pistone
L'odore	Krzysztof Zanussi
Luigi	Antonio Capuano
Mixed by Erry	Sydney Sibilia
Nostalgia	Mario Martone
Qualcosa arriverà	Raffaele Arena
Qui staremo benissimo	Renato Giordano
Rosanero	Andrea Porporati

Titolo	**Regia, soggetto, sceneggiatura**
Sabato, domenica e lunedì	Edoardo De Angelis
Shakespea re di Napoli	Ruggiero Cappuccio
Teresa B	Luca Martusciello
Una storia offline	Luciano Filangieri
V.A.S.	Giovanni Maria Fiorillo
Voglio guardare	Stefano Incerti
Amati (non fermarti)	Giovanna De Luca, Erica De Lisio
Asesinato en Bajamar	Niccolò Andenna, Viviana Calò
Celeste	Fabio Pisano, Salvatore Massimiliano Pacifico
Chi spara per primo	Emanuele Palamara
Filo di luce	Gaetano Di Vaio
Hitamku "La vita mi deve ancora un sogno"	Yasmin Hadjeres, Silvana Leonardi, Ni Ketut Wahyuni
Il dono del ladro	Flora Fiume, Luca Martusciello
La casa bianca	Armando Iovino, Mara Fondacaro, Matteo Petecca
La stanza dei brillantini	Renato Pagliuso, Elsa Pagliuso
Mia giustizia	Luca Zingone
Obbligo e verità	Rosario Morra, Luigi Esposito
Paisà	Elettra Capuano
Piombo e cera	Marcello Sannino
Place of safety	Samantha Cito
Poeti selvaggi	Angelo Petrella Francesco Vitiello
Pompe funebri	Luca Federico

Titolo	**Regia, soggetto, sceneggiatura**
Prima della prima	Angelo Orlando
Quello che resta (titolo provvisorio)	Simona Nobile, Giuseppe Marco Albano
Sciope'	Andrea Della Monica
Se vuoi vivere felice	Fortunato Cerlino
Sette opere	Caterina Biasiucci, Bibiana Santella
Vincenzo Malinconico, avvocato d'insuccesso (stagione 1)	Alessandro Angelini
Resta con me (stagione 1)	Monica Vullo
Filomena Marturano	Francesco Amato
Diversi come due gocce d'acqua	Luca Lucini
Caracas	Marco D'Amore
Bisogna tentare di vivere	Prescilla Martin
Nata per te	Fabio Mollo
La piazza degli schiavi	Luca Di Molfetta
Se vuoi vivere felice	Fortunato Cerlino
Operazione Delete	Lorenzo Tiberia
Orione	Luca Bellino, Silvia Luzi
Empire	Bruno Dumont
Nero	Giovanni Esposito
La rinuncia del principe	Ivan Salatic
Lucia	Andrea Canova
Raccontami	Silvana Leonardi
Una vita sospesa	Maria Di Razza, Olivero Del Papa

Titolo	Regia, soggetto, sceneggiatura
Disneilend	Loris Giuseppe Nese
Il concorso	S. Annona, F. Fiume, M. Amatucci, F. Amodeo
Radio Paradise	L. Bilardi, E. Bilardi, F. Rapa
Testamento di un diamante	E. Mascherini, G. Bartolini
Branco	M. Ronga, Bagya D. Lankapura
Nozze d'oro	Giovanni Mazzitelli
Il disco rotto	Enrico Iannaccone
Interno familiare	Paolo Coletta
Lasciatemi cantare (titolo provvisorio)	A. Pantaleo, G. Spezzano
La difesa	G. Di Vaio, F. Guardascione, S. Cocozza, S. Cito
Diario di un'adultera	Samantha Cito
Spaccanapoli times	Ruggiero Cappuccio
Mismatched	Leonardo Foti
Madre mia che sei nei cieli	Catherine Ulmer Lopez

Comunque sia, quello dell'audiovisivo è un campo di attività, di creazione, di lavoro, significativo in Campania. Possiamo dire ancora, per quanto riguarda il cinema, che in questi anni si è affermata una vera e propria scuola napoletana, con l'emergere sulla scena nazionale e internazionale di registi e artisti di valore assoluto. Noi abbiamo fatto in modo che neanche nel periodo difficile del Covid si interrompessero le attività di produzione. Abbiamo impegnato le nostre strutture sanitarie, per garantire quotidianamente i controlli, attività di prevenzione per il personale impegnato sui set. Gli attori non potevano certo lavorare con le mascherine! E dunque, era essenziale una presenza sanitaria quotidiana per garantire che si potesse lavorare in sicurezza.

Proprio questa realtà importante nel campo cinematografico e televisivo ci ha spinto a decidere di realizzare a Napoli un vero e proprio distretto dell'audiovisivo. È un investimento importante. Sono pienamente in corso i lavori di realizzazione del Distretto e del Polo del Digitale a Bagnoli, nell'ex sede della NATO. Legheremo a questa realizzazione anche la creazione di una scuola permanente del cinema e una scuola di formazione di figure professionali necessarie per le produzioni.

Fra gli eventi che hanno dato rilievo e proiezione internazionale alle nostre realtà culturali c'è stata la nomina di Procida Capitale della Cultura nel 2022. È stato un evento straordinario e bellissimo, un'altra grande sfida organizzativa, vinta grazie al contributo decisivo della Regione, che ha investito nell'evento, in servizi e risorse, il 90 per cento degli stanziamenti necessari (alla fine, 15 milioni). Vi sono stati, in 300 giorni di programmazione, 150 eventi, con il coinvolgimento di 350 artisti di 45 Paesi. La parola d'ordine era: «la Cultura non Isola». Ed è stata, in effetti, un'occasione di incontri, di momenti di conoscenza e di solidarietà. Così come è stata un'occasione unica per valorizzare lo straordinario patrimonio storico-artistico e archeologico di tutti i Campi Flegrei, oltre che degli importanti monumenti dell'isola.

Scuola, università e politiche sociali

Fra i motivi di eccellenza (e di orgoglio per noi), c'è tutto il ventaglio di iniziative realizzate con la scuola e a favore del mondo della scuola; tutto l'impegno profuso per contrastare la dispersione scolastica e per seguire, con particolare attenzione, la realtà dei quartieri.

Le iniziative sulla scuola dovevano integrare e accompagnare quelle sulla cultura. Dovevamo "non perdere l'anima"; e con la scuola dovevamo "creare un'anima" per la nostra comunità: dovevamo, cioè, trasmettere alle giovani generazioni un sistema di valori, oltre che elementi formativi e culturali di base; dovevamo, in qualche modo, riempire per quanto possibile il grande vuoto determinato dalla crisi delle famiglie, dall'emergenza educativa, che si approfondiva da anni nella nostra società. L'iniziativa centrale è stato il progetto "Scuola Viva", che coinvolge 500 scuole, 300.000 studenti.

Nelle due edizioni (quella fino al 2020; e quella fino al 2025) impegniamo, complessivamente, 200 milioni di euro, per consentire l'apertura pomeridiana e serale delle scuole, soprattutto nei quartieri a rischio. Si sono realizzati 12.000 laboratori extracurricolari, in diversi campi (musica, teatro, ceramica, ecc.), consentendo a migliaia di ragazzi e alle loro famiglie di incontrarsi, di socializzare, di avere una possibilità di dialogo, in realtà urbane nelle quali, a volte, non c'è un solo spazio sociale.

"Scuola Viva" è una delle esperienze più straordinarie messe in campo dal governo regionale, unica in Italia. È un'esperienza che si arricchisce con progetti complementari, con azioni di accompagnamento nei quartieri, che coinvolgono fondazioni, associazioni, organismi del terzo settore; che si integra con il progetto "Scuole di comunità", con le azioni di sostegno ad alunni con bisogni educativi speciali. Si mettono in campo, ogni anno, 30.000 borse di studio (250 euro di importo) per alunni beneficiari delle scuole secondarie di secondo grado del sistema nazionale di istruzione (pubbliche e private paritarie), che insistono sul territorio regionale. Grande successo ha avuto l'iniziativa di un voucher alle famiglie con reddito medio-basso, per sostenere le spese di iscrizione dei ragazzi, di età compresa fra i 6 e i 15 anni, ad attività sportive organizzate da associazioni e società sportive dilettantistiche. Nel campo delle politiche sociali, di particolare rilievo sono le misure di sostegno per i *caregiver*, nell'ambito della rete di assistenza alla persona: 750 euro, per un numero di 13.000 beneficiari.

E ancora, contributi per l'accesso ai nidi destinati alle famiglie aventi i requisiti ISEE previsti, per un importo di 26 milioni di euro. Cerchiamo di dare una mano alle famiglie, in un territorio che è ancora oggi in ritardo drammatico per la disponibilità di posti negli asili nido. C'è un ritardo storico dei Comuni – tranne qualche eccezione, come il Comune di Salerno – nel dotarsi di una rete di asili nido di livello europeo. A volte, anche fondi che mettiamo a disposizione non vengono utilizzati, per la preoccupazione che hanno i Comuni per la gestione successiva degli asili. Inoltre, offriamo contributi alle famiglie per il sostegno psicologico di persone in difficoltà; aiuti a persone con disabilità grave, prive del sostegno familiare (legge sul "Dopo di noi"). Davvero, e fino in fondo, siamo la Regione della solidarietà e della vicinanza alla povera gente.

È motivo di grande orgoglio per noi il programma per il trasporto gratuito degli studenti, dalle medie fino a 26 anni. È un investimento che facciamo ogni anno, per un importo di oltre 30 milioni l'anno, e che registra oggi quasi 130.000 abbonamenti gratuiti. Una famiglia con due ragazzi che studiano consegue un risparmio medio di 800 euro. È un aiuto alle famiglie, è un modo per contrastare il fenomeno dell'abbandono scolastico; ed è un modo indiretto per affrontare il problema del caro alloggi. Tanti giovani, infatti, potendo viaggiare gratis, hanno potuto evitare di affittare camere o alloggi nei luoghi di insediamento delle università, preferendo viaggiare.

Straordinario è stato l'impegno della Regione per il finanziamento delle borse di studio per gli studenti universitari in aggiunta ai fondi ministeriali. Si è fatto uno sforzo enorme per garantire il diritto allo studio per gli studenti meritevoli e privi di mezzi, con risorse aggiuntive. Siamo passati dai 5 milioni stanziati per l'anno accademico 2015-2016 ai 60 milioni per l'anno 2022-2023. Queste risorse hanno compensato il sottofinanziamento da parte del ministero dell'Università alle regioni del Sud, legato alla prevalenza del criterio della spesa storica. In relazione al PNRR la Regione ha presentato progetti per centinaia di posti letto per residenze universitarie. Questi progetti sono affondati nella palude burocratica, e non hanno ricevuto finanziamenti!

Digitalizzazione – Burocrazia zero

Abbiamo avviato una profonda innovazione dei sistemi informativi regionali, con l'obiettivo di essere la regione più digitalizzata d'Italia, nell'arco di un anno e mezzo. Eravamo partiti da zero, con una società di servizi privata, che aveva l'esclusivo possesso della banca dati. Abbiamo deciso di creare una piattaforma digitale di proprietà della Regione, sulla quale concentrare i dati relativi a tutte le attività dell'ente, trasferendovi da subito i dati della piattaforma privata, per essere pienamente autonomi. L'obiettivo finale è la digitalizzazione di tutte le nostre attività, per realizzare la linea di burocrazia zero, di semplificazione radicale delle procedure, per rendere assolutamente trasparente il rapporto con i cittadini. Si è detto della piattaforma "Sinfonia", utilizzata per tutta l'attività sanitaria; ma il lavoro si svolge a 360 gradi, e riguarda ormai tutti i settori di attività regionale. La semplificazione, applicata ai processi amministrativi digitalizzati, è stata attuata con successo, già per oltre 30 procedimenti, con l'obiettivo di un centinaio entro il 2023.

Prevediamo sia l'ulteriore implementazione di servizi trasversali abilitanti (Spid), e i pagamenti elettronici verso la Pubblica amministrazione (Pago Pa), sia interventi che intendono favorire la diffusione di servizi interoperabili di EGovernment, per rafforzare l'E-Inclusione, l'E-Cultura e l'E-Health.

Ciascun servizio digitale è associato a un cruscotto di gestione, che rivoluziona il modo di lavorare dei dipendenti regionali, finora basato su sistemi poco efficienti, come la gestione delle istanze tramite Pec. Grazie al cruscotto, i dati principali delle pratiche connesse a un procedimento sono immediatamente visibili, perché l'informazione è strutturata e organizzata, facilmente ricercabile; l'istruttoria della pratica è condotta direttamente on line, e, laddove necessario, è possibile notificare al cittadino eventuali integrazioni, o comunicare tempestivamente l'esito della richiesta.

Molto efficace, per le pratiche relative agli uffici del Genio Civile, è stata la realizzazione del portale unico digitale "Sismica" per la semplificazione delle pratiche relative alle certificazioni sismiche, all'edilizia e alle infrastrutture. Nel percorso di digitalizzazione e sburocratizzazione dei servizi ai cittadini, e per le imprese, si abbattono i costi e si riducono i tempi di attesa di oltre l'80 per cento. L'avvento della piattaforma "Sismica" rende omogenea l'intera procedura di Genio Civile, eliminando definitivamente l'utilizzo di documentazione analogica/cartacea, completando la dematerializzazione dei documenti, dei pagamenti e delle attività istruttorie. Si ottiene entro 30 giorni il rilascio dell'Attestazione sismica; si ha il rilascio immediato di Attestazione di progetto e Deposito sismico. È davvero, per il comparto delle opere pubbliche, l'inizio di una rivoluzione antiburocratica.

Di straordinario valore è la nascita e il consolidamento, nell'ambito dell'Università "Federico II", della piattaforma "Federica Web Learning – La fabbrica digitale". È stata un'idea del professore Mauro Calise, che noi abbiamo reso possibile con investimenti regionali rilevantissimi. "Federica" è una realtà web learning per l'innovazione, la sperimentazione e la diffusione della didattica multimediale. Si è riusciti, così, a dotare il territorio campano di una infrastruttura immateriale per l'accesso libero alla Rete della conoscenza, ad alto contenuto tecnologico, capace di fornire anche programmi di formazione per il personale pubblico di alto livello. Oggi "Federica" è, nei servizi di web learning, il principale riferimento per i corsi on line ad accesso gratuito in Italia e in Europa. I suoi numeri sono questi: 500.000 utenti iscritti, 350 corsi attivi MOOC (*Massive open online courses*); 250.000 slide testuali; 60.000 immagini e 15.000 video; 100.000 link di approfondimento. Un'altra straordinaria realtà di avanguardia costruita nel nostro territorio.

Politiche del lavoro – Formazione

Abbiamo visto, nelle pagine precedenti, i dati drammatici della disoccupazione, soprattutto giovanile e femminile, che si registrano nel Sud e in Campania. Creare lavoro è stato il cuore di tutti i nostri programmi e investimenti; così come c'è stato un impegno a superare, dovunque possibile, situazioni di precariato e di contratti a tempo determinato. Abbiamo cominciato proprio dai Centri per l'impiego, il cui personale abbiamo voluto assorbire da subito nell'organico della Regione. Abbiamo affrontato il problema del bacino di lavoratori socialmente utili (LSU) utilizzati presso gli enti locali. Con uno stanziamento di oltre 23 milioni di euro, abbiamo destinato, a favore degli enti utilizzatori, un'indennità pari a 9.300 euro per tutta la durata della vita lavorativa dei soggetti stabilizzati. Abbiamo, in questo modo, consentito la stabilizzazione di 1.700 lavoratori impiegati su tutto il territorio regionale. Nel frattempo, abbiamo potenziato i Centri per l'impiego con concorsi, che hanno visto l'immissione di centinaia di nuovi assunti.

Un impegno particolare abbiamo dedicato al Piano "Garanzia Giovani", rivolto ai *neet*. Nella prima fase (2015-2019), sono stati presi in carico 180.000 giovani, residenti in Campania e iscritti a uno dei Centri per l'impiego. L'obiettivo dell'inserimento lavorativo è stato ampiamente raggiunto: 40.462 giovani sono stati assunti grazie agli incentivi e ai bonus che "Garanzia Giovani" ha messo in campo. Altri 26.039 giovani hanno svolto un tirocinio di 6 o 12 mesi, con un indennizzo di 500 euro al mese, e hanno potuto, così, fare una prima esperienza di lavoro, che in molti casi ha anche favorito l'assunzione. Inoltre, 11.215 giovani hanno seguito un corso di formazione finalizzato all'inserimento lavorativo, e 2.650 hanno partecipato a progetti di servizio civile della durata di 6 o 12 mesi, anch'essi con un indennizzo di 480 euro mensili.

La seconda fase del programma "Garanzia Giovani" (2020-2023) ha avuto un'analoga straordinaria attuazione: presi in carico 147.000 giovani; 33.318 i giovani assunti, di cui oltre il 58% a tempo indeterminato; 8.000 giovani impegnati in corsi di formazione finalizzati.

Importante è stata la capacità di utilizzazione delle risorse destinate, nell'ambito del PNRR, al Programma GOL (Garanzia occupabilità lavoratori). Abbiamo messo in campo politiche attive, integrate con la formazione, per inoccupati, disoccupati e occupati a basso reddito. Abbiamo preso in carico 81.420 soggetti, avviati a percorsi personalizzati di riqualificazione delle competenze e di accompagnamento al lavoro. Ci siamo collocati al primo posto in Italia per numero di cittadini presi in carico (oltre 145.000) e numero di percorsi formativi (oltre 200). Con l'impegno delle agenzie formative accreditate, anche nel 2023 abbiamo 40.000 cittadini impegnati in attività formative. Altre numerose misure sono state attuate per istruire le domande di 151.000 lavoratori, che hanno percepito in periodo Covid la cassa integrazione in deroga; altre misure, ancora, sono state assunte per favorire con incentivi regionali, i prepensionamenti nelle aziende di trasporto. Sono state seguite, spesso con successo, vertenze aziendali delicate (Whirpool, Softlab, Jabil, Dema, Irisbus, Almaviva, ecc.).

Ma le politiche del lavoro hanno anche dedicato un'attenzione alla formazione di profili professionali richiesti dal mondo imprenditoriale. La riforma del secondo ciclo di istruzione-formazione ha introdotto il sistema di Istruzione e Formazione professionale di competenza regionale, che si articola in percorsi di durata annuale e quadriennale, finalizzati al conseguimento – rispettivamente – di qualifiche e di diplomi professionali (IEFP). Sono oltre 40 i percorsi IEFP attivati in Campania. Vi sono, ancora, oltre 20 IFTS (Istruzione Formazione Tecnica Superiore), che si realizzano ogni anno in Campania. Sono corsi di formazione post-diploma, con una durata dalle 800 alle 1.200 ore, di cui almeno il 30 per cento in attività di tirocinio pratico presso le aziende. In questo modo, con la collaborazione di università e imprese, si risponde alla domanda di figure professionali, con particolare riguardo al sistema dei servizi, degli enti locali e dei settori produttivi nel campo dell'agroalimentare, delle nuove tecnologie, dell'internazionalizzazione, della meccatronica, ecc. Si è messo in campo, davvero, un impegno enorme, in termini di assistenza, di formazione, di avviamento al lavoro, con cui in maniera trasparente si è data una mano a realtà sociali in sofferenza, nella regione d'Italia più segnata da problemi di tenuta sociale!

Trasporti – Mobilità – Opere pubbliche

Quello dei trasporti e della mobilità è uno dei campi di intervento che abbiamo ereditato nella condizione più disastrata. Ricordo due vicende simbolicamente significative, che abbiamo vissuto all'inizio del nostro lavoro. La prima è il rapporto con le Ferrovie dello Stato. Uno dei primi incontri di lavoro che tenemmo sul piano dei trasporti fu quello con i dirigenti delle Ferrovie, per mettere a punto il nuovo contratto di servizi con FS. Cominciammo l'incontro con i rappresentanti delle Ferrovie, con grande serenità e fiducia. Eravamo pronti a rilanciare l'intesa per il trasporto ferroviario locale. Vedevamo i nostri interlocutori un po' freddi, esitanti a rispondere alle nostre sollecitazioni. Ci sembrava strano che, di fronte a una prospettiva di lavoro importante, loro rimanessero dubbiosi.

Dopo molte esitazioni, e con un po' di imbarazzo – erano interlocutori garbati e rispettosi – ci comunicarono la loro disponibilità, il loro interesse e piacere a offrire il proprio servizio alla Regione. Chiedevano solo che si risolvesse un piccolo dettaglio: da tre anni la Regione non pagava alle ferrovie il servizio di trasporto; i nostri garbati amici ci segnalavano che il nostro debito ammontava a più di 250 milioni di euro. Nulla di personale. Erano anche loro buoni cristiani e patrioti; ma pure loro avevano il fastidio di un bilancio aziendale da approvare.

Fu una sorpresa per noi. Non avremmo mai immaginato una tale performance da parte della Regione! L'idea di viaggiare gratis non era cattiva, tutto sommato: c'era solo una resistenza a condividerla da parte dei ferrovieri!

Ci facemmo il segno della croce e assumemmo l'impegno a saldare il debito, con un po' di rateazione, in tempi rapidi. Incredibilmente per loro, mantenemmo la parola. Da allora si è consolidato un rapporto di piena fiducia e rispetto nei nostri confronti.

Il secondo regalo che ci fu recapitato subito, era di provenienza Eav, l'azienda di trasporto regionale. In questo caso, avevamo raggiunto, come Regione, un punto di assoluta eccellenza: 750 milioni di euro di debiti. Roba da far tremare i polsi. Avremmo dovuto dichiarare fallimento e portare i libri in tribunale. Ma decidemmo di tentare l'avventura. Non fu semplice, innanzitutto, creare la fiducia nella possibilità di farcela. Poi si cominciò a lavorare su un piano di rientro, su una soluzione che salvasse l'azienda e il lavoro di migliaia di addetti.

Superando errori gestionali del passato, costruendo un'operazione interessante ed efficace di ingegneria finanziaria, portammo l'azienda fuori dal tunnel. Già prima del Covid avevamo raggiunto l'equilibrio di bilancio e, subito dopo, un attivo. Davvero era un miracolo, in un'azienda con materiale e mezzi stravecchi, esposti a guasti continui. Si varò un programma gigantesco, di acquisti di mezzi su gomma e su ferro, per portare nella modernità, e a un livello di assoluta eccellenza, un'azienda storica di trasporto della Regione.

La politica di trasporto del precedente governo regionale era riassumibile in una parola: il nulla. Al di là dei debiti, non c'era un piano per i trasporti; non c'era un piano di investimenti sui mezzi; non c'era un programma per riprendere i lavori – tutti bloccati – in 15 stazioni ferroviarie; non c'erano gare in corso per gli acquisti o per le opere di messa in sicurezza sulle linee ferroviarie. Nulla di nulla. Non immaginavamo questo disastro. Ma era una delle sfide che ci eravamo impegnati a vincere in Campania, davanti agli elettori. Davvero – e non esagero, nonostante problemi ancora esistenti – in questo campo è stato fatto un vero miracolo.

Varammo, innanzitutto, un piano per gli acquisti e il rinnovo del parco mezzi di grandissimo respiro, il più vasto d'Italia, insieme, credo, a quello della Lombardia. L'Eav risanata, negli anni 2016-2022 ha registrato utili di bilancio per complessivi 96 milioni. Ha assorbito l'azienda fallita Eavbus, ricomprando dal fallimento immobili e bus, e pagando il TFR ai lavoratori pensionati. Ha assorbito, poi, i lavoratori dal fallimento di Ctp, azienda della provincia di Napoli; ha effettuato negli ultimi quattro anni 1.100 assunzioni con procedure di assoluta trasparenza.

Nel 2015 non si contavano i cantieri chiusi, con lavori bloccati da anni e anni. Li abbiamo riaperti tutti: a cominciare dalla Piscinola-Aversa (437 milioni); dalla Piscinola-Capodichino (327 milioni); dalla Monte Sant'Angelo-Soccavo (352 milioni), ecc.

Si sono riattivate opere bloccate per un miliardo. Si sono realizzate opere bellissime, come la nuova stazione di Scampia; la nuova officina di Ponticelli; 12 stazioni smart. Oggi sono aperti (o sono in gara) cantieri di opere per 4,4 miliardi: un investimento gigantesco. Il programma di rinnovamento delle flotte-bus ha previsto l'acquisto, per il programma di trasporto pubblico locale (Tpl, 2015-2021), di 931 nuovi autobus (910 già consegnati e 21 in produzione); per il programma 2022-2025, altri 676 nuovi autobus (562 già in produzione e 114 in gara entro il 2023).

Per il rinnovo delle flotte dei treni, il programma di investimenti ha previsto 204 treni nuovi, per 1.770 milioni di euro: 62 treni destinati a Trenitalia (45 consegnati; 17 entro il 2024). Si prevedono poi 64 treni revampizzati per 77 milioni di euro (19 a Trenitalia, già consegnati; e 45 a Eav, 32 consegnati). Davvero uno sforzo gigantesco, unico in Italia.

Di straordinario valore strategico è stata la realizzazione di una Rete integrata degli aeroporti campani, con la fusione, mediante incorporazione, dell'Aeroporto Salerno-Costa d'Amalfi nella Gesac Spa di Capodichino. Questa operazione è stata accompagnata da investimenti rilevanti sul Costa d'Amalfi (254 milioni), sulle aree esterne (viabilità, 70 milioni); ferrovia dedicata (250 milioni), e a supporto dello scalo napoletano (linea 1 della Metropolitana, nel tratto Centro Direzionale-Capodichino per 316 milioni di euro). Si sono realizzati interventi di mobilità sostenibile: riapertura della funivia del Faito e della funicolare di Montevergine; si è definito un progetto di mobilità sostenibile nelle costiere amalfitana e sorrentina. Si sono attivati interventi per servizi turistici per 80.000 utenti: alta velocità per il Cilento in periodo estivo; treni storici e Campania Express. È stato varato un piano assunzionale (2023-2025) per mille nuove unità in Eav e 250 in Air.

Sono in corso investimenti infrastrutturali del valore com-plessivo di 12 miliardi di euro fra ferrovie, strade, porti e aeroporti. Altrettanto imponente è il programma di opere pubbliche legate alla mobilità stradale. Abbiamo realizzato con Air, le autostazioni di Grottaminarda (11 milioni) e di Avellino (20 milioni). Sono in programma, e finanziati, due hub trasportistici: a Caserta, con il recupero del vecchio canapificio in prossimità della Reggia (20 milioni), e a Salerno Est (10 milioni); è in via di definizione il progetto per un parcheggio da 200 posti auto al di sotto della piazza della stazione di valle della funicolare di Montevergine (15 milioni), con un collegamento meccanizzato dalla stazione di monte verso il Santuario. Per la viabilità, abbiamo finanziato, riprogettato e sbloccato opere ferme da anni. Abbiamo concluso i lavori della Fondovalle Calore, secondo lotto per 24 milioni; concluso la variante di Vairano Scalo (Caserta), per 6 milioni.

A tutto questo si aggiungono decine e decine di piccole opere, per le quali abbiamo destinato risorse minori, ma complessivamente rilevanti, a tantissimi Comuni, alle Province e comunità montane, che in questi anni non hanno avuto risorse da investire nella viabilità. Abbiamo anche istituito un fondo regionale per aiutare enti, che non ne avevano la possibilità, a dotarsi di progetti esecutivi, per poter aspirare a finanziamenti delle opere e ad appaltarle. Al di là del valore funzionale di tutte queste opere, si è trattato davvero dell'immissione di risorse importanti nell'economia della regione Campania, con cui abbiamo dato respiro al mondo imprenditoriale delle costruzioni e delle forniture.

Urbanistica – Politiche del territorio

Una delle sfide di governo più interessanti e complesse era per noi quella dell'urbanistica e del governo del territorio, in una regione così difficile, con tutto il ventaglio delle tipologie morfologiche, e così profondamente segnata da un fenomeno di abusivismo edilizio di proporzioni straordinarie, soprattutto, ma non soltanto, in alcune aree delle province di Napoli e Caserta.

C'erano per noi alcune priorità: approvare un nuovo Piano paesaggistico regionale per superare le rigidità paralizzanti del vecchio piano; approvare la nuova legge urbanistica, a fronte di un 90 per cento di Comuni ancora privi dello strumento urbanistico; tentare di fermare l'abusivismo ancora dilagante; fare uno sforzo per collocare in una cornice di coerenza infrastrutturale, e di obiettivi di sviluppo ben definiti e condivisi, i nuovi interventi di trasformazione urbana, integrandoli con i programmi infrastrutturali. Quest'ultima esigenza è stata tradotta nell'ipotesi dei "masterplan", da realizzare nelle aree strategiche della regione. Era una scelta che si scontrava con una doppia difficoltà: quella fisica, rappresentata da territori ampiamente compromessi da un disordine urbanistico inimmaginabile, che rendeva difficile tracciare una nuova strada di qualche chilometro in linea retta, perché impedita ogni 50 metri da una costruzione abusiva, con relativi occupanti; e poi, la difficoltà rappresentata dalla sfiducia, ampiamente diffusa, sulla possibilità di programmare, e rendere poi realizzate in tempi umani, le cose disegnate sulla carta. In nessuna parte del territorio, come qui da noi, appariva insuperabile quella che Oriol Bohigas chiamava l'"urbanistica di carta", quella destinata a rimanere dentro i cassetti degli uffici comunali o regionali.

Cominciammo con il Litorale domitio-flegreo, territorio splendido, ricco di storia e di potenzialità ma profondamente ferito e sfregiato. Fu incaricato della progettazione, con una procedura aperta, un gruppo di professionisti qualificati, guidato dall'architetto Andreas Kipar. L'ambito interessato comprende 14 Comuni della fascia costiera casertana. Si è messo in piedi un lavoro enorme di coinvolgimento di Comuni, parti sociali, mondo imprenditoriale. Abbiamo lanciato un'ipotesi: fare del Litorale domitio-flegreo la "Romagna del Sud", con mare pulito, spiagge attrezzate, infrastrutture adeguate, un sistema innovativo e moderno di ospitalità. Su questa area abbiamo chiamato all'assunzione di responsabilità tutte le amministrazioni locali, perché proponessero progettualità e visioni coordinate di intervento.

Dal punto di vista del territorio, vi sono criticità, ma anche potenzialità inimmaginabili. Le criticità sono legate a un'urbanizzazione disordinata, a un'agricoltura che ha prodotto reflui e deiezioni raramente gestiti in modo razionale; a uno sviluppo di case-vacanza che ha prodotto grandi periferie di massa; a numerose opere incompiute o abbandonate, nel segno dell'illegalità. Il centro della Baia domitia, con i Comuni limitrofi, è stato negli anni un luogo di concentrazione di economia illegale. Un luogo nel quale il consumo di suolo ha raggiunto dimensioni incredibili.

Ma accanto a questa realtà di pesante degrado – è proprio questo il motivo per cui abbiamo voluto un masterplan che mettesse ordine nell'assetto territoriale –, vi sono poi potenzialità straordinarie, che rendono credibile e necessario un grande progetto di sviluppo. La fascia costiera, nonostante l'abbandono, rimane in gran parte coperta da una splendida pineta di pino domestico. Tutto il litorale riserva sorprese naturali incredibili, come i laghi vulcanici di Averno, Lucrino, Miseno e Fusaro; le paludi salmastre retro-dunali dei Variconi e delle "Soglietelle", il canale Vena; e soprattutto il Lago Patria, che ne riceve le acque, e su cui si affaccia, secondo tradizione, la tomba di Scipione l'Africano, che si aggiunge ad altre preesistenze storiche e archeologiche in tutta l'area flegrea. Vi sono, cioè, condizioni eccezionali per un turismo di qualità, interessato alla balneazione, alle bellezze naturali e culturali. Questo potenziale è davvero straordinario nella parte meridionale del comprensorio, fra Pozzuoli e Bacoli.

Ovviamente, è essenziale il lavoro di bonifica ambientale e idraulica di tutto il territorio retrostante, che ci vede impegnati da tempo in un'opera di risanamento. Così come è indispensabile il lavoro di organizzazione di un sistema di mobilità efficiente, che stiamo realizzando con investimenti rilevanti (Rfi, Anas, Regione, Comuni), con piste ciclabili territoriali, darsene e approdi fluviali, potenziamento delle stazioni ferroviarie. Di particolare interesse sono: la realizzazione di un percorso lungo l'antico tracciato della via Appia; l'itinerario ciclabile del Volturno, l'itinerario archeologico naturalistico Lago Patria-Cuma. In sintesi, tutto il masterplan prevede otto progetti di sistema.

Altro masterplan strategico, avviato da tempo, e affidato a Stefano Boeri e al suo gruppo di progettazione, è quello della costa meridionale della Campania (Masterplan Salerno Sud). È un progetto che parte da Salerno e termina a Castellabate, e comprende altri sei Comuni (Pontecagnano Faiano, Bellizzi, Battipaglia, Eboli, Capaccio Paestum, Agropoli). L'area interessata è di circa 500 chilometri quadrati, con 50 chilometri di costa e 310.000 abitanti. Al centro di questo territorio c'è l'area strategica della Piana del Sele, con la straordinaria realtà archeologica di Paestum, e il nuovo aeroporto di Salerno-Costa d'Amalfi. Altri numeri significativi contenuti nel progetto definitivo approvato mesi fa sono questi: 300 chilometri di percorsi ciclopedonabili; 35 chilometri di BRT Litoraneo (Bus Rapid Transit); sette approdi per il Metrò del Mare; 3.750 Mw di potenza installata da serre fotovoltaiche; 150 chilometri di parchi fluviali; 250 ettari di superficie riforestata lungo la costa; 35 chilometri di scogliere soffolte; 2.600 ha di aree riqualificate; 90 milioni di mc/anno di biometano da reflui zootecnici; 1.000 ha di aree litoranee per servizi al turismo.

Questo masterplan interviene in un territorio non devastato, per tanti aspetti ancora vergine, e che consente, quindi, un'efficace progettazione urbanistica.

Da pochi mesi, sono stati approvati dal governo regionale altri due masterplan: uno nell'area strategica e densamente abitata dell'agro sarnese-nocerino; e un altro nell'area interna dell'Irpinia, in Valle Ufita. Per questi masterplan il lavoro è all'inizio.

Il Piano paesaggistico: tutela o mummificazione?

Una sfida fra le più ardue è stata quella per la realizzazione del nuovo Piano paesaggistico della Regione, a distanza di decenni dall'approvazione del piano precedente: sfida difficile, complicata e sempre incerta, perché questo è il campo nel quale confluiscono e si confrontano le esigenze di tutela e valorizzazione del paesaggio e dell'ambiente; e le esigenze della trasformazione urbana, dell'economia, dello sviluppo. Ho sempre indicato, come metafora delle politiche del territorio nel nostro paese, l'immagine di una delle Città Invisibili di Italo Calvino, Zora: «Obbligata a restare immobile e uguale a se stessa per essere meglio ricordata, Zora languì, si disfece e scomparve. La terra l'ha dimenticata[22]». Per lunghi anni ha dominato una sottocultura dell'immobilismo: l'idea che proteggere l'ambiente e il paesaggio significasse mummificarli, con il risultato che pezzi interi di centri storici sono deperiti, e hanno perduto funzioni vitali. E così per l'ambiente: alcune realtà, non essendoci più risorse pubbliche per manutenzioni ordinarie, sono degradate. Siamo un Paese che ha confuso la tutela dell'ambiente con la rinuncia all'economia della trasformazione urbana, alle opere di architettura contemporanea.

Questa differenza di sensibilità e impostazione culturale si è manifestata a inizio 2022, in uno scontro che si è determinato fra la Regione Campania e il ministero della Cultura. L'Ufficio legislativo del MIC respinse un'impostazione della Regione, accampando come motivazione quanto deciso nella Convenzione Europea del Paesaggio, tenutasi nell'ottobre del 2000 a Firenze (22 anni prima!). Lì si stabiliva che il termine "paesaggio" designa una determinata parte del territorio «così come percepita dalle popolazioni, il cui carattere deriva dall'azione di fattori naturali e/o umani, e dalle loro interrelazioni».

Quindi, come osservammo in replica alla Direzione del MIC, con questa impostazione diventano oggetto della tutela

22 I. CALVINO, *Le città invisibili*, Mondadori, 2015, p. 16.

tutti i paesaggi, e non solo i beni soggetti a vincolo paesaggistico. Cioè – dicemmo – tutto è paesaggio, anche le cime dei pioppi cipressini e i rami dei platani; e se in un territorio c'è un accumulo di ecoballe, che è diventato parte del paesaggio, anche questo va sottoposto a tutela!

Viviamo in un Paese così ricco di storia e con un ambiente così straordinariamente bello, che la sua tutela e valorizzazione è un obbligo morale. Da questo punto di vista, siamo il Paese più difficile al mondo. Ma la tutela non può confondersi con la pigrizia intellettuale, con il primitivismo, con la rinuncia alla modernità. Ci siamo mossi con questa impostazione e con questo senso della storia e della responsabilità; ma rifiutando l'idea della mummificazione, che ha finito per produrre degrado e decadenza urbana, anziché tutela e valorizzazione.

Armati di questa nostra fede laica, abbiamo cominciato il lavoro per il nuovo Piano paesaggistico verificando sul campo, al di là perfino di posizioni soggettive di nostri interlocutori, il peso di una normativa ammuffita e paralizzante, e la difficoltà a decidere su questo tema, che per la Campania è vitale. Infatti questa normativa grava su un terzo del territorio regionale, e paralizza in larga misura l'attività delle istituzioni locali e i programmi di investimento.

Vediamo innanzitutto i tempi: la Regione Campania e il ministero dei Beni culturali hanno sottoscritto il 14 luglio 2016 l'intesa istituzionale per la redazione del Piano paesaggistico regionale (PPR), così come stabilito dal codice dei beni culturali (D.Lgs. n. 42/2004). Entro fine 2023/inizio 2024 si prevede l'"adozione" del PPR. Entro la fine del 2024, se si corre, si dovrebbe arrivare all'approvazione del Piano: 8 anni, per approvare una norma urbanistica, non sono tempi compatibili né con l'economia, né con la modernità, né con la vita e la decenza. Con questo contesto legislativo, ancora presente e condizionante, non è possibile realizzare alcun programma di sviluppo dei nostri territori. So bene che il lavoro da fare sul PPR non è banale e non è semplice. Ma l'attuale cornice normativa è fuori dal mondo.

Cosa abbiamo dovuto fare in questi lunghi anni? Per sommi capi e saltando parecchi passaggi, il lungo, interminabile viaggio nella palude burocratica ha avuto queste tappe: a partire dall'approvazione del preliminare del PPR (2019), si è avviata una fase di verifica, confronto e condivisione con il ministero, e, in particolare con le singole sovrintendenze per trasformare il documento preliminare in bozza di Piano paesaggistico regionale, in vista della sua adozione. Il lavoro di redazione del PPR si è così diviso in tre fasi. La prima è stata dedicata alla tutela dei beni paesaggistici, il cui lavoro è stato svolto in "co-pianificazione" con il MIC e i suoi uffici periferici. Tale attività ha riguardato sia la ricognizione delle aree tutelate ai sensi dell'articolo 136, ovvero le dichiarazioni di notevole interesse pubblico; sia la definizione di una metodologia, in linea con quanto stabilito dalla circolare Mibac del 2011 per la perimetrazione delle aree tutelate per legge ai sensi dell'articolo 142.

Sempre in relazione al tema della tutela, così come anticipato nel preliminare di Piano, è stato messo a punto l'atlante degli ambiti di tutela, che raccoglie le dichiarazioni di notevole interesse pubblico per 32 zone omogenee per continuità. In attesa dell'elaborazione congiunta della normativa di tutela e della sua successiva validazione da parte del MIC, si è preso atto, con decreti dirigenziali regionali, degli elaborati prodotti dalla struttura regionale, costituiti da "cartografie di sintesi e integrative"; dal catalogo delle dichiarazioni di notevole interesse pubblico; dall'Atlante degli ambiti di tutela; dall'Atlante degli ambiti di paesaggio; dal catalogo dei fiumi, torrenti e corsi d'acqua; dal catalogo dei territori costieri; dal catalogo delle zone di interesse archeologico; dalla prima schedatura degli usi civici; dalla struttura delle norme di attuazione e dalla prima stesura del Rapporto ambientale integrato, con la valutazione di incidenza.

Inoltre, con delibera di giunta regionale del 22 novembre 2022, si è approvata la documentazione relativa alla fase ricognitiva del PPR, consistente nel "Catalogo e Atlante delle dichiarazioni di notevole interesse pubblico", rispettivamente formati da 269 schede e da 269 planimetrie, in diversa scala di rappresentazione. Così si legge (nulla di meno...) nella relazione dell'ufficio regionale!

Ma non basta. C'è ancora una seconda fase di attività ed elaborazione/documentazione. Si tratta di sviluppare "Tavole d'insieme, Atlanti e Cataloghi", producendo i seguenti elaborati: coste (Lettera a); laghi (Lettera b); corsi d'acqua (Lettera c); monti superiori a 1.200 metri (Lettera d); parchi e riserve (Lettera e); boschi (Lettera f); usi civici (Lettera g); zone umide (Lettera h); vulcaniche (Lettera i); zone di interesse archeologico (Lettera l)..., e altri 200 elaborati. C'è, ancora, un'ulteriore fase, quella relativa alle "Direttive per la pianificazione territoriale urbanistica", accompagnata, infine, dall'elaborazione degli "Indirizzi e Linee guida per la valorizzazione e la progettazione", rivolti in prima battuta ai seguenti tematismi: aree del peri-urbano; rete ecologica, infrastrutture e fascia costiera.

Ho ridotto a meno della metà il numero degli elaborati necessari, per rispetto di chi legge. Ma era importante avere un'idea della palude nella quale siamo costretti a muoverci. C'è da farsi venire il mal di testa (o il mal di fegato). Ma almeno è chiaro quanto sia indispensabile trasferire immediatamente la competenza per i Piani Paesaggistici alle Regioni: questo è un caso di nuova e piena autonomia da conquistare. Per nostra consolazione, va detto che nell'ultimo periodo abbiamo trovato al ministero interlocutori competenti e ragionevoli. Questo ci consente di superare la paralisi operativa, perché, al di là della palude burocraticonormativa, quando si parla di ambiente e paesaggio, c'è in realtà, sullo sfondo, un confronto-scontro fra due impostazioni culturali: fra una concezione della norma paesaggistica come sovraordinata rispetto al progetto urbanistico; e una concezione, più moderna ed efficace, che concepisce la norma paesaggistica come coessenziale e contestuale alla progettazione urbanistica e alla trasformazione urbana.

In tutto questo, si è sviluppato un lavoro intenso su questioni più ravvicinate.

Sono stati avviati progetti per Napoli: è in corso di pubblicazione il bando di gara per il lavoro di recupero di Palazzo Penne, per ospitare la Casa dell'Architettura, per 15,5 milioni; è stato completato il progetto di restauro per il Conservatorio di San Pietro a Majella, per l'importo di 15 milioni. Sono stati presentati, d'intesa con le università campane, 9 progetti di residenze universitarie per 870 posti. È stata realizzata la riforma dell'ACER (Agenzia campana per l'edilizia residenziale), accorpando gli Istituti autonomi case popolari delle Province, creando un'unica Agenzia regionale. Si è creata una piattaforma telematica per la gestione (trasparente) delle domande di alloggi pubblici, e la formazione dell'Anagrafe del Fabbisogno Abitativo, con cui si definiscono le graduatorie degli aventi diritti agli alloggi Erp. Nell'ambito del Piano socio-economico varato dalla Regione per l'emergenza Covid, la casa ha avuto risorse pari a 85 milioni di euro, per: contributo una tantum per il mutuo prima casa; sostegno agli affitti; fondo di solidarietà per il pagamento di morosità pregresse. Per il sostegno ordinario agli affitti, con il bando 2021 copriamo 28.000 richiedenti; con il bando 2022 vi sono oltre 72.000 domande. Sono stati infine finanziati, per centinaia di milioni, programmi di recupero dei quartieri Erp, e programmi di realizzazione di nuovi alloggi.

È solo una parte di un lavoro immenso, che spazia dall'emergenza agli alloggi popolari, dalle residenze universitarie alla valorizzazione dell'architettura contemporanea, a leggi e progetti urbanistici di grande rilievo. Oggi siamo impegnati, a Napoli, in un'altra grande sfida: la riqualificazione dell'area di piazza Garibaldi e della zona contigua all'area ferroviaria. Abbiamo varato un progetto, del valore finale di oltre un miliardo di euro, anche per coprire a Napoli un vuoto: l'assenza di opere di grande architettura contemporanea.

Contro l'abusivismo

Una delle questioni che abbiamo cercato di affrontare in termini non ideologici, ma puntando a risultati concreti, è il problema enorme dell'abusivismo nella nostra regione: parliamo di oltre 70.000 costruzioni abusive. È un tema maledettamente complesso per le sue dimensioni e per i suoi risvolti sociali. Noi non abbiamo mai utilizzato l'espressione "abusivismo di necessità": la "necessità" è una questione sociale; l'abusivismo è un reato. Ciò premesso, abbiamo cercato di uscire da una posizione di ambientalismo ideologico, apparentemente rigoroso, ma sostanzialmente inconcludente.

La materia dell'abusivismo edilizio è di competenza statale, e dunque, abbiamo avanzato al governo una proposta di legge, i cui contenuti erano la difesa della legalità e la concretezza. Immaginare di demolire oltre 70.000 alloggi era pura demagogia: non ci sarebbero neanche le discariche dove trasportare il materiale di risulta delle demolizioni; i Comuni non avrebbero le risorse per fare, eventualmente, le demolizioni in danno; e sarebbe impossibile gestire il problema sociale delle decine di migliaia di occupanti. E, quindi, per prima cosa si trattava di delimitare la dimensione del problema. Bisognava rendere "non sanabili" (e quindi da demolire): le costruzioni abusive realizzate in aree idrogeologicamente pericolose, sui greti dei fiumi; quelle realizzate in aree demaniali, o di vincolo ambientale assoluto; quelle di soggetti già proprietari di alloggio; quelle realizzate da imprese della camorra. Per alloggi realizzati in aree urbane di nessun pregio ambientale, nelle periferie, si poteva prevedere una sanzione pecuniaria per l'abuso e l'inclusione delle costruzioni in piani di recupero comunali. Questo avrebbe fatto incamerare risorse ai Comuni e consentito la realizzazione di opere di urbanizzazione. Infatti, il permanere della condizione di abuso provoca un enorme danno ambientale, perché spesso i liquami delle case vengono riversati nei terreni, nei corsi fluviali, ecc. Proponevamo poi una misura che, da sola, avrebbe bloccato gli abusi edilizi, che intanto continuano: e cioè, la sospensione dagli albi professionali e dal registro delle imprese per chi dà assistenza tecnica, progetta o realizza gli abusi.

Inutile dire che, dopo un ampio dibattito conseguente al terremoto di Ischia, e dopo mille impegni a bloccare l'abusivismo edilizio, tutto è rimasto esattamente come prima. Non si è mossa una foglia; però ci si è salvati la coscienza con le parole.

Accelerazione per le opere pubbliche

Un'altra proposta da noi avanzata al governo nazionale, sulla linea della "burocrazia zero", è stata quella per l'accelerazione delle opere pubbliche, contrastando la tendenza, ormai generalizzata, ad avanzare ricorsi al TAR, da parte di imprese che non vincono le gare, spesso solo per "ricattare" l'impresa vincitrice, e ricavarne qualche utile, a danno della comunità, e dilatando all'infinito i tempi di esecuzione delle opere. La nostra proposta, in parte poi rilanciata poco dopo dal ministro Brunetta, prevedeva che nei bandi di gara, per l'appalto di opere pubbliche o lavori pubblici, in aggiunta a quanto specificamente previsto dal Codice degli appalti, il quadro economico dovesse necessariamente contenere, per la definizione del costo complessivo dell'opera, la voce "ristoro contenziosi", pari al 10 per cento del costo complessivo. Prevedevamo che, per non bloccare opere già avviate con i ricorsi amministrativi, quella somma venisse utilizzata per il ristoro di eventuali imprese o consorzi di imprese concorrenti, che avessero vinto un ricorso amministrativo/giurisdizionale.

Proponevamo anche, nella nostra ipotesi legislativa, che si riducessero del 50 per cento tutti i tempi di gara, dal rilascio dei pareri alla pubblicazione, dalla richiesta di documenti validi alla firma dei contratti. Proponevamo, ancora, l'approvazione di un articolo di legge come questo: «Tutte le modalità e tempistiche previste per le procedure di gara e l'acquisizione dei pareri in tempi ridotti per la veloce attuazione delle opere del PNRR, diventano normativa ordinaria». Sarebbe stato un modo importante per dinamizzare l'economia del nostro Paese, e dare un colpo significativo alla palude burocratica, nella quale, ancora oggi, affondano ogni spinta imprenditoriale, ogni tentativo di innovazione, ogni sollecitazione a adeguare i tempi di decisione del nostro sistema economico-istituzionale ai tempi della vita, oltre che dei Paesi concorrenti.

Ricerca – Innovazione – Sostegno alle imprese

La Campania della ricerca e dell'innovazione si conferma una realtà fortemente dinamica. Siamo la prima regione d'Italia per l'imprenditorialità giovanile, con il 7,7% di titolari di imprese under 30 (contro una media nazionale del 5,6%); prima nel Mezzogiorno per numero di ricercatori nel 2020 (circa 15.000, pari al 7% del totale nazionale), e con la terza crescita più elevata di questo indicatore (+21% fra il 2016 e il 2020); terza in Italia per numero di startup innovative, con un totale di 1.400 circa; seconda in Italia per tasso di crescita di startup innovative nel biennio 2020-2021 (+17,6%); e seconda in Italia per numero di iscritti all'università, con un totale di 234.700 studenti nel 2021. Il 45% del totale delle esportazioni campane è rappresentato da settori ad alta tecnologia, come farmaceutico, computer ed elettronica.

La Campania ha consentito la nascita del Polo di Ingegneria a San Giovanni a Teduccio, con investimenti importanti. È sorta, in quel sito, l'Academy di Apple (con il pagamento da parte della Regione delle borse di studio), a conferma della realtà di un capitale umano giovanile straordinario, che viene considerato da grandi multinazionali una base unica di sviluppo dell'innovazione, della ricerca, della creatività. Rafforziamo l'ecosistema startup-innovazione: stanziamo 25 milioni per oltre 130 startup impegnate a sviluppare nuovi prodotti, processi e servizi ad alto contenuto innovativo; e sono in corso programmi per la ricerca e sviluppo nel campo delle malattie rare. Nell'ambito della lotta alle patologie oncologiche la Regione finanzia, a Benevento, il primo laboratorio italiano di "nanofotonica" e nanotecnologie per la medicina di precisione. Si finanziano, ancora, per 17 milioni, programmi di ricerca contro il Covid. A Salerno nasce una grande infrastruttura di ricerca e sviluppo campana, dedicata alla ricerca genomica e bioinformatica traslazionale per la salute.

La Campania si pone come keyplayer nell'ambito delle *quantum technologies*: Napoli ospita, infatti, uno degli spoke del Centro nazionale dei computer quantistici.

Nell'ambito dell'Università di Salerno, la Regione finanzia con risorse importanti la realizzazione di una "Quantum valley". Finanziamo per 20 milioni progetti di ricerca e sviluppo nel campo dell'aerospazio, a sostegno di piccole e medie imprese campane impegnate in un settore strategico per la nostra economia: la Campania è stata selezionata dall'ESA (Agenzia spaziale europea) tra le dieci amministrazioni pubbliche locali che contribuiranno alla creazione e usufruiranno dei servizi di Iride, la costellazione italiana di satelliti in orbita bassa per il monitoraggio del territorio.

Si sviluppa in Campania la sperimentazione in microgravità. Il Minilab realizzato da Ali e dal Mars Center, con il contributo regionale, dopo la prima missione del 2021 è di nuovo sulla Stazione spaziale internazionale. Abbiamo messo a disposizione della comunità scientifica un minilaboratorio che accoglie vari esperimenti. All'interno del minilab si svolge l'esperimento "Ovospace", per studiare il comportamento degli ovociti in condizione di microgravità. Dunque, la Regione è impegnata a sostenere un comparto industriale di eccellenza, nell'ambito dell'aerospaziale, che è una delle ricchezze storiche della nostra industria e ricerca. In relazione alle imprese, va sottolineato il fatto che la Campania è stata la prima regione a definire il programma relativo all'istituzione delle aree ZES. Oggi, gli insediamenti che si sono concretizzati in queste aree confermano il carattere di straordinaria efficienza manifestato dalla gestione delle aree ZES in Campania.

L'agricoltura

L'agricoltura regionale ha subìto, negli anni passati, i colpi derivanti dai disastri ambientali, dall'emergenza rifiuti continua, dai roghi che martoriavano i nostri territori, da una sostanziale mancanza di programmazione di una politica regionale. Non abbiamo avuto né la tutela delle produzioni, né una loro valorizzazione. Siamo usciti da quella stagione. E oggi, pur non avendo in Campania l'agricoltura più forte del Paese, possiamo dire che abbiamo un asset strategico per l'economia regionale, ricco di eccellenze e in forte crescita nel trend di esportazione. Abbiamo finanziato con il PSR (Programma di sviluppo rurale) 2014-2020 gli investimenti nelle aziende e il rinnovamento generazionale; abbiamo valorizzato le principali filiere di settore, nei campi ortofrutticolo, vinicolo, zootecnico, agroindustriale. Abbiamo consolidato la nostra posizione di leader nazionale per la produzione di fiori recisi. E oggi, siamo destinatari di un importante progetto (Agritech) incardinato sulla Federico II, che vede Napoli sede di un Polo di eccellenza nazionale per la ricerca in agrifood, con il coinvolgimento di Regione, aziende private, Cassa depositi e prestiti, centri di ricerca, istituzioni locali.

Fra le mille iniziative messe in campo, voglio richiamare solo quella per l'eradicazione della brucellosi, a tutela della salute pubblica, del comparto bufalino, e per la modernizzazione delle aziende, e la salvaguardia dell'ambiente profondamente danneggiato nel passato da massicci sversamenti abusivi di liquami, che finivano poi per inquinare il nostro mare. Abbiamo approntato, secondo le direttive dell'Unione europea e del ministero della Salute, un Piano straordinario contro la brucellosi. Riprendo le considerazioni e i dati aggiornati dell'ultima relazione del commissario straordinario per l'emergenza brucellosi:

«La brucellosi è una zoonosi e quindi si trasmette solo da animale a uomo attraverso l'ingestione di alimenti contaminati. Nel periodo 2000-2005 la Campania ha registrato il 96% di tutti i casi di brucellosi umana notificati in Italia.

Nel 2021 c'è stata un'impennata di brucellosi umana del +77% rispetto all'anno precedente».

I veterinari dell'ASL di Caserta, durante le ispezioni negli allevamenti, hanno rilevato non conformità più o meno gravi; è questo un primo grande problema, perché soprattutto nella zona cluster del contagio, molti allevamenti o sono contigui, o sono poco distanti uno dall'altro, il che determina una estrema facilità di allargamento del focolaio individuato in un allevamento. Diversamente da quello che si potrebbe ritenere, la diminuzione dei capi in uno spazio ristretto determina un aumento della produzione di latte, perché il mancato benessere animale pesa negativamente. Altra criticità su cui intervenire drasticamente è la gestione dei reflui provenienti da animali infetti: occorre combattere duramente contro lo sversamento illecito di letami nella rete di canali presenti in tutta l'area, e che spesso attraversano lo stesso allevamento. Il reticolo idrografico del bacino inferiore del Volturno è composto da oltre 2.000 chilometri di canali! È grazie al lavoro del Consorzio di Bonifica che si è sviluppato un prezioso intervento di ripulitura dei canali, di rimessa in pristino degli argini manomessi, che provocano allagamenti di allevamenti, di strade e di civili abitazioni.

Non sono mancate, in questi anni, resistenze rispetto al Piano di eradicazione della brucellosi, e anche azioni limitate di delinquenza. Ho voluto nominare commissario al Piano il generale Cortellessa, che sta facendo un ottimo lavoro, insieme ad altri militari dell'Arma suoi collaboratori, all'ASL di Caserta e all'Istituto Zooprofilattico di Portici. Le tensioni si sono determinate, con un ristrettissimo gruppo di allevatori – oltre il 90 per cento delle associazioni agricole condivide pienamente il Piano di eradicazione –, sulla questione delle vaccinazioni e dei controlli sanitari. Noi ci siamo attenuti rigorosamente alle prescrizioni delle autorità sanitarie nazionali ed europee.

Una considerazione

Abbiamo voluto illustrare, sommariamente, i contenuti più significativi della nostra attività di governo. Tenendo conto di quasi tre anni di emergenza Covid, si può comprendere che è stato fatto un lavoro enorme. Non so quante altre realtà istituzionali potrebbero presentare un tale bilancio. E quello che è ancora più interessante è che dentro questo quadro di attività e iniziative, si segnalano risultati di eccellenza, per i quali spesso la Regione Campania è al vertice nazionale: nel campo della sanità e della ricerca sanitaria; nei tempi di pagamento; nel programma di digitalizzazione; nell'organizzazione culturale; nel mondo della scuola, delle politiche sociali e ambientali; nel campo dei trasporti e delle opere pubbliche; nel campo della trasparenza e della sburocratizzazione radicale; nel campo delle startup e del trasporto gratuito agli studenti; nel campo delle politiche di bilancio e di un'amministrazione ispirata al rigore spartano. Possiamo davvero camminare a testa alta.

La nostra esperienza di governo si propone come un'alternativa alla linea dell'autonomia differenziata. Siamo contro ogni rigurgito di centralismo, in qualche caso neoborbonico, a cui stiamo assistendo. Ma si è dimostrato che si può esercitare una funzione di governo efficiente, efficace e trasparente: basterebbe una linea di sburocratizzazione spinta, e di decentramento di poteri, per ottenere un salto di qualità nelle politiche pubbliche.

Di tutto questo lavoro, che ho voluto richiamare in parte, chi ha mai sentito parlare in Italia? Chi, nel mondo dell'informazione, ha avvertito la necessità (il dovere...) di informarsi, e di pronunciarsi nel merito? Nove volte su dieci (potremmo anche dire dieci su dieci) quando ci si è riferiti alla Campania, lo si è fatto in termini o caricaturali, o per "sentito dire". Inutile dire che questo atteggiamento di totale lontananza da questa nostra esperienza, e di ignoranza dei suoi contenuti, ha sempre caratterizzato il gruppo dirigente del Pd. Non c'è mai stata la curiosità di capire, di apprendere qualcosa da questa straordinaria esperienza di governo. Si poteva trarre spunto dalla Campania, per immaginare un programma capace di tenere insieme solidarietà ed efficienza; capace di parlare alla povera gente e al mondo dell'imprenditoria dinamica; capace di parlare a diverse generazioni; capace di difendere fortemente il Sud, senza colpire in modo irresponsabile le aree avanzate del nostro Paese; capace di mettere in campo politiche per il lavoro, senza cedere ai ricatti, alle liste di lotta, alle intimidazioni, al plebeismo.

Ma tant'è. Abbiamo risposto alla nostra coscienza e ai nostri cittadini. Se vinci con quelle percentuali di voti in Campania, vuol dire che si è conquistato, prima che il consenso politico, il rispetto della gente. Quello che abbiamo fatto, lo abbiamo fatto nonostante il Pd.

Le ultime battaglie politiche nelle quali siamo impegnati, come Regione, riguardano questioni cruciali, rispetto alle quali l'azione del governo nazionale è francamente sconcertante. È grave, in primo luogo, la posizione assunta dal ministro per il Mezzogiorno, in relazione ai fondi FSC. È difficile, sinceramente, immaginare una posizione più fumosa e inconcludente, e insieme più penalizzante per il Sud: oltre 20 miliardi di euro bloccati per nulla, per mesi e mesi.

8
Nonostante il Pd

Prima di fare alcune considerazioni conclusive sul dopo primarie e sull'attuale realtà del Pd, vorrei ricordare qualche episodio della mia vicenda politica.

In tutti questi anni, voi non troverete un solo dirigente del Pd che abbia anche soltanto citato la Campania. C'è stata un'attenzione davvero maniacale a non pronunciare il mio nome mai, in nessuna circostanza. È stato un segno evidente di attenzione e di rispetto nei miei confronti. Non hanno voluto disturbarmi o, forse, hanno voluto stendere un velo pietoso su qualche elemento gravemente negativo legato alla mia persona e alla mia esperienza: non solo la conquista della Campania, risultando l'esponente del Pd più votato; ma addirittura la vittoria con il 70 per cento, in una regione dove, nel capoluogo, il Pd è al 12,2% (e questo appare francamente un oltraggio intollerabile alle buone maniere). E così, con queste pagine, tentiamo anche di sfuggire alla *damnatio memoriae* e di rispondere con un gesto di gratitudine al Pd, per non avermi mai dato disturbo, considerandomi un ospite. In effetti, questo atteggiamento dei gruppi dirigenti nazionali, il loro elegante distacco, mi ha procurato un rilevante vantaggio: non potendo infatti contare sul sostegno derivante dall'immensa reputazione di cui godeva il Pd, ho dovuto avvalermi di rapporti diretti con i cittadini e con le persone di carne e ossa (cavandomela alla buona…).

Ma è davvero straordinario il fatto che da sempre, il Partito (nelle denominazioni e forme assunte in tutti questi anni), ha mantenuto una coerenza assoluta: ostacolarmi, darmi fastidio, combattermi, al di là di ogni ragione, logica politica, onestà intellettuale, e di ogni rispetto per il sacrificio, la militanza, i risultati conseguiti con il lavoro duro.

Amarcord

All'inizio, fu l'elezione a sindaco di Salerno, avvenuta per la prima volta con il voto diretto, nel 1993. Ero vicesindaco nel pieno del terremoto-tangentopoli. Venne coinvolto in una vicenda giudiziaria l'allora sindaco (persona assolutamente corretta), che diede le dimissioni. In seguito allo scioglimento del Consiglio ci si avviò alle elezioni del 21 novembre. C'era allora il Pds.

Si apre una discussione sulla scelta del candidato sindaco. La segreteria nazionale, manco a dirlo, è contro la mia proposta. La motivazione è che un grigio funzionario di partito non va bene: bisogna, in quel clima di montante e accesa antipolitica, inventarsi una figura della società civile. Ovviamente, non si ragiona sulla capacità di governo, sugli interessi della città, sulla necessità di cancellare metodi di amministrazione profondamente clientelari. L'importante è inventarsi qualcuno che non provenga dall'esperienza politica. E ovviamente, non si tiene minimamente conto degli organismi dirigenti provinciali. Si pretende di decidere da Roma.

Era segretario nazionale Achille Occhetto, da me mai visto né sentito. Si decise di inviare a Salerno un esponente della segreteria nazionale, credo allora responsabile degli enti locali. Questo signore (tale Quercini) partecipa al dibattito del Comitato federale, che deve decidere sulla candidatura a sindaco. Alla fine del dibattito si vota. La mia candidatura viene approvata con 70 voti a favore e non più di cinque/sei voti contrari. Il messo nazionale non ebbe successo. E io, da candidato subìto dalle anime morte romane, lavorai per un programma aperto alle forze produttive, attento ai temi del lavoro e della trasformazione urbana. Mi presentai come candidato della gente, contro le "10 famiglie", il gruppo trasversale di notabili che da sempre condizionava la vita pubblica della città. Decisi di presentarmi con un simbolo civico: il simbolo di un acquedotto medievale conosciuto come l'"Arco dei diavoli". Non volli il simbolo di partito: non essendo in Emilia-Romagna e volendo vincere, decisi di presentarmi così. Per lo stesso motivo, per tutta la campagna elettorale, non volli al mio fianco la presenza di dirigenti nazionali del Pds, che mi avrebbero fatto perdere voti di sicuro. E anche per esprimere nei loro confronti il mio franco disprezzo.

Partì così l'esperienza di trasformazione urbana forse più significativa d'Italia, in una città media: dalle politiche sociali agli asili nido; dalla raccolta differenziata alle iniziative culturali; dalle infrastrutture alla grande architettura contemporanea; dal centro storico rinato alle Luci d'artista, a una ventina di parchi urbani, ai sagrati delle chiese riqualificati...: una città del Sud ha cambiato in qualche modo il suo destino; ha visto la realizzazione della metropolitana, della Lungoirno, di un porto turistico; ha conosciuto una filosofia urbanistica innovativa e straordinariamente efficace, con opere di Bohigas, Bofill, Zaha Hadid, Calatrava, Chipperfield, Nicola Pagliara, Riccardo Dalisi, ecc. Più di una volta il sindaco di Salerno è risultato primo per gradimento fra i sindaci d'Italia. E questo, agli occhi del partito, è stata la sua condanna definitiva.

Sempre nella città di Salerno, ho avuto la fortuna di vivere un'altra avventura indimenticabile, un'aggressione politica vergognosa nei miei confronti, in occasione delle nuove elezioni comunali del 2006. In quel caso, la vicenda ha assunto caratteri di violazione brutale di regole statutarie e democratiche, oltre che di vero e proprio linciaggio politico. Il partito regionale e l'area politica demitiana decidono di liquidarmi politicamente. Dava enormemente fastidio la presenza di un esponente politico pienamente autonomo dai potentati, e libero. Avevamo, negli organismi provinciali del partito, deciso la mia candidatura e avviato il lavoro di costruzione della coalizione di centrosinistra. Ovviamente, come sempre, il clima creato dal partito, dai potentati napoletani e romani, era di attacco e screditamento continuo nei miei confronti. Si lavorava da mesi a seminare incertezza, a creare un clima di isolamento nei miei confronti. Ma il lavoro di costruzione della coalizione era andato avanti. Gli altri partiti avevano già preparato le liste, in accordo con noi. Era tutto pronto.

A una decina di giorni dalla presentazione delle liste, accadde l'inimmaginabile. D'accordo con l'allora vicepresidente della giunta regionale della Margherita, viene inviato a Salerno il segretario regionale del Pds, che si installa nella sede della Margherita e avvia un lavoro di pesanti pressioni politiche nei confronti delle forze di centrosinistra, perché abbandonino la coalizione già costruita, e accettino di sostenere un altro candidato, deciso a Napoli, in violazione di tutti i passaggi democratici fatti nei diversi organismi. Fu un'iniziativa infame, che tendeva a cancellare una realtà politica di autonomia, e di non sottomissione a notabili esterni.

Fu un passaggio drammatico.

Ma fu per me un atto di coraggio, al limite della follia. Ho retto per il sostegno e la dedizione di tutto il gruppo dirigente della Federazione di Salerno, e per il sostegno popolare della gente dei quartieri. Resse lo spirito di dignità e di libertà della parte sana della nostra comunità. Mi presentai da solo. Fui il più votato al primo turno. Nel ballottaggio tutto il voto moderato confluì su di me. Sembrava la battaglia di un Comune medievale per la propria libertà. Fu la sfida più difficile ed esaltante; fu la scelta che mi ha procurato più tensione in tutta la mia esperienza. Ricordo le notti passate a domandarmi se non avessi osato troppo; se non mi fossi assunto la responsabilità di portare alla sconfitta tutta una comunità. Ma l'indignazione, l'istinto di libertà, il rifiuto assoluto di un atto di violenza e di prevaricazione erano più forti e incontenibili. Psicologicamente, ero pronto a giocarmi la vita. Mi capita, a volte, di arrivare a un punto nel quale, per istinto, per struttura genetica, non mi fermo alla ragione astratta, non faccio più calcoli, non accetto vincoli di nessun tipo. Si combatte, costi quel che costi.

Fu una vittoria straordinaria. A quella battaglia dobbiamo la realizzazione, a Salerno, di quella che ho voluto chiamare Piazza della Libertà, la più grande piazza d'Italia sul mare. La vittoria della libertà e della dignità di un'intera comunità doveva avere un suo simbolo, una sua testimonianza grande e maestosa. Quell'opera mi è costata un processo di dieci anni e più, ma ne è valsa la pena. Quando l'abbiamo inaugurata, ricordando l'amarezza e la sofferenza di anni, e guardando in piazza i miei figli, ho avuto l'unico cedimento emotivo della mia vita. Ma lì, davvero, c'era la mia vita.

A proposito delle campagne di tesseramento e dei congressi che si svolgevano dalle nostre parti, va detto che a Napoli c'era una tradizione consolidata: grandi accapigliamenti precongressuali, scontri sanguinosi, ma finti. Di fronte a queste vicende, quando arrivava un delegato nazionale a seguire i lavori e mi domandava preoccupato che cosa stesse succedendo, io lo tranquillizzavo subito, spiegandogli quale era il copione: il litigio era da curva sud, per tutta la durata del dibattito congressuale, con reciproche minacce di tuoni e fulmini. Poi, l'ultimo giorno di congresso, verso le 3 di notte, si riunivano i capicorrente e si mettevano d'accordo sulla composizione degli organismi o sull'elezione dei delegati. L'accordo non teneva conto del numero delle tessere realmente fatte e certificate, ma era un accordo "a peso". Si contrattava a lungo su quali erano le quote da assegnare a ogni componente, e quando si trovava il punto di equilibrio e di soddisfazione complessiva, il congresso si chiudeva. Quelli che erano sembrati duelli all'ultimo sangue, si rivelavano finzioni e sceneggiate. E alla fine, tutti sorridenti, a passeggiare sotto braccio l'un l'altro.

Mi capitò di seguire un congresso regionale (a Caserta nel 2011) nel quale i rappresentanti della federazione di Napoli pretendevano di avere una quota di delegati stabilita a tavolino, senza che fosse stata consegnata l'anagrafe degli iscritti, con il numero certo dei tesserati. Ci fu uno scontro duro. Decidemmo di bloccare fisicamente i lavori del congresso, finché non fosse stato consegnato l'elenco degli iscritti. Fu investita della questione la Commissione nazionale per il congresso. Tenemmo duro, fino a che non arrivò un comunicato della segreteria nazionale, il quale informava che il numero degli iscritti della federazione di Napoli era «presumibilmente di circa 15.000»! Dovemmo accontentarci, per far riprendere i lavori congressuali. Da sempre abbiamo mantenuto un atteggiamento di rigore nella vita interna. Lo ricordo per qualche cialtrone, che si è autonominato rinnovatore, non essendolo mai stato.

Altro episodio che ricordo è quello relativo a un mio rapido passaggio dentro il governo nazionale, da viceministro alle Infrastrutture nel governo di Enrico Letta, ma totalmente abbandonato dal partito. Ero ancora sindaco, e si poneva il problema dell'incompatibilità fra i due incarichi. Ma vi era, per me, una questione irrisolta e da affrontare con chiarezza nei confronti del ministro delle Infrastrutture, allora Maurizio Lupi, componente politica di Angelino Alfano. La legge aveva istituito i viceministri, in generale, per i ministeri che accorpavano più ministeri prima autonomi. Era il caso del MIT, che accorpava trasporti, lavori pubblici, marina mercantile. Si riteneva necessaria la nomina dei viceministri dove c'erano ministeri complessi. Per legge, il viceministro doveva avere la delega a "una o più direzioni", cioè una delega a una materia compiuta. Per settimane il ministro non firmò alcuna delega. Dopo mie ripetute sollecitazioni, mi viene fatta una proposta di deleghe spezzettate, senza neanche una direzione completa. Rifiuto, ovviamente, quello spezzatino, e chiedo al capo di gabinetto il rispetto del dettato della legge, in relazione alle competenze del viceministro. Comincia una trattativa e un'attesa snervante. Segnalo la cosa al segretario del partito e al presidente Letta. Tranne qualche balbettio, non si ritenne di prendere alcuna iniziativa nei confronti del ministro.

Rimasi da solo. Passavano i mesi. Il capo di gabinetto di Lupi faceva il furbo. Mi sembrava di averlo già incontrato come collaboratore di Bertolaso al tempo dei rifiuti a Napoli. Si presentava male, con il volto pallido, del tutto pelato, simil-salma: supponentino e furbino, ebbe l'ardire, a un certo punto, di propormi il trasferimento nell'edificio che ospita le Ferrovie dello Stato, lontano dalla sede centrale del ministero. Ricordo che di fronte ai ritardi che si accumulavano, anche per attrezzare il mio ufficio, una mattina strappai da una parete un blocco di contatori o di centraline, e lo buttai per aria, giusto per rendere comprensibile la mia posizione. Rimanemmo, così, separati in casa con il ministro, nella totale latitanza e indifferenza del partito e del presidente del Consiglio. Riuscii comunque, anche disarmato e senza deleghe – era per questo che contestavo l'incompatibilità, perché uno degli incarichi era vuoto – a sbloccare la tangenziale di Vicenza e una questione che impediva il prosieguo dell'alta velocità in Campania.

Mi presi, però, il gusto di restituire pan per focaccia al ministro Lupi. Cominciai a indicarlo nelle mie iniziative pubbliche come... la figlia di Fantozzi! In effetti la somiglianza fra i due era straordinaria! Credo che lui se la prendesse a male; di certo la cosa non aiutò a ricomporre i rapporti, ma mi procurò un godimento enorme. Lasciai l'incarico di governo, alla fine, e mi dedicai al lavoro di sindaco. Quella scelta mi spinse poi verso la candidatura e la successiva vittoria in Regione Campania. Dopo un po' di tempo abbiamo costruito rapporti di cordialità con Lupi, anche perché – come gli ho poi detto, sfottendolo – la sua scelta mi aveva fatto fare carriera!

La sfida regionale

Ancora un ricordo politico, nel percorso di avvicinamento alla Regione Campania. È quello relativo alla prima battaglia elettorale, quella del 2010, perduta. È indescrivibile il lavoro di ostruzionismo, di contrasto e contrapposizione vischiosa che mi veniva opposto. Venivamo, in Campania, dalla conclusione del decennio di governo del centrosinistra. Il rapporto con l'opinione pubblica era profondamente lacerato. La battaglia era francamente disperata. Potevo mettere in campo la credibilità che avevo acquisito nel lavoro di amministrazione della città di Salerno, e l'immagine di piena indipendenza e autonomia rispetto alle aree politiche, che avevano avuto nelle mani il governo della Regione. Ancora una volta, le segreterie regionale e nazionale erano unite nel tentativo di evitare la mia candidatura. Si perdevano mesi e mesi, senza decidere nulla. Si trattava di fare le primarie, come continuavo a chiedere, e di farle quanto prima possibile, per poter organizzare la coalizione e le liste, e almeno tentare la battaglia.

Non ci furono versi. Cominciò la ricerca spasmodica di un candidato "unico e unitario" da contrapporre a me. A un certo punto, dopo settimane di dilazioni e di ricerche infruttuose, dissi che un candidato unitario possibile c'era, ed era Gigione, il cantante del popolo e delle piazze. Ma l'ipotesi non piacque... Non c'era nulla da fare. Come sempre, si mise in campo di tutto per bloccarmi. Credo che per quattro volte fu spostata la data delle primarie. Alla fine, non si trovò nessuno disponibile a misurarsi con me. Si dovette prendere atto a malincuore. Ma, intanto, eravamo arrivati ormai a due settimane dalla data di presentazione delle liste. Non ci fu neanche il tempo di respirare. Mettemmo in piedi le liste e i candidati che fu possibile trovare e impegnare. Non si lavorava per vincere, ma per bloccare De Luca.

Facemmo, tuttavia, una straordinaria campagna elettorale. Si riuscì a creare un clima di entusiasmo. Decidemmo, con un atto di coraggio inaudito, di concludere la campagna elettorale in piazza del Plebiscito. Riempimmo la piazza, che nessuno aveva avuto il coraggio di affrontare dai tempi di Berlinguer. E ricordo quella serata conclusiva, quel comizio, come il momento più coinvolgente ed esaltante della mia vita politica. Ricordo che parlavo, ed ero quasi in trance. Non vedevo più nessuno, solo un mare di bandiere. La parola d'ordine era: cambierà tutto. Ci fu un'onda emotiva che sollecitò passioni sopite, ricordi di vita e di militanza.

Ricordo le parole con cui concludevo il comizio, con il cuore in gola: «Noi siamo quelli che si commuovono di fronte a una madre, che in un mercato, con il cappotto consumato, si misura l'euro nel palmo della mano, perché deve vivere la propria miseria con dignità. Noi siamo quelli che non riescono a girare la testa, quando trovano un tossicodipendente che muore per la strada; che non riescono a non soffrire per il calvario di un disabile; noi siamo quelli che vivono come figli propri i figli dei detenuti; noi siamo quelli che hanno imparato a respirare il dolore del mondo, la sofferenza dei popoli per le guerre, per le malattie, per le pulizie etniche. Così, per questo, ci siamo ritrovati, per questa comune umanità; ci siamo ritrovati, quelli che almeno una volta nella vita si sono ribellati a un'ingiustizia; quelli che hanno insegnato ai figli a non vergognarsi del sudore dei padri. Questa è la nostra storia. Per questo ci siamo ritrovati».

Un ricordo per me indimenticabile; una di quelle esperienze che danno senso alla militanza di una vita. Dopo la sconfitta, ci fu la campagna elettorale per il Comune di Salerno. I miei concittadini mi elessero con il 75% dei voti. Avevamo, comunque, gettato il seme per la successiva battaglia elettorale.

L'esperienza di governo della Regione comincia, concretamente, con la faticosa gestione delle primarie nel 2014. Ci furono, ancora una volta, tentativi ripetuti per evitarle. Ci furono, ancora una volta, innumerevoli rinvii, nel tentativo di individuare un candidato unico.

Fu una battaglia già solo ottenere lo svolgimento delle primarie, alla quale parteciparono, alla fine, Andrea Cozzolino e Marco Di Lello. Il risultato fu: 52% a De Luca, 44% a Cozzolino, 4% a Di Lello. Già allora, avevo indicato il cuore del mio programma per la Campania: una rivoluzione democratica. Fu davvero una battaglia eroica. Pesava, sullo sfondo, fornendo pretesti per strumentalizzazioni, la questione della legge Severino. A onor del vero, gli altri candidati furono corretti. Ricordo solo, di quel voto, un sms inviato a 24 ore dal voto stesso, ai suoi amici, da un sindaco di un Comune del napoletano che, mio sostenitore fino al giorno prima, invitava ora a votare un mio avversario. A parte qualche piccola miseria, fu una battaglia civile, il presupposto per il voto di maggio. Saviano aveva invitato i cittadini a non partecipare al voto, ma il suo appello non fu raccolto.

Ma le sorprese non mancarono nelle settimane successive. Il programma fu elaborato in maniera partecipata da gruppi di lavoro tematici, aperti alla società civile. Fu uno sforzo e un contributo politico davvero importante. Certo, non ci fu per me un momento coinvolgente come la conclusione della precedente campagna elettorale in piazza del Plebiscito. Quello rimane un momento esaltante, un atto di coraggio folle, con uno sforzo organizzativo immenso, migliaia di militanti emozionati e io con loro. Ma nel 2015 c'era più serenità, più sicurezza.

Non mancò, comunque, anche in quella occasione, uno dei tanti gesti di attenzione nei miei confronti, uno degli episodi più infami e vili che io ricordi. Il venerdì precedente il voto, alle ore 12, viene convocata la Commissione nazionale antimafia, presieduta dall'onorevole Rosaria Bindi, che aveva già convocato la stampa per le 12.10, per consegnare l'elenco degli "impresentabili" candidati. Io ero al posto d'onore, perché coinvolto in una vicenda giudiziaria, che durava da 19 anni (perché avevo rifiutato la prescrizione), e che mi vedeva imputato con l'accusa di "truffa" (si trattava di truffa all'INPS, per avere sollecitato la cassa integrazione, che secondo l'accusa non era dovuta, a vantaggio di 300 operai della fabbrica Ideal Standard, entrata in crisi). Era uno dei tanti episodi di barbarie visti nel nostro Paese, in una stagione di demagogia, di ipocrisia, di calpestamento del diritto e delle regole. Una uscita infame, come quella di Rosaria Bindi, non consentiva neanche di rispondere: erano le ultime ore prima del silenzio elettorale. Quando arrivarono le agenzie, ero a pranzo a Napoli con l'allora ministro Poletti, che guardava sconvolto la mia reazione, e vedeva cadere dal cielo tutti i santi del paradiso. Si concluse la campagna elettorale. L'uscita ignobile di Rosaria Bindi mi tolse qualche voto di opinione, ma compattò i nostri militanti.

Le ultime settimane di campagna elettorale furono drammatiche, in alcuni ambiti sociali. Le misure sciagurate prese dal governo nazionale sulla scuola (l'"algoritmo", che decideva il destino lavorativo e la vita di migliaia di docenti, soprattutto donne...) avevano creato un clima pesantissimo. Nel mondo della scuola, era cresciuto non solo un dissenso radicale, ma quasi un odio nei confronti del Pd. Dovemmo stringere i denti, esprimendo il nostro radicale dissenso rispetto al modo ottusamente burocratico con cui si erano affrontati i temi della riforma scolastica. Vincemmo. Nessuno mi disse neanche un grazie. Ma cominciò allora il nostro lavoro.

Per le elezioni regionali successive, nel settembre 2020, le ambiguità e il sabotaggio sostanziale della segreteria nazionale sono continuati senza remore. Arrivavano a Napoli membri della segreteria e, per mesi, alla domanda che ricevevano sul candidato uscente, o non rispondevano, o dicevano che «si parte dal presidente uscente», ma non si chiariva per arrivare dove. In realtà, si lavorava a Roma per spingere verso la candidatura di un Cinquestelle, Sergio Costa, e si diffondevano incertezze e dubbi, che tendevano a delegittimarmi: una vergogna, un segno di inciviltà e di viltà politica. Si faceva di tutto per togliere forza alla mia candidatura. Quei comportamenti di miserabile opportunismo crearono perfino disgusto fra i cittadini. Ma alla fine, vincemmo in maniera travolgente.

Elezioni comunali a Napoli

Merita, infine, un richiamo la vicenda dell'elezione al Comune di Napoli, in relazione alle miserie del gruppo dirigente del Pd. Occorreva individuare un candidato capace, in primo luogo, di affrontare i problemi della città; e tale, poi, da consentire la costruzione di una coalizione la più ampia possibile, a partire da un programma condiviso. Ma come sempre, il punto di partenza degli esponenti locali e nazionali del Pd non erano né le esigenze della città, né la qualità dei candidati: erano le esigenze della politica politicante romana. Per me, la figura del candidato doveva essere tale, da poterla proporre alle forze politiche protagoniste della coalizione regionale, il cui insieme era decisivo per vincere le elezioni. Ritenevo che a queste esigenze rispondesse la figura di Gaetano Manfredi.

E così, già dalla fine del 2020, in vista delle elezioni dell'anno successivo, quando era ancora ministro del governo Conte-2, contatto Manfredi per discutere di una sua possibile candidatura a Napoli. Mi esprime molta riluttanza all'idea: non chiude, ma rimane indeciso. Nelle settimane successive, e a più riprese, lo invito a riflettere e a dare una disponibilità piena. Nel frattempo, sollecito gli esponenti della federazione di Napoli a muoversi, per arrivare alla scelta del candidato. Viene alzato, come sempre, un muro di gomma. Era inutile con loro ricordare la necessità di stringere i tempi, per definire candidature e liste. Ricordo un incontro a Salerno con due dirigenti del Pd napoletano. Un mio collaboratore, spazientito dalla fumosità e dalla pretestuosità delle affermazioni degli interlocutori partenopei, finì per mandare al diavolo uno dei due.

Abbiamo imparato da tempo, che dietro posizioni e argomenti palesemente assurdi, c'è in realtà sempre qualche piccola manovra in atto. Fu chiaro tutto quando l'ANSA del marzo 2021 riportò la dichiarazione del dirigente della federazione di Napoli: «Fico è un'opportunità per la città» (!). Era un'idiozia in sé. E un atto di assoluta scorrettezza, perché la sera precedente, in una riunione ampia della coalizione, presente l'esponente del Pd, si era deciso di lavorare a un programma coerente, per poi, a partire dalla coalizione regionale, allargarsi a tutte le forze disponibili.

Fuori da Napoli, si lavorava in realtà per portare Fico al Comune di Napoli e alla presidenza della Camera un esponente del Pd! Della città non interessava nulla a nessuno. Della necessità di partire dalla coalizione vincente alla Regione con il 70% dei voti, meno che mai, pur sapendo che, senza il sostegno della Regione, Napoli sarebbe affondata. Proseguiamo allora con maggiore insistenza la pressione su Manfredi. E spieghiamo chiaro e tondo al Pd che l'onorevole Fico era improponibile, e non lo si sarebbe accettato. E così, alla fine, accolsero tutti la proposta di Manfredi. Poi, come sempre capita, quelli che avevano fatto di tutto per bloccare Manfredi si presentarono, con una faccia di bronzo stellare, come gli strateghi di una grande vittoria!

Incredibilmente, qualche mese fa, dopo le primarie, e nei mesi successivi fino alla serata dell'insediamento del nuovo segretario della federazione di Napoli, un esponente del Pd, noto per essere, oltre che una nullità politica, un maleducato, diffuse la sua stupidissima interpretazione sulla vicenda del Comune di Napoli, presentata come un modello virtuoso, rispetto alle elezioni regionali. La prima affermazione idiota era che la molteplicità di liste alla Regione aveva penalizzato il Pd, rispetto al Comune: ma nel voto regionale, a Napoli, il Pd ha ottenuto il 16,4%, mentre nel voto cittadino il Pd ha ottenuto il 12,2%, cioè il 4,2% in meno.

La seconda idiozia detta è che la moltiplicazione delle liste regionali era una prova di "trasformismo"! Solo che al Comune di Napoli furono presentate 13 liste e fra queste una lista "Azzurri per Napoli" con riferimento esplicito a esponenti di Forza Italia. Non solo. Ma nella giunta al Comune di Napoli c'era un assessore, che era già stato assessore della giunta regionale di centrodestra; e un secondo assessore già candidato di destra in altre elezioni. Intendiamoci, è stato giusto farlo. Chi sbaglia è il maleducato! Ma c'è di più, a proposito di trasformismo. Le liste di programma della Regione si sono costruite su un programma coerente e condiviso. Il trasformismo vero lo ha praticato a Napoli il Pd, per anni totalmente assente, subalterno alla giunta De Magistris, e alla fine aderente alla maggioranza del suddetto sindaco nella città metropolitana, senza alcun vincolo di programma, ma solo con l'obiettivo di fare un po' di clientela politica!

9
Il dopo primarie

Un Paese imbarbarito

Abbiamo visto fenomeni di rapida evoluzione del panorama politico nazionale. Abbiamo verificato la persistenza di nodi strutturali nel sistema economico del nostro Paese e la vischiosità dei processi di riforma istituzionale, giudiziaria e amministrativa. Abbiamo visto che il tentativo di modernizzazione, legato all'autonomia differenziata, così come proposto, è del tutto illusorio, e foriero di nuove lacerazioni nel Paese, e di una pesante penalizzazione del Sud. Abbiamo verificato che non vi sono né programmi chiari ed efficaci, né forze organizzate, né leadership all'altezza dei problemi del Paese. Non si vedono personalità dotate dell'autorevolezza e della forza politica necessarie a determinare la svolta che sarebbe obbligatoria, per condurre l'Italia ai livelli di crescita economica e sviluppo indispensabili a rientrare nel gruppo più dinamico dei Paesi avanzati. Abbiamo visto emergere problemi antichi (flussi di forte emigrazione giovanile interna; incapacità di impiego efficace dei flussi finanziari disponibili) e nuove emergenze (dall'ondata di migranti al problema di una decrescita demografica mai vista, ed enormemente preoccupante per il nostro futuro).

Il clima dominante è di incertezza, e di preoccupazione sulla nostra capacità di produrre le risorse e la ricchezza necessarie a garantire la tenuta dei grandi servizi di civiltà, a cominciare da una sanità pubblica in crisi profonda. Non c'è la consapevolezza diffusa della pesantezza dei problemi da affrontare: qui c'è un Paese da rinnovare dalle radici, c'è una vera e propria ricostruzione da realizzare. Ma la sensazione che si ha è che, alla fin fine, nonostante movimenti significativi nella vicenda politica nazionale, tutto sia destinato a incanalarsi nell'ordinaria amministrazione, nel già visto, nell'esaurirsi di spinte rinnovatrici, nelle eterne logiche di interessi politici di parte e di breve durata.

Non si respira neanche, in Italia, un clima di drammatizzazione. Prevale un sentimento di stanchezza, di scetticismo, di disincanto. Non si vedono slanci, né entusiasmi collettivi. Poi, una realtà di frantumazione e balcanizzazione delle forze politiche, l'emergere di sempre nuove e sempre inutili schegge partitiche, fa il resto: la dimensione dell'impegno pubblico diventa sempre più lontana, e sempre meno attraente per le persone normali. Le famiglie e l'ambito di relazioni private diventano assorbenti e rasserenanti. Io stesso partecipo di questo sentimento di disincanto, di disprezzo per tante immagini di vita politica, e tanti aspetti della realtà pubblica. Come potrebbe essere diversamente?

Per anni, chiunque abbia scritto o parlato della Regione Campania lo ha fatto senza conoscere assolutamente nulla della nostra realtà, riducendo sempre tutto a caricature e luoghi comuni, se non a vere e proprie e semplici aggressioni politico-mediatiche. Ho visto scorrere fiumi di ipocrisia moralistica, alimentata da autentici miserabili, di cui nessuno ha voluto misurare il rigore di vita e la coerenza politica. Ho visto poveri uomini scaricare le proprie frustrazioni in articoli di giornale o servizi televisivi. Ho visto calpestare, con un cinismo infame, la dignità e la vita e le famiglie di persone perbene.

Ho avuto mille conferme, ancora negli ultimi mesi, di una mia convinzione antica: in Italia vi è la camorra, organizzazione criminale strutturata, che uccide e ricatta; ed esiste, poi, il "camorrismo", che è la propensione a esercitare ogni forma di violenza, con l'uso delle parole o delle immagini, in un Paese in cui questa violenza, non meno criminale o omicida di quella armata, gode di una sostanziale impunità. Mi è capitato di assistere, per anni, ad aggressioni ignobili nei confronti dei miei figli, cui veniva negato il diritto di vivere la propria vita e le proprie passioni politiche, messi in croce per anni, e aggrediti con un livello di barbarie e bestialità indegno di un Paese minimamente civile, nell'indifferenza di tutti, e vittime privilegiate del camorrismo.

E dopo decenni di sacrificio, di rigore personale e politico, di mutilazione di vita, mi sono ritrovato io stesso oggetto di aggressioni da parte di cialtroni, di autentiche nullità, che avevano bisogno di attaccare me, in maniera volgare, solo per farsi pubblicità. Ho evitato mille volte di rispondere, per non regalare pubblicità gratuita, ricordando sempre la poesia di Trilussa (*La lumachella della vanagloria*) per spiegare il fenomeno: «La lumachella della vanagloria, che era strisciata sopra un obelisco, guardò la bava e disse: già capisco che lascerò un'impronta nella storia».

Con il nuovo corso del Pd ho visto strisciare per terra parecchie lumachelle di Trilussa e moltissimi idioti.

Vengo al Pd. Questo partito, nuovo-vecchio, è pienamente e totalmente dentro questa realtà del Paese, espressione della debolezza politica e programmatica, delle forme di moralismo ipocrita, della sostanziale impotenza politica. Avrebbe dovuto essere il punto di forza della ricostruzione dell'Italia; è oggi una presenza, quasi superflua e poco credibile, agli occhi di tanta parte dei ceti sociali produttivi e dinamici. Una forza politica totalmente autoreferenziale, nelle sue iniziative, nella sua vita interna, nei metodi di selezione della sua classe dirigente, che è espressione piena della politica politicante del nostro Paese. Non so se ha ancora la possibilità di trasformarsi in una forza autorevole ed efficace, capace di darsi un'identità forte e percepibile, e insieme una proposta politica e un programma espressione di un fronte sociale maggioritario. Comincio francamente a disperare. Almeno io, sono ridotto a fidare sulla creatività e imprevedibilità dei processi storici; a contare sull'emergere di possibili contraddizioni rinnovatrici; a credere nella volontà di credere; a sperare nell'apparizione di qualcosa di sostanzialmente nuovo e vivo nelle giovani generazioni, a prescindere dai tanti giovani nati vecchi e già ideologicamente corrotti, che si sono visti in questi anni.

Alla fine, il destino di ogni forza politica non è garantito; garantisce solo la capacità di apparire e di essere forza necessaria e utile per il Paese, e per la vita delle persone.

Il dopo primarie

Torniamo alle primarie del Pd. Per una valutazione di merito. Si sono svolte in tempi biblici, con una scelta di totale irresponsabilità, ma secondo le regole stabilite. Dunque, nulla da dire. Tranne che quelle regole sono francamente demenziali: non esistono nel mondo normale, e vanno radicalmente cambiate. Non esiste in natura un partito che si fa eleggere il segretario da chi non fa parte del partito, e magari neanche lo vota. È uno degli elementi di demenzialità pseudo-democratica, acquisiti negli anni dai vari gruppi dirigenti. A questo, fa seguito un secondo elemento di finta democrazia e di sostanziale ipocrisia: il carattere degli organismi dirigenti, fatti apposta per non dirigere e per non consentire una discussione vera, come è inevitabile in organismi di centinaia di membri. La logica che li ispira è quella dell'autoconservazione del gruppo dirigente ristretto, del gruppo dei capicorrente, che si riproducono in modo del tutto autoreferenziale. Il metodo di vita interna, come si è detto, è quello della selezione in negativo. Contano solo i processi di cooptazione. Le responsabilità, gli incarichi, i ruoli, sono totalmente separati dai meriti, dai risultati politici, dalla rappresentanza territoriale o sociale e dalla militanza.

Nel corso degli anni si è diffuso come una metastasi un meccanismo di selezione interna che obbliga ognuno a scegliere in quale corrente o clan incasellarsi, per farsi conoscere, per essere tutelato, valorizzato ecc.: cioè, un partito morto, indifferente al ruolo o spazio da garantire alle persone autonome, portatrici solo della propria militanza e del proprio lavoro politico; un partito chiuso, perciò, a ogni impulso e stimolo vitale, libero da filtri e da ipoteche correntizie, da obblighi di subalternità a qualche padrone. Questa asfissia è garantita sapientemente da "regolamenti" e norme statutarie e congressuali demenziali, funzionali solo alle pratiche correntizie e agli interessi di autoriproduzione notabilari.

Questi caratteri del Pd rimangono del tutto immutati anche oggi.

Ma domandiamoci quanto di rinnovamento reale si sia determinato con le primarie e se, invece, non si sia cambiata la maschera, lasciando intatta la sostanza. Come giudicare i proclami di rinnovamento, e anzi di palingenesi? Come valutare la loro credibilità? Non c'è dubbio che la spinta a un cambiamento radicale era forte, di fronte a un'immagine del tutto sfocata, impercettibile, paludosa, del Pd. E questo motiva anche risultati inattesi nelle aree urbane. Il problema è capire se si è andati verso un rinnovamento sostanziale o se si è lasciata intatta, dietro le immagini, la realtà di sempre. E qui il quadro diventa confuso.

Si sono ritrovati a sostenere l'onorevole Elena Schlein, tutti i principali responsabili del disastro elettorale! La stragrande maggioranza dei membri di segreteria, dei membri di governo, quattro ex segretari, notabili di lungo e lunghissimo corso, con relativi affiliati di corrente, erano tutti lì. L'onorevole Elena Schlein non ha avuto il coraggio politico di rifiutare questi appoggi, di prenderne le distanze, in nome della propria autonomia. Invece, li ha utilizzati appieno, prima, durante e dopo le primarie. In queste condizioni, il tasso di rinnovamento è destinato a essere vicino allo zero. Si sono utilizzati argomenti polemici al limite del ridicolo (il numero di candidature...), avendo alle spalle, a proprio sostegno, gente con tre, quattro, cinque, sei candidature! La stessa onorevole Elena Schlein, come si legge dalle cronache, si è serenamente concessa una tripla candidatura (Parlamento europeo, Regione Emilia Romagna, Parlamento italiano) senza problemi. E da quando era trentenne! Come dire, una cacicca *ante litteram*.

Abbiamo assistito a fatti di un trasformismo clamoroso, a proposito della vicenda di Articolo 1, che decide di rientrare nel Pd, a sostegno dell'onorevole Schlein. Cioè, i protagonisti di una vicenda di totale velleitarismo politico, una volta giunti, come era inevitabile, al fallimento, anziché entrare nel partito in punta di piedi, e magari chiedendo scusa a chi vi era rimasto a tirare la carretta, si sono visti premiare per la loro genialità politica, ricevendo una buona rendita di posizione negli incarichi nazionali. E così, ancora, sono venute nel partito, da pochissimo tempo, autentiche nullità politiche, che sono entrate da ospiti e si sono accomodate subito con i piedi sul tavolo.

Dunque, si sono visti organismi costituiti, non tenendo conto di meriti e militanza, ma di uno scoperto esercizio di correntismo, puro e semplice, aggravato da atteggiamenti di volgarità e presunzione da parte di molti dei nuovi arrivati. L'atteggiamento tenuto dalla segretaria eletta non era di chi aveva prevalso con poco più del 50 per cento, e aveva perduto nel voto di partito, e poi alle primarie in quasi tutto il Sud, ma di chi aveva guidato lo sbarco in Normandia! A questo atteggiamento di sostanziale e immotivata arroganza, faceva da contraltare un atteggiamento, per me incomprensibile e flebile, di chi era risultato perdente. L'alternativa che si poneva, a fronte dell'evidente rifiuto – pur con quei numeri! – di una gestione unitaria del partito, non era quella di sabotare, puntare al peggio, aspettare sulla sponda del fiume ecc. L'alternativa era una collocazione limpida, dignitosa e rispettosa, nella minoranza; un orientamento a combattere, per far maturare una linea politica alternativa!

E così, si è determinata una sorta di palude nel partito, che rimaneva sostanzialmente immutato nelle sue logiche interne. Grande volgarità è stata espressa, in ambito campano, da allievi dell'onorevole Elena Schlein, che si sono distinti da subito per idiozia politica, e che si sono affrettati ad alimentare unicamente una campagna di aggressione nei miei confronti – mentre il governo Meloni stava lì indisturbato. (E questo mi ha confermato nella convinzione, che ho maturato da lungo tempo, sulla assoluta necessità di aprire nella sede del Nazareno una sezione staccata di Psichiatria democratica).

Questa campagna è stata incoraggiata anche dall'onorevole Schlein, con qualche battuta sgarbata, e del tutto gratuita nei miei confronti, nel corso delle primarie. Si è aperto un dibattito lunare sul terzo mandato in Campania, a quasi tre anni dalla scadenza elettorale! Le persone normali erano allibite (qualcuno mi guardava perfino con sollecitudine cristiana, essendo io portatore di un misero mandato e mezzo). Si sono sollecitate vergognose campagne di stampa, con aggressioni mediatiche a puntate (cui hanno fatto seguito puntuali querele per diffamazione da parte mia, ovviamente)! Ci sono stati soggetti che, in questo modo, hanno dimostrato di avere tutte le caratteristiche necessarie per avere successo nel Pd: la nullità politica e la cafoneria mista a presunzione.

Uno dei nuovi statisti messi al vertice del partito ha addirittura annunciato l'obiettivo di lanciare una "guerra civile" (nulla di meno!) contro De Luca, nel silenzio compiaciuto della segretaria.

Su organi di informazione, scopertamente compiacenti, si gonfiavano sondaggi del tutto insignificanti. E intanto, in relazione alla nuova direzione del Pd, si registrava un crescente sconcerto e distacco da parte di esponenti del mondo imprenditoriale e professionale, del mondo cattolico, per l'assenza di iniziativa e proposta su temi economico-sociali, o per il modo ideologico in cui si affrontavano tematiche delicatissime, legate a questioni dal profondo risvolto etico (maternità surrogata ecc.). Insomma, anche questo è un tema di esplicita battaglia politica, dentro e fuori del partito, per affermare il fatto che la volgarità non è un argomento, che la buona educazione non è un optional, e che la sguaiataggine non è una linea politica.

Va rilevata, infine, quella che a me pare perlomeno una anomalia. Le cronache ci informano che la segretaria Pd ha una tripla cittadinanza (italiana, americana, svizzera). Io credo che un leader nazionale debba garantire ai cittadini italiani che le posizioni che assume non siano influenzate da fattori estranei agli interessi nazionali.

Il commissariamento del Pd

A conferma del fatto che i vecchi vizi erano tutti in piedi, vi è stata la vicenda del commissariamento del Pd in Campania: un episodio di pura cialtroneria, di volgare politica politicante, pompato, esaltato, glorificato sugli organi di informazione come atto di vigoroso coraggio politico e profondo rinnovamento. Era solo un miserabilissimo tentativo di ribaltare il risultato delle primarie in Campania, nelle quali l'onorevole Schlein era risultata perdente per 30 a 70. E questo, con una ridicola operazione di strumentalizzazione di un episodio banalissimo, pompato in maniera indecente dagli allievi dell'onorevole Schlein, a costo di gettare discredito sul partito campano e sulla dignità di decine di migliaia di militanti (di tutti gli orientamenti), che mai come in queste primarie avevano dato prova di totale correttezza.

Tutta questa cialtronata, ovviamente, è stata giocata, per settimane, contro il presidente della Regione Campania, cioè l'esponente del Pd più votato d'Italia, che aveva raccolto, solo in una regione, quasi il triplo dei voti ottenuti dall'onorevole Schlein in tutta Italia, e che con le primarie non c'entrava assolutamente nulla. Io, non avendo la possibilità di lasciare per sei mesi l'attività di governo, non avevo fatto nemmeno un'iniziativa pubblica nella campagna delle primarie.

Per capire cosa diavolo fosse accaduto, ho dovuto chiedere spiegazioni a chi faceva parte della Commissione regionale per il congresso. Mi hanno spiegato che, nella sola provincia di Caserta, su più di 90.000 partecipanti alle primarie in Campania, si era registrata un'irregolarità nelle procedure di tesseramento. Nessun fatto corruttivo, si erano pagate più tessere del numero consentito dal regolamento con una sola carta di credito. Tutto sommato, una bega di paese. Le tessere irregolari si potevano tranquillamente cancellare. Furono cancellate, infatti. La Commissione regionale aveva concluso il lavoro. Ma quando si era trattato di approvare formalmente la platea congressuale, in modo da procedere a concludere il congresso regionale, i componenti della commissione facenti capo all'onorevole Schlein si sono dati latitanti e non si sono più presentati, impedendo la presa d'atto della platea congressuale regionale. Sarebbe bello procurarsi i verbali delle riunioni della commissione, che certificano tutto questo, e che sono ovviamente a disposizione di chiunque fosse interessato alla verità.

Ma, ovviamente, la verità non interessava a nessuno. Era così bello prendere un pretesto, gonfiarlo in maniera ignobile e far partire l'attacco all'unico che non c'entrava nulla con le primarie di Caserta e della Campania. Settimane e mesi di divertimento, settimane e mesi di palle sul terzo mandato. Attacchi a chi aveva prestato la sua immagine di rigore a un Pd più disprezzato e ignorato, che combattuto. Che bello, che allegria, che stile, che genialità politica, che modernità, che ricchezza cromatica!

Per me, non c'era nulla di nuovo. Sono abituato da sempre alle idiozie di esponenti del Pd. Sapevo che si sarebbe poi costituita una segreteria nazionale "cencellinata". Così è stato: 21 membri (una curva sud, non un organismo esecutivo o operativo); dei 21 giovani e forti fanno parte tre o quattro persone di valore. Altri mi sono sconosciuti, e non giudico. Altri ancora, che conosco, sono sul piano politico inesistenti e qualcuno, anche esteticamente impresentabile: una sorta di spinone a pelo lungo.

La "campagna" di Napoli conosce alla fine un momento di gloria, di vero trionfo, con la nomina a commissario del popolo del senatore Misiani, persona sicuramente perbene, ma... Nell'incontro cortese che abbiamo avuto – alla presenza di testimoni roganti – ho augurato buon lavoro all'inviato pontificio. Gli ho chiesto di chiudere la sua nobile missione in un mese. A quel punto l'illuminato si è acceso; l'ho visto arrossire, titubare: «Non è semplice, la questione è complessa, la provincia di Caserta è grande, 900.000 abitanti...». Ho osservato che per fare il tesseramento nuovo bastava fissare come data un fine settimana, e invitare a tesserarsi chi voleva farlo; e che un mese era più che sufficiente: «Non so, vediamo, capiamo, dovete avere fiducia in me». Ho capito che aveva avuto, probabilmente, il mandato di andare a contattare tutti i 900.000 casertani, come il contatore dei piccioni a Venezia, nel film *Totòtruffa '62*.

Ma noi del Sud, noi eredi della Magna Grecia, noi che abbiamo assorbito nel nostro patrimonio genetico i tempi lunghi della storia, e regoliamo la nostra vita sulle ere geologiche, aspetteremo che si compia la profezia, e che tutti noi si possa cantare: *Verbum caro factum est, verbum panis factum est.* Il commissario del popolo ci ha trasportati in una dimensione mistica, è arrivato a Napoli nel pieno della campagna contro il terzo mandato, inventata dagli idioti del Pd. E in quella temperie di alta e nobile politica, a quasi tre anni dal voto regionale, di fronte al legato pontificio, mi sono sentito peccatore e misero proletario, io con il mio meschino mandato e mezzo, a fronte dei cinque mandati parlamentari dell'illuminato. Cercherò di fare mia la sua lunghissima testimonianza di fede.

Fra gli episodi più straordinari delle primarie, rimane per me incancellabile il prodigio, cui ho assistito nel diffuso clima di misticismo di quei giorni. C'è un esponente politico Pd che ho lasciato uomo di sagrestia, con il turibolo in mano; e che ho ritrovato, poi, vietcong, fedayin, talebano. Non si è mai vista una così fantastica trasformazione in terra. Si è palesato un vero e proprio transgender politico; un uomo candidato dai tempi di Giolitti, anzi di Depretis, anzi del connubio storico fra Cavour e Rattazzi: sicuramente, quando i due strinsero il patto, egli era nell'anticamera ad ascoltare e prendere nota per il futuro. Spero che mi tocchi, prima o poi, il privilegio di incontrarlo (da solo), per manifestargli tutta la mia commozione e ammirazione: dai canti gregoriani, dal biancofiore simbol d'amore, a *main sponsor* della rivoluzione in cammino! E intanto, «la vita fugge et non si arresta una hora».

Al di là degli elementi di folclore, il commissariamento del Pd campano ha finito per assumere i contenuti di un vero e proprio atto di delinquenza politica, la cui unica motivazione era il rifiuto del risultato delle primarie in Campania, con la sconfitta nettissima della Schlein (70 a 30), e il cui solo obiettivo era quello di ribaltare in modo truffaldino il risultato democratico. Un vero e proprio scandalo; un comportamento vile e indegno da parte di un gruppo di potere che ignorava le regole democratiche elementari, e che esprimeva, oltre alla propria nullità politica e programmatica, un carico di arroganza e di supponenza inimmaginabile, e una totale ignoranza delle regole base di rispetto e di civiltà dei rapporti. Alla domanda semplice «Perché impedite la costituzione degli organismi dirigenti regionali?», non veniva data nessuna risposta. Scandalo nello scandalo è stata la totale assenza della presidenza del partito, che avrebbe dovuto garantire il rispetto delle regole. Intanto, sia il Misiani che la Camusso (nominata a sua volta freschissima commissaria del Pd di Caserta) non mancavano di compiere atti di ulteriore irresponsabilità politica, firmando insieme con i peggiori notabili del centrodestra documenti di sostegno a quanti, nell'area casertana, ostacolavano il programma di eradicazione della brucellosi bufalina, concordato con il ministero della Salute a tutela del comparto produttivo e della salute pubblica!

Qual è, oggi, l'immagine del Pd che arriva all'Italia, ai nostri elettori? Il promesso rinnovamento epocale a che punto è? Per dirla con il mio amato Cervantes il Pd mi sembra avviato «per strade senza strada, e per sentieri senza traccia». Ho una sensazione non rassicurante: mi pare che, a oggi, l'immagine del Pd che arriva all'opinione pubblica rischi di essere quella di una forza politica collocata sulla china di un massimalismo parolaio e inconcludente, vicina a posizioni e linguaggio del politicamente corretto, ma lontana dal buon senso (comune).

Una prima conferma di questa sensazione è venuta dal voto amministrativo di maggio. Ovviamente, occorre fare tutte le premesse del caso: il voto amministrativo risente di situazioni locali; della figura più o meno trainante del candidato sindaco; dell'ampiezza e qualità politica della coalizione; dell'efficacia del programma e delle proposte. Ma non c'è dubbio che, quando si è di fronte a una tendenza generalizzata, vi è un dato politico, che segnala il rapporto esistente fra il Pd e la società italiana. Il voto di maggio è stato disastroso sul piano nazionale. Il commento fatto dalla segretaria nazionale è preferibile ignorarlo. Ha cominciato a emergere una situazione di forte isolamento del Pd e di totale inconsistenza programmatica. Tutti i tentativi fatti da organi di informazione compiacenti per "gonfiare" l'immagine dell'onorevole Schlein sono naufragati. Paginate intere dedicate a costruire il personaggio, ad accreditarlo come simbolo del rinnovamento e del decisionismo interno, sono andate in fumo. La vicenda ridicola e cialtronesca del commissariamento del Pd campano, che è stato presentato e giocato dall'onorevole Schlein come un esempio vigoroso di attacco a De Luca, si è persa sotto il peso dei dati elettorali. Alla fine, il Pd rimane in un vicolo cieco, davanti a una drammatica prospettiva di debolezza e precarietà, accentuata dal permanere di un atteggiamento di presunzione e supponenza francamente insopportabile.

Non è accettabile il modo disinvolto con cui si è assistito alla fuoriuscita dal Pd di esponenti di rilievo, quasi sbeffeggiati, senza capire il malessere reale e diffuso presente nel partito, in relazione a nodi politici sostanziali. Non è accettabile la condivisione dell'atteggiamento squadristico di chi impedisce alla ministra Roccella di presentare il suo libro a Torino. Non si può commentare il disastro delle elezioni amministrative con un «mettetevi comodi». A chi è rivolto il duro monito, ai numeri elettorali impietosi? E a chi è rivolta l'osservazione banale che la rivoluzione non è un pranzo di gala?

Abbiamo registrato atteggiamenti e affermazioni fortemente inadeguati: non può il segretario di un partito che vorrebbe parlare agli ultimi, al mondo del precariato e delle povertà, comunicare disinvoltamente la propria passione per l'"armocromia", con consulenze che costano 300 euro l'ora, cioè i due terzi di una pensione al minimo. Bisogna vivere fuori del mondo per non capire che quella immagine e quelle parole ci coprono di imbarazzo nel rapporto con la gente normale.

E poi le questioni politiche. Non si può mettere in discussione il rapporto con l'intero mondo cattolico assumendo posizioni del tutto ideologiche su temi dal forte contenuto etico e valoriale, come la questione dell'utero in affitto. Si può assumere una posizione di paludoso opportunismo sul termovalorizzatore di Roma? Si può assumere una linea altalenante e incoerente sulle tematiche internazionali e sulle armi all'Ucraina?

Vi sono poi le questioni del partito. Si può sequestrare il partito campano in violazione di qualunque elementare regola di rispetto democratico, e di tutela della dignità di migliaia di militanti, privati di organismi dirigenti, o addirittura, come a Caserta, per mesi, della possibilità di tesserarsi?

In queste condizioni il Pd non solo tradisce la propria ragion d'essere, ma si avvia, francamente, verso il declino. Questa prospettiva diventa inevitabile se si continua a fare politica sempre di rimessa, rispetto alle iniziative del governo. Nel frattempo non si fa nulla rispetto alla sostanziale cancellazione delle politiche di coesione per il Sud, cioè alle questioni di drammatico peso sociale ed economico determinate dalle scelte del governo, a partire dall'estensione della Zona economica speciale per tutto il Sud o un Piano per il Lavoro per il Mezzogiorno. In sintesi: il Sud è sostanzialmente cancellato; sono inesistenti i rapporti con il mondo imprenditoriale e professionale; sono ampiamente pregiudicati i rapporti con il mondo cattolico; sono stabiliti con i sindacati rapporti propagandistici destinati a evaporare perché il sindacato, oltre che delle bandiere al vento, ha bisogno alla fine di risultati concreti, e di aiuto politico-istituzionale per conseguirli; il quadro delle alleanze politiche è più che precario e incerto, oggi inesistente.

Falsi cacicchi – Cacicchi veri

La polemica politica legata alle vicende del Pd ha riproposto, puntuale come il destino, la diffusione dell'espressione "cacicchi", che è diventata negli anni di uso e significato o equivoco o mistificante. La parola è stata introdotta nella seconda metà degli anni Ottanta da un presidente del Consiglio per screditare o ridicolizzare i sindaci eletti direttamente con la nuova legge, che avevano in generale una grande popolarità e un forte radicamento. Possiamo dire che, con il passare del tempo, la parola "cacicco" ha finito per definire gli esponenti politico-istituzionali dotati di forte consenso elettorale, sovrapponendosi all'espressione "notabili", accompagnandosi a "capibastone".

Ovviamente, i notabili hanno rappresentato uno degli elementi di continuità nella storia politica dell'Italia, dall'Unità al secondo dopoguerra, legandosi prima a condizioni di censo o di privilegio familiare, e poi con i partiti di massa, al mercato delle tessere e dei voti. In questo caso la precondizione per la loro esistenza era il clientelismo, basato sulla disponibilità e sull'uso spregiudicato di risorse pubbliche, di discriminazione politica, perfino di illegalità e corruzione di massa. Oggi quelle risorse pubbliche, e il contesto legislativo che ne consentiva l'uso privatistico, non esistono più. Ma la parola ha mantenuto un forte significato spregiativo, al di là di ogni valutazione di merito, perché, come ricorda Pindaro, le parole hanno una vita più lunga dei fatti.

In realtà, i cacicchi-notabili sono stati parte della storia politica del nostro Paese. Potremmo rilevare una continuità di fondo nella vita pubblica e istituzionale, rappresentata dalla loro presenza, ovviamente con connotazioni diverse. Nella seconda metà dell'Ottocento, il notabilato aveva un prevalente legame con lo *status* e la ricchezza familiare, e condizionava la vita delle forze politiche con le intese personali, fino a tutta la fase giolittiana. Quelle presenze ricostituite (e integrate con nuovi notabili plebei/violenti), sono rimaste in auge nel periodo fascista.

Nel dopoguerra vi è stata una nuova "riconversione democratica": la funzione notabilare si è integrata con la vita dei partiti di massa, facendo leva sulla disponibilità di risorse pubbliche da distribuire, di mercato delle tessere per rafforzare il ruolo delle correnti di appartenenza. Ha scritto Luigi Musella[23]: «Al di là delle sigle partitiche il ceto di governo si è continuato a muovere così come fece la classe liberale: alleandosi a volte anche trasversalmente, attraverso operazioni dai tratti individualistici e personalistici. Non è un caso allora che si è continuato a parlare di notabilato. Infatti notabili erano i primi democristiani, come gli esponenti di altri partiti di governo». In effetti «non cambiò il modo di concepire la gestione delle risorse e l'organizzazione del consenso. Lo scambio personale e la formazione di raggruppamenti intorno a individui-leader restarono il tratto caratterizzante dell'area governativa degli anni del

23 L. MUSELLA, *Il trasformismo*, il Mulino, 2002, pp. 124-141.

secondo dopoguerra»; e «lo stesso Parlamento iniziò a rivelare un doppio volto: il volto obbligato delle votazioni pubbliche per appello nominale, e il volto autentico delle votazioni a scrutinio segreto. I successori di De Gasperi si trovarono in effetti a contrattare con una oligarchia di notabili».

Giuseppe Galasso ha scritto pagine acute nella descrizione di nuovi e vecchi notabili, sottolineando la continuità della loro presenza nella vita pubblica nazionale[24].

Ma oggi quel tipo di notabili è scomparso. Sono rimasti sulla scena i cacicchi veri, quelli che vivono di vita parassitaria dentro i partiti, protetti dalle correnti di appartenenza. I caratteri dei nuovi e veri cacicchi sono questi: nessuna rappresentanza democratica; nessuna capacità di governo; nessuna coerenza politica; nessun radicamento né elettorale, né sociale, né territoriale. Sono vere e proprie anime morte sul piano politico, esperte nella tecnica di occupazione di spazi congressuali, con mozioni anche individuali; utilizzatori di regolamenti costruiti per la loro tutela e autoriproduzione all'infinito; figli della cooptazione eterna e dell'autoreferenzialità; scorie morte rispetto alla vita democratica e allo scambio con la società e gli stimoli esterni al partito, che trasmettono questa chiusura autoreferenziale e asfissia all'insieme del partito, di cui assumono spesso la rappresentanza nei luoghi di direzione e di governo, protetti da candidature garantite, mai sottoposte a consenso personale, e senza limiti numerici, nonostante la loro nullità politica.

Oggi il grosso dei dirigenti nazionali del Pd è costituito da cacicchi veri, mai individuati e denunciati come tali da un mondo dell'informazione che si considera esonerato dal dovere di analizzare e capire nel merito situazioni e per-

24 G. Galasso, *Italia nazione difficile*, Le Monnier, 1994.

sone. Siamo arrivati al paradosso che oggi si definiscono cacicchi quelli che hanno rappresentatività democratica, consenso elettorale, stima pubblica e capacità di governo: un mondo completamente capovolto!

Sull'abuso d'ufficio: fra opportunismo politico e incultura giuridica

Non poteva mancare l'ennesima prova di vuoto programmatico e di cinismo da parte del Pd, nel momento in cui il governo ha proposto con forza il superamento dell'"abuso d'ufficio". Per anni e anni ho posto il problema dell'anomalia insostenibile di questa figura di reato del tutto evanescente. Negli ultimi anni, finalmente, anche l'ANCI ha posto con insistenza il problema. Di fronte all'iniziativa del ministro Nordio il Pd viene preso in contropiede, e si presenta ancora una volta ridicolmente impreparato e in totale disaccordo con il movimento dei sindaci e degli amministratori locali, cioè delle figure politiche più rappresentative fra gli eletti. Si sono riascoltate, da parte di esponenti di partito, i soliti ideologismi e le banalità di sempre (il Registro riservato delle intercettazioni...). Si sono proposte argomentazioni apparentemente ragionevoli ma con un limite: quello di essere completamente fuori del mondo reale.

Se c'è un partito che non ha titolo per intervenire sulla questione è il Pd, per gli anni e anni persi senza concludere nulla di sostanziale, pur avendo avuto posizioni di governo: come sempre, quando non si decide e le situazioni si incancreniscono, poi si interviene in maniera drastica. Non ha titolo a disquisire il Pd, per il cinismo di cui ha dato prova. Le statistiche ci dicono di oltre 5.000 casi giudiziari e di solo 18 condanne: 5.000 persone si sono viste la loro dignità e onorabilità calpestate senza che il Pd abbia detto una sola parola, pur pronunciando mille volte al giorno la parola "diritti". E ancora, per aver accettato opportunisticamente che le sanzioni previste dalla legge Severino per gli amministratori locali e i funzionari pubblici in seguito a condanna di primo grado per abuso in atto d'ufficio, non si applicassero per parlamentari e membri di governo, in un contesto di vergognosa tutela della casta centrale.

E infine, non ha diritto di parola il Pd, per non aver contrastato – pur parlando mille volte al giorno della Costituzione da difendere – il dilagare della "giustizia mediatica", cioè di una degenerazione anticostituzionale del sistema giudiziario, che ha visto stritolati migliaia di cittadini. La giustizia mediatica, la post-giustizia, è una faccia dell'affermarsi della post-democrazia: la giustizia è diventata spettacolo in un rapporto malato con il sistema dell'informazione; «non è solo informazione o cronaca giudiziaria [...] ma anche autentico "intrattenimento", sempre più incline al voyerismo giudiziario». Si è andata affermando una giustizia senza processo che «antepone lo show al racconto e lo share alla concreta rappresentazione dei fatti».

Questo sistema «produce effetti perversi sui diritti fondamentali dei soggetti coinvolti e sulla giustizia reale», poiché non solo colpisce «la garanzia di presunzione di innocenza, chiaramente negletta nel processo parallelo celebrato sui media, che presenta l'indagato come un colpevole in attesa di giudizio», ma gli impone «una immediata degradazione pubblica e una liquidazione anticipata del proprio capitale reputazionale che non sarà mai risarcita». E a chi parla del diritto di informare e di essere informato, va detto che «il bilanciamento tra i valori in gioco [...] registra un evidente disequilibrio nel panorama attuale, a tutto scapito dei diritti fondamentali dei singoli soggetti, che troppo spesso finiscono in pasto ai "cani di guardia della democrazia", rimanendo annichiliti dalla prevalenza della libertà di informazione: una libertà che tende all'impunità», e a una «impropria supplenza giudiziaria[25]».

Oggi, con vergognoso e sconcertante ritardo, i profeti e i saggi del giorno dopo riconoscono che è necessario riformare, ma senza cancellare, l'abuso d'ufficio: una formula insignificante, non applicata per anni, neanche quando magistrati di valore come Raffaele Cantone proponevano modifiche ragionevoli. Oggi è necessario partire dal superamento del vizio di fondo: il trasferimento di una materia amministrativa, di competenza di TAR e Consiglio di Stato, sul piano penale. Occorre partire da zero. Se ci sono poi limitate fattispecie precise e non vaghe di comportamenti penalmente rilevanti, si può intervenire con rigore; ma liberandosi definitivamente dell'atteggiamento legislativo che assume come presupposto implicito l'idea che sono tutti ladri e delinquenti.

È bene, infine, ribadire per l'ultima volta che la mancanza di una riforma seria e profonda della giustizia continuerà a produrre squilibri anche all'interno della magistratura, provocando una selezione in negativo, penalizzando i magistrati dedicati con rigore alle proprie funzioni istituzionali e alla cura del diritto, a vantaggio di chi si dedica alla cura delle pubbliche relazioni e dei rapporti con i media. Ma soprattutto, la mancata riforma è destinata a produrre reazioni e provvedimenti drastici: si può ipotizzare facilmente che l'esito drammatico prevedibile sarà alla fine il controllo politico della magistratura. E allora, non servirà a nulla stracciarsi le vesti e gridare al golpe. Noi dobbiamo difendere con i denti solo una cosa: la piena autonomia e indipendenza della magistratura, che non è un privilegio ma un bene per i cittadini. Tutto il resto deve essere discusso e, se necessario, riformato in profondità.

25 V. MANES, *Giustizia mediatica*, il Mulino, 2022, pp. 9-13.

Si può immaginare di costruire in queste condizioni una prospettiva di governo? Si può immaginare che il Pd possa reggere a lungo al nulla politico? Possono fingere di crederlo solo quelli che (maggioranza e minoranza) nascondono dietro l'"unità del partito" la sostanziale palude di trasversalismo realizzata, priva di dignità e chiarezza politica, e funzionale non alla tutela del partito, ma alla tutela delle posizioni personali già contrattate, nella totale indifferenza rispetto al destino del Pd, e al rinnovamento del Paese.

10

Prime crepe di governo. L'elogio contemporaneo della coerenza e dell'incoerenza

A un anno dall'insediamento del governo Meloni, dopo il consueto periodo di luna di miele, dopo l'interesse suscitato dalla novità di un premier donna, dopo una campagna elettorale regionale e amministrativa importante e vittoriosa per il centrodestra, dopo una serie di iniziative internazionali che hanno consolidato l'immagine della premier, è possibile rilevare anche il primo emergere di criticità nella vita del governo.

La propaganda sul «cresciamo più di tutti i Paesi d'Europa» comincia a sgonfiarsi alla luce dei dati economici reali. L'inflazione scende ma i prezzi degli alimentari al consumo salgono o rimangono invariati, mordendo sulle famiglie. Ma soprattutto i dati macroeconomici resi pubblici dall'ISTAT a inizio settembre sono preoccupanti e confermano un rallentamento della nostra economia. Si registra un calo dell'occupazione e un PIL in sensibile discesa nel secondo trimestre (-0,4%), e questo spinge al di sotto dell'1% il PIL sia per il 2023 sia per il 2024. L'obiettivo perseguito di centralizzare quanti più poteri sulla presidenza del Consiglio si sta rivelando disastroso. L'attività del ministro Fitto è ormai produttrice di perdite di tempo insostenibili: dallo scioglimento dell'Agenzia per il Sud (sette mesi persi), all'attività snervante e a lungo inconcludente per la modifica del PNRR, all'infinita trattativa per la terza e la quarta rata, alla cancellazione di opere per 16 miliardi, alla sottrazione di risorse per sanità e territorio, ecc.: siamo di fronte a un quadro obiettivamente sconcertante di incapacità amministrativa e di mancata concretezza.

Nell'ossessione di ricondurre tutto alla presidenza del Consiglio, si è aperta una battaglia per la "riorganizzazione" del ministero dell'Economia, con duplicazioni di dipartimenti, con la rimozione dal MEF della funzione di programmazione sul PNRR. Su questa ipotesi di riforma, nonostante le riserve pesanti avanzate dal Consiglio di Stato, la presidenza del Consiglio va avanti, con perdita di tempo ulteriore, con nuova confusione di ruoli e funzioni, e con uno scontro latente con la Lega e il MEF. È stato un segnale grave la rimozione del direttore generale del Tesoro Alessandro Rivera, senza alcuna motivazione.

È andata crescendo la divaricazione fra l'impegno internazionale del premier e la concreta realtà del Paese. Intanto, va emergendo anche l'esagerazione sul ruolo dell'Italia, che comincia ad apparire leggermente velleitario (l'Italia al centro dell'Europa, al centro del Mediterraneo, al centro degli equilibri euroatlantici, ecc.). Vi sono poi altre vicende – La Russa, Santanchè, Delmastro – che di sicuro non hanno accresciuto il prestigio e la dignità istituzionale del governo. Quello che preoccupa è la riapertura, per vicende fra penose e marginali, di uno scontro con la magistratura francamente inopportuno.

Vi è un moltiplicarsi di decisioni-boomerang. Innanzitutto, la sbandierata istituzione della social card, un esempio clamoroso di propagandismo a vuoto. Il ministro dell'Agricoltura comunica lo stanziamento di 500 milioni per lo scopo. Ma come funziona la card? Ne hanno diritto (382 euro una tantum!) tutti i nuclei familiari con ISEE sotto i 15.000 euro, formati da almeno tre persone e non percettori di reddito di cittadinanza: quindi, due anziani soli o un genitore povero con un solo figlio sono esclusi. Ma la stupidità non si ferma qui. Siccome con 500 milioni non copri tutti i potenziali beneficiari, il governo manda ai Comuni due elenchi: quelli che possono essere coperti e i cittadini esclusi. Quindi, nuclei nelle stesse condizioni hanno trattamento diverso. A Napoli città il primo elenco è di 31.000 cittadini; il secondo elenco, degli esclusi, è di 42.535 unità. Ovviamente, tutti pensano di avere diritto al bonus, e cominciano così a vagare fra Comuni, INPS, uffici postali: un caos inimmaginabile, una vergogna assoluta.

Non meno luminosa è stata, per sensibilità umana e per linearità politica, la vicenda relativa alla sospensione del reddito di cittadinanza. L'INPS invia un sms che annuncia l'interruzione dal 1° agosto del reddito. Ma siccome fra i percettori a cui viene sospeso, ci sono anche persone non occupabili, ma in condizione di grave disagio sociale, si scarica sui Comuni la responsabilità di "recuperare" i fragili, cui viene confermato il reddito fino a dicembre. E per gli occupabili esclusi? Si decide che devono registrarsi su una piattaforma che ancora non c'è, che si prevede sia attivata per inizio settembre, e solo dopo devono rivolgersi ai Centri per l'impiego per avviare la formazione. Prima, però, devono accreditarsi presso almeno tre agenzie private di formazione! Un altro manicomio, che ha creato tensioni inutili, anziché produrre una riforma seria e sicuramente necessaria.

Ma dove il governo ha subìto un colpo politico è sul salario minimo. La forte sensibilità dell'opinione pubblica, a fronte di una perdita enorme del potere d'acquisto dei salari, fra i più bassi d'Europa; il peso dei sondaggi e le diverse anime presenti anche nelle forze di maggioranza hanno costretto l'onorevole Meloni, che era partita lancia in resta, a fermarsi e a dare un'apertura. Il grosso dell'opposizione ha potuto prendere un'iniziativa unitaria efficace. Occorre vigilare per evitare che le aperture si rivelino solo tecniche dilatorie. Ma occorrerà anche evitare di ideologizzare un problema che è obiettivamente complesso.

Il primo sforzo da fare è quello di unificare il mondo sindacale su una proposta condivisa. Credo poi sia utile promuovere un approfondimento tecnico con esperti lavoristi, economisti, magari in collaborazione con l'Ufficio parlamentare di bilancio. È essenziale, per evitare scelte addirittura controproducenti, capire le conseguenze delle decisioni che si vanno a prendere. Faccio qualche esempio dei temi da approfondire. È banale ma reale l'osservazione che al Sud si potrebbe avere un incremento di lavoro nero, soprattutto in agricoltura e nei lavori domestici, nei quali si registrano salari più bassi, ma dove vi è almeno una emersione dal nero e il pagamento dei contributi. In alcuni settori dei servizi, poi, si potrebbe creare l'effetto di far lavorare più ore con pagamento orario di 9 ore (i controlli sarebbero quasi impossibili...). Inoltre, sarebbe di fatto messo in crisi l'apprendistato, per cui vi è un salario d'ingresso di 7 euro, a fronte di un impegno e di investimenti nella formazione da parte dell'imprenditore. Ma questo garantisce al giovane formato occupazione stabile, e spesso al di sopra del salario previsto dai contratti nazionali di categoria. Occorre infine verificare quanto l'aumento dei salari e dei costi d'impresa si scaricherebbe sui prezzi dei beni e servizi, con un potenziale incremento di inflazione. Vi sono, come si vede, questioni di grande rilievo da approfondire, e non per perdere tempo, ma per decidere presto e in maniera positiva per i lavoratori e per il sistema economico del Paese.

Fra le criticità emerse nell'azione di governo c'è una situazione di drammatico definanziamento della sanità pubblica, dove si registrano tagli pesanti come nel PNRR, o posizioni francamente irresponsabili. Ormai l'attuale governo sembra non avere più nemmeno l'imbarazzo ad ammettere che ci si avvia verso una rapida privatizzazione del servizio sanitario, portando a livelli mai visti la percentuale di risorse impegnate direttamente dai cittadini per la propria cura. In questo contesto, diventa indispensabile aprire una battaglia a fondo contro lo scandalo del numero chiuso a Medicina. Qui siamo di fronte a una vicenda sconcertante, che è divenuta negli anni occasione di affarismo, oltre che una scelta di discriminazione sociale (5.000 euro è il costo pro capite da pagare a una delle tante agenzie che preparano i giovani ai test d'ingresso...); è una situazione demenziale dal punto di vista del bisogno di personale medico; è vergognosa rispetto a migliaia di ragazzi ridotti in una condizione di depressione dopo la serie di test-truffa non superati.

Nel corso di questi mesi si è registrato il raddoppio di sbarchi di migranti nel nostro Paese. La Meloni era partita dalla proposta di blocco navale per risolvere il problema. Come premier ha avviato innumerevoli contatti con le autorità europee, con i principali Paesi dell'Unione. Nonostante qualche incidente con la Francia, veniva comunicato al Paese che si era finalmente riusciti a ottenere nuovi e straordinari impegni da parte dell'Europa. Era evidentemente un grande bluff politico. Il governo italiano non ha ottenuto nulla, e la situazione nei centri di accoglienza e nei Comuni è al limite della sostenibilità.

Va registrata una tendenza sempre più marcata del governo verso forme di propagandismo politico, con limiti seri di concretezza e di correttezza. Si diffonde la "annuncite". Il ministro Urso annuncia a luglio una politica di controllo sui prezzi, la quale però può partire solo da ottobre. Ma intanto si registra una vera e propria esplosione del prezzo della benzina nel pieno della stagione estiva, insieme con rincari pesanti nelle attività turistiche. Si approva una delega fiscale annunciata come un fatto storico, ma ci si dà un biennio per concretizzare i provvedimenti, senza indicare le coperture finanziarie. Intanto, un segnale di forte divisione interna alla maggioranza di governo – oltre che di irresponsabile dilettantismo – viene dalla proposta di tassazione degli extraprofitti bancari. La Meloni rivendica in pieno come esclusivamente sua quella decisione. E questo rivela un elemento di arroganza verso forze della sua coalizione, sintomo dell'emergere di un "delirio di onnipotenza" foriero di tensioni future.

Rispetto all'alluvione in Emilia-Romagna i ritardi del governo appaiono francamente sconcertanti: non si riesce nemmeno a indicare una data certa per i ristori a imprese e famiglie. Ci si copre di gloria quando un ministro organizza in pompa magna a luglio un evento al limite e oltre il limite del ridicolo, per comunicare al mondo l'avvio di un servizio di alta velocità Roma-Pompei, ma con una corsa una volta al mese! Si arriva all'indecenza sul Teatro San Carlo: il governo approva una legge *ad personam* per sostituire il soprintendente, ma questa legge viene censurata dal giudice del lavoro che impone il reintegro del soprintendente rimosso, in una situazione di caos amministrativo! Va emergendo, poi, un po' dappertutto nei territori una qualità del ceto politico, soprattutto di Fratelli d'Italia, che è spesso al di sotto della soglia minima di decenza e correttezza istituzionale: non si contano gli eventi istituzionali utilizzati per fare passerelle di partito. E infine, le questioni più rilevanti spostate in autunno per non affrontare nodi sostanziali e diversità di posizioni anche nella maggioranza sono ormai tutte davanti al governo, dalla questione del MES al pacchetto giustizia del ministro Nordio, ai tempi e ai contenuti dell'autonomia differenziata.

C'è ormai un affollarsi di scadenze ineludibili – oltre a quelle della legge di bilancio – rispetto alle quali non sono acquisiti né contenuti né tempi di decisione condivisi.

Al di là di queste criticità e incongruenze, non si può non sottolineare la profonda divaricazione fra le posizioni e proposte avanzate dal premier negli anni dell'opposizione, rispetto alle posizioni e iniziative assunte nella funzione di governo. Si è parlato di una Meloni-1 e di una Meloni-2. (Ma quanto è stato lungo e pesante il silenzio della Meloni rispetto a suggestioni razziste di un generale nel Paese che ha conosciuto la barbarie delle leggi razziali!) La cosa incredibile è che questo clamoroso scarto di coerenza ha finito per trovare commenti compiacenti o addirittura apprezzamenti rispetto a una leader la cui credibilità era stata legata alla sua "coerenza" politica. E così, abbiamo assistito all'elogio contemporaneo della coerenza e dell'incoerenza, da parte dell'Italia dell'opportunismo militante ed eterno.

Ora, è evidente che l'abbandono di posizioni demagogiche e populiste è comunque un fatto positivo. È evidente anche che i toni che si assumono dall'opposizione non possono che essere diversi rispetto a quelli assunti nel ruolo di governo. Ma tutto questo ha un limite. Non è per nulla fisiologico, e dunque non censurabile, quello che appare in molti casi un vero e proprio capovolgimento di posizioni. C'è il limite del trasformismo volgare, che è inaccettabile.

E c'è un problema ancora più di fondo e importante. La democrazia impone alle forze politiche anche un dovere di educazione del cittadino alla democrazia; impone lo svolgimento di una funzione "pedagogica": abituare la gente a costruirsi una coscienza critica, una capacità di formarsi le opinioni in base al giudizio sulle diverse posizioni e proposte politiche in campo. L'abitudine di fare in concreto il contrario di quello che si è promesso o predicato – abitudine abbastanza generalizzata – è comunque un comportamento indegno, che indebolisce la democrazia e contribuisce a far crescere il distacco dalla vita politica e dalle istituzioni.

In ogni caso, da tutte queste prime rilevanti criticità emerse, cresce la necessità di costruire un'alternativa di governo credibile e forte. Possiamo dire che vi è oggi una tale alternativa, capace di presentarsi come più convincente rispetto ai problemi di vita e di lavoro della maggioranza dei cittadini italiani? Per il momento non se ne vede traccia. E questo rischia di essere la più forte assicurazione sulla vita per il governo Meloni. Anche perché la verifica delle incoerenze non basta di per sé a creare le condizioni per un'alternativa. Come osserva Giovanni Orsina[26], la razionalità astratta non basta da sola a determinare gli orientamenti di opinione. L'elettorato di destra «ragiona in maniera differente da come l'opposizione immagina che ragioni, e dell'incoerenza di Meloni gli importa poco o nulla». Il cittadino, oltre che per le politiche concrete, «vota pure per sentirsi rappresentato, antropologicamente ma anche culturalmente, da chi lo governa». È importante «la capacità di entrare in sintonia spirituale con un blocco elettorale».

Ovviamente, la fiducia e il consenso motivato prevalentemente da ragioni di consonanza di simboli, di linguaggio e di valori non possono durare in eterno. Ma perché si determinino svolte politiche occorrono leadership credibili, capaci di conquistare fiducia e di proporre sintonia umana e comunicativa agli elettori. Occorrerebbe ogni tanto per-

26 G. Orsina, «La Stampa», 23 agosto 2023.

fino un linguaggio di semplice buonsenso. Ma tutto questo a oggi non c'è.

E intanto va avanti in modo tanto determinato quanto irresponsabile l'iniziativa di centralizzazione di poteri e competenze, con il solo scopo di ampliare a vantaggio del Governo l'area di gestione diretta e politicamente condizionata di quante più risorse possibile. La decisione di centralizzare la gestione delle aree ZES, senza minimamente considerare competenze ed esigenze di efficienza operativa, appare scandalosa.

Conclusioni

Mi è capitato di domandarmi, più di una volta, quanto ci fosse di autoillusorio, di puramente ideologico, e in definitiva di finto, dentro tutto il percorso politico che ho compiuto, e nella concreta realtà della vita di partito, e nella sincerità dei valori affermati pubblicamente. Mi sono domandato quanto di consapevole doppiezza e di ipocrisia ci fosse in tanti, che hanno avuto funzioni di direzione al massimo livello, e che poi, cambiata vita, hanno assunto comportamenti in totale contraddizione con il ruolo precedente. Ho pensato che tutta la dimensione di idealità, di mitizzazione di cose e persone, sia esistita in realtà solo nella mia testa. Ho avvertito una sensazione di tradimento e un sentimento di rabbia, tanto più forte oggi, dopo anni nei quali ho trovato completamente estraneo, lontano, sconosciuto o ostile il concreto modo di essere del partito e la dimensione della politica.

Ora, non posso non pensare che tutto questo mio percorso sia stato un'atroce ingenuità, il frutto di una solitudine esistenziale, un aspetto dell'essere figlio della povera gente, inevitabilmente destinato all'isolamento. Non posso non riconoscere, non posso non prendere atto che (una volta esauritasi la forte spinta motivante e disciplinante delle grandi ideologie) la dimensione "normale" e ordinaria dell'attività politica è questa. Era davvero un sogno illusorio tutto quel retroterra di solidarietà, di rispetto del sacrificio, della militanza, che avevo considerato la sostanza vera e la discriminante nelle relazioni personali, e nelle vicende politiche e organizzative.

La spinta all'autotutela personale, l'imbarazzo di fronte a scelte di coerenza e di dignità personale erano la norma, perché non si vive di eroismi; e a decidere di pagarsi la libertà sono pochi; e anche perché «ciascuno è fatto come Dio l'ha fatto, e spesso anche peggio[27]». Non è stato facile prenderne atto, anno dopo anno, esperienza dopo esperienza. Non è stato facile evitare reazioni di rabbia e di disprezzo. Non è stato facile resistere alla tentazione di mandare al diavolo tutto e tutti, con un atto di rottura almeno liberatorio.

Ma continua ad avere un effetto frenante, rispetto a tali impulsi, quel sentimento di solidarietà che mi accomuna ai tanti, che avevano condiviso la stessa grande illusione, e i cui comportamenti erano stati coerenti davvero con i valori proclamati. Frena, ancora, rispetto a scelte di rottura, il fatto che, in larga misura, si tratterebbe di rompere con la mia stessa vita. Pesa, infine, l'ambiguità incancellabile di un sentimento di speranza che non si spegne, con le sue insopprimibili promesse di futuro.

Devo anche dire, però, che non considero inevitabile il ridursi della vita di partito alla pochezza e miseria attuale; alla perdita di qualunque connessione con la militanza, con i valori reali, con il merito. C'è stato un tempo nel quale la dimensione di comunità e di solidarietà rispettosa è stata anche una realtà nella vita di partito. Ma il presupposto erano gruppi dirigenti di grande spessore culturale, di profonda eticità, di forte peso politico e senso del futuro. Si dovrebbe recuperare almeno qualcosa di quella realtà:

27 M. de Cervantes, *Don Chisciotte della Mancia*, vol. II, Garzanti, 1987, p. 486.

almeno qualche responsabile di organizzazione, il quale anziché preoccuparsi della sua corrente, si dedichi a conoscere, seguire e valutare i dirigenti che si esprimono nei territori; almeno organismi ristretti, nei quali si conta per quello che si conta, e la discussione è vera, forte e libera. E almeno la "cultura del dirigere", quella che utilizza i diversi punti di vista, per costruire il quadro più vero della realtà.

Intanto, ci rimane comunque una risorsa salvifica: l'ironia, che ci fa simili a Dio, e ci aiuta ad affrontare e trasfigurare anche le realtà sgradevoli della vita.

Cosa fare oggi, di fronte alla situazione politica del Paese, per come si è andata configurando? Ovviamente, il presupposto per passare al "che fare" è che il partito esista, e diventi uno strumento utile, efficace e adeguato alla dimensione dei problemi che deve affrontare l'Italia. Ma, oltre a questo, si dovrebbe comunque lavorare a un programma credibile, e alla costruzione di una coalizione progressista. Occorre essere realisti. Non è ipotizzabile nessuna unificazione politica, e nessun accordo a breve, tanto più che le Europee del 2024 si svolgono con voto proporzionale. È utile cominciare il lavoro con sobrietà e senza illusioni, ma avendo fiducia. Anche perché, prima o poi, per tutti ci sarà da decidere fra la prospettiva di governare l'Italia o quella di rimanere marginali e impotenti, come gli abitanti della città di Bauci di Calvino, che guardano la Terra dalle nuvole, «contemplando affascinati la propria assenza», persi tutti nelle beghe quotidiane.

Intanto, alcuni temi programmatici, importanti e discriminanti, ci vengono posti dall'attualità politica e dalle scelte del governo. Lo sforzo da fare è quello di semplificare il linguaggio, definire proposte credibili, cui legare l'iniziativa più tenace possibile, avviando l'allargamento progressivo delle aree sociali cui parlare, e di cui conquistare il consenso.

Ma prima ancora dei nodi programmatici che ci presenta la politica quotidiana, vi sono da affrontare alcune questioni di fondo, che riguardano il passaggio d'epoca che stiamo vivendo, e dalla cui soluzione dipende il destino stesso della nostra democrazia. E sono le grandi questioni rispetto alle quali ricostruire una nuova indispensabile ideologia delle forze progressiste, cioè una visione del mondo e del sistema di valori che ne regola l'evoluzione. Incredibilmente, di questi "problemi d'epoca" non c'è traccia sostanziale nel nostro dibattito. E così non si sfugge alla sensazione che anche noi siamo prigionieri di una dimensione di imbarazzante provincialismo.

Il primo tema è quello sollevato per ultimo da Stiglitz: il rapporto cruciale fra la realtà dilagante dell'intelligenza artificiale, del cyberspazio, dei cyberattacchi, la diffusione e concentrazione di potere nei social, e la vita democratica. I social sono, sempre più, prima che una diffusione inaudita di informazioni e conoscenze, uno strumento di orientamento e condizionamento dell'informazione stessa, e quindi, di formazione dell'opinione pubblica e di condizionamento sostanziale del processo democratico (formazione delle leadership; condizionamento elettorale; diffusione su scala di massa di *fake news*). È indispensabile una regolamentazione e con essa un ripristino del rapporto, ineludibile in democrazia, fra libertà e responsabilità. Il massimo che si è ottenuto finora è un vago impegno dei monopolisti social a una qualche "autoregolamentazione": è una cosa ridicolmente insufficiente. Tranne qualche parziale tentativo fatto in Germania, per il resto si registra un ritardo drammatico delle democrazie, rispetto a una questione decisiva.

Il secondo "problema d'epoca" è quello del capitalismo in relazione agli obiettivi, ormai centrali e irrinunciabili, di transizione ecologica del sistema di produzione e distribuzione. In primo luogo, c'è da approfondire la questione della transizione dal punto di vista sociale (mondo digitale ed ecosistema, dal punto di vista del lavoro vecchio e nuovo, hanno tempi che non coincidono con l'attuale mondo produttivo, e la quantità e qualità di lavoro oggi disponibile. Come si governa questa transizione, evitando esiti sociali devastanti?). E poi, c'è da affrontare, anche rispetto alla transizione ecologica, il rapporto con gli imprenditori, con gli investitori, con le imprese. È indispensabile definire un grande patto sociale ed estenderlo a dimensione sovranazionale, che tenga conto di una verità incancellabile: che non si può distribuire o ridistribuire ricchezza se non la si crea. Si può immaginare un nuovo ruolo, rivisitato e moderno dello Stato come investitore! Ma non è neanche ipotizzabile che questo dialogo con l'imprenditoria privata, grande, media e piccola, non sia affrontato in maniera consapevole e condivisa. Non affrontarlo, significa per un verso condannarsi all'impotenza; per un altro verso ridursi a una dimensione sociale minoritaria e isolata, destinata a marginalità, precarietà, e alla sconfitta.

È del tutto evidente che questo patto sociale richiederà la messa sul tavolo di risorse pubbliche per favorire riconversioni industriali, produttive, tecnologiche e per governare possibili tensioni sociali. E questo richiederà necessariamente lo spostamento di una parte consistente delle enormi risorse utilizzate per sostenere il blocco industriale militare e le politiche di riarmo e di egemonia geopolitica nelle quali sono impegnati in misura crescente i principali paesi.

In terzo luogo, ultimo grande problema d'epoca, è il destino della globalizzazione, e le conseguenti scelte economiche, geopolitiche, di alleanze da mettere in campo. Occorre distinguere gli elementi positivi registrati in questi decenni dai pericoli emersi di fronte al conflitto militare, e alle spinte neo-egemoniche. L'abbattimento di barriere protezionistiche ha generato uno sviluppo delle produzioni e del commercio mondiale, che ha consentito l'arrivo al benessere di milioni di esseri umani. Qualcuno ha ricordato che la scelta di promuovere il libero mercato fatta nel secondo dopoguerra ha consentito una fase di lungo sviluppo, diversamente da quanto accaduto in Europa e nel mondo, con le scelte protezionistiche del primo dopoguerra. Ma è diventato anche evidente che – oltre al problema delle enormi disuguaglianze cresciute – si può determinare una condizione di dipendenza (e quindi di non autonomia politica), se per alcune forniture strategiche si realizza una situazione di monopolio di uno o pochi Paesi, magari non retti da regimi democratici. È evidente che un ritorno puro e semplice a logiche protezionistiche sarebbe disastroso. Ma è altrettanto evidente che, come è ormai irrinunciabile una logica di multilateralismo, è altresì irrinunciabile la scelta della reciprocità, nelle condizioni della produzione e nell'equilibrio delle risorse strategiche.

E infine, vi è per noi da affrontare un problema d'epoca aggiuntivo, un nodo di fondo storico-politico e ideale, relativo alla scelta di prospettiva sull'Europa e sul suo destino. Prima o poi diventerà ineludibile la scelta fra un'Europa su modello federale e un'Europa su modello intergovernativo. Altri nell'area moderata hanno già scelto di rimanere ancorati alla dimensione nazionale, come vincolo prioritario. Ma abbiamo già visto che questa prospettiva – dalle questioni dei migranti alle decisioni finanziarie – oltre che inefficace, operativamente insostenibile e debole per la competizione globale, rischia di riprodurre pericolosi ritorni all'indietro nella tenuta democratica e sociale e nel sistema di valori umani e civili fondamentali, senza i quali l'Europa rimarrebbe un guscio vuoto senza anima e senza futuro.

Dunque, sono queste le grandi questioni decisive, alle quali legare il nostro povero dibattito, chiamando al confronto il meglio della cultura politica, economica, sociologica. Questa è la cornice di fondo dentro la quale sviluppare il lavoro di costruzione di un soggetto politico progressista, sintonizzato sui temi e sulle urgenze della modernità, in grado di sviluppare proposte e iniziative capaci di guardare al futuro e di costruirlo, liberandosi dalla cappa di provincialismo sotto la quale rimaniamo confinati.

Siamo dunque chiamati, guardando alla storia che ci scorre davanti agli occhi, a una svolta di pensiero, alla costruzione di un progetto politico e di una prospettiva ideale, tanto terribilmente difficile, quanto affascinante: per chi ha voglia di pensare e di agire avendo nella mente e nel cuore le tragedie del mondo, e la meraviglia di un tempo nuovo, segnato da scoperte inimmaginabili e da opportunità mai viste di liberazione umana.

Indice

Introduzione 5

1. La fine dell'unità nazionale 11
   I nuovi protagonisti 11
   La parabola del Pd 21
   La segreteria Letta 27
   Il governo Draghi e la sua caduta 29
   Le primarie del Pd 33

2. I problemi strutturali. Un Paese che non cresce 39
   Dopo la grande crisi del 2008-2009 39
   L'Italia vista da vicino 41
   La crisi della scuola 43
   Povertà reale, reddito sommerso, consumi 45

3. La risposta al declino. L'illusione del PNRR e dell'autonomia differenziata 49
   Il PNRR *e i nodi economici* 49
   Il PNRR *e i suoi contenuti – Una crisi già scritta* 53
   La governance del PNRR 55
   Il PNRR *e la sanità pubblica* 60

4. L'autonomia differenziata: un'operazione-verità 63
   Le risorse reali per la sanità 63
   L'autonomia differenziata (1) 64
   Ricordando Francesco De Sanctis 67

L'autonomia differenziata (2) ... 70
Nord-Sud: un'operazione-verità ... 73
L'autonomia differenziata (3) – Il "Controrisorgimento" ... 78
Burocrazia zero subito ... 87

5. Il PNRR davanti ai nodi strutturali. La palude burocratica ... 91
Il debito pubblico ... 91
Il PNRR e la palude burocratico-istituzionale ... 93
Vent'anni di nulla – Bassanini bloccato ... 97

6. La crisi della partecipazione. Lo spegnersi delle speranze. Passioni tristi ... 103
Nuove tecnologie e tensioni umane ... 105
Lo spegnersi delle speranze ... 109
La crisi dei giovani. La crisi dei vecchi ... 111
La guerra e la crisi del movimento per la pace ... 114

7. Il modello Campania. Burocrazia zero. La risposta all'autonomia differenziata ... 119
La rivoluzione democratica ... 120
Le liste di lotta – La Regione della legalità ... 122
La politica di bilancio ... 126
La sanità ... 128
Un commissario alla Sanità ... 133
Il Covid in Campania ... 138
I vaccini ... 141
Lo scandalo del Fondo sanitario nazionale ... 143
Le liste di attesa ... 148
La ricerca sul cancro ... 149
Il Piano socio-economico ... 152
Il Piano per il lavoro. Un grande concorso ... 154
Monitoraggio ambientale e salute ... 156
La politica ambientale ... 158
Il Piano per l'autonomia idrica della Campania ... 161
L'Universiade ... 162
La politica culturale ... 166

Scuola, università e politiche sociali 178
Digitalizzazione – Burocrazia zero 181
Politiche del lavoro – Formazione 183
Trasporti – Mobilità – Opere pubbliche 186
Urbanistica – Politiche del territorio 190
Il Piano paesaggistico: tutela o mummificazione? 193
Contro l'abusivismo 199
Accelerazione per le opere pubbliche 200
Ricerca – Innovazione – Sostegno alle imprese 201
L'agricoltura 203
Una considerazione 206

8. Nonostante il Pd 209
Amarcord 210
La sfida regionale 216
Elezioni comunali a Napoli 221

9. Il dopo primarie 225
Un Paese imbarbarito 225
Il dopo primarie 228
Il commissariamento del Pd 232
Falsi cacicchi – Cacicchi veri 239
Sull'abuso d'ufficio: fra opportunismo politico e incultura giuridica 242

10. Prime crepe di governo. L'elogio contemporaneo della coerenza e dell'incoerenza 247

Conclusioni 257

Finito di stampare presso Grafica Veneta S.p.A.
Via Malcanton, 2 – Trebaseleghe (PD)

Finito di stampare presso Grafica Veneta S.p.A.
Via Malcanton, 2 – Trebaseleghe (PD)

Certificato PEFC

Questo prodotto è realizzato con materia prima da foreste gestite in maniera sostenibile e da fonti controllate

PEFC/18-31-226

www.pefc.it

Piemme usa carta certificata PEFC
che garantisce la gestione sostenibile delle risorse forestali

GRAFICA VENETA
CARBON NEUTRAL

Questo libro è fabbricato da Grafica Veneta S.p.A.
con un processo di stampa e rilegatura certificato 100% carbon neutral
in accordo con PAS 2060 BSI

Questo libro non è vendibile
se sprovvisto del presente tagliando
PROVA D'ACQUISTO
NONOSTANTE IL PD
566-9257-0